ÉDOUARD FOA
EXPLORATEUR

MES GRANDES CHASSES

DANS

L'AFRIQUE CENTRALE

OUVRAGE ILLUSTRÉ DE 76 GRAVURES DESSINÉES

EN COLLABORATION

Par MM. Émile BOGAERT et Paul MAHLER

D'APRÈS LES DESSINS ET LES DOCUMENTS DE L'AUTEUR

PARIS
LIBRAIRIE DE FIRMIN-DIDOT ET Cie
IMPRIMEURS DE L'INSTITUT, RUE JACOB, 56

MES GRANDES CHASSES

DANS

L'AFRIQUE CENTRALE

*Droits de reproduction et de traduction réservés
pour tous les pays,
y compris la Suède et la Norvège.*

TYPOGRAPHIE FIRMIN-DIDOT ET Cⁱᵉ. — MESNIL (EURE).

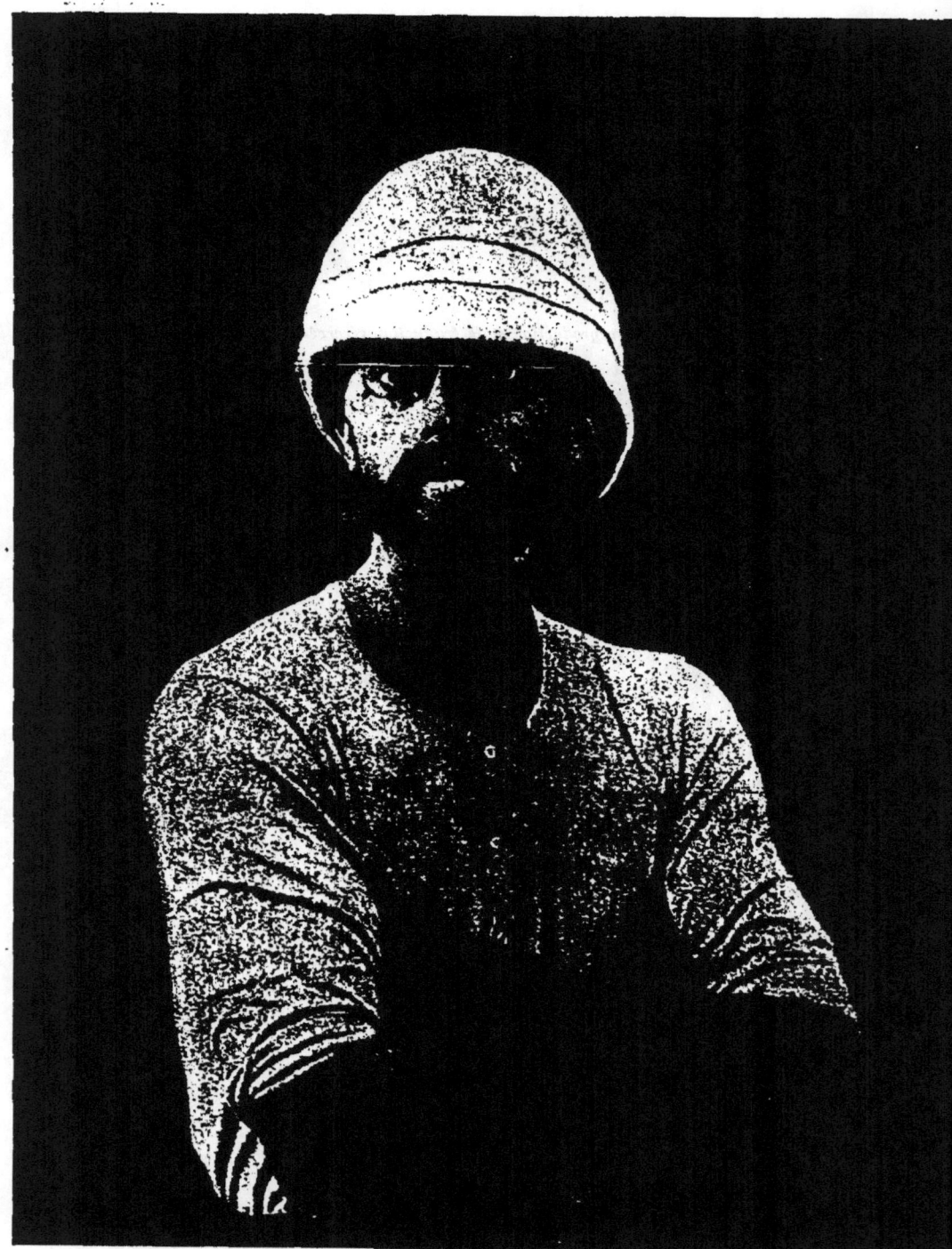

ÉDOUARD FOÀ.

ÉDOUARD FOÀ

EXPLORATEUR

MES GRANDES CHASSES

DANS

L'AFRIQUE CENTRALE

OUVRAGE ILLUSTRÉ DE 76 GRAVURES DESSINÉES

EN COLLABORATION

Par MM. Émile BOGAERT et Paul MAHLER

D'APRÈS LES DESSINS ET LES DOCUMENTS DE L'AUTEUR

PARIS

LIBRAIRIE DE FIRMIN-DIDOT ET Cⁱᵉ

IMPRIMEURS DE L'INSTITUT, RUE JACOB, 56

1895

A

M. FREDERICK COURTENEY SELOUS C. M. Z. S.

LE VAILLANT TUEUR DE LIONS

L'AUTEUR EXPÉRIMENTÉ ET VÉRIDIQUE

DE

« *A Hunter's Wanderings in South Africa* »

JE DÉDIE CE LIVRE

EN TÉMOIGNAGE DE MA SINCÈRE ADMIRATION

ÉDOUARD FOÀ

INTRODUCTION.

Je fus chargé, en 1891, d'une mission privée ayant pour but l'exploration minutieuse des territoires avoisinant le Zambèze, surtout au Nord, après avoir traversé l'Afrique Australe pour y étudier les colonies du Cap et du Transvaal.

Ces territoires peu connus et intéressants sous tous les rapports offraient bien des sujets d'observation, tels que les mines, leur exploitation et leur rendement, le système local de colonisation, la main-d'œuvre, les produits, etc.

Mes recherches dans les pays nouveaux, au Nord du Zambèze et sur le Zambèze même, consistaient en des études géographiques, hydrographiques, géologiques, climatologiques, orographiques et zoologiques. Tels furent les motifs et le but principal de mon voyage.

Mais j'en avais un autre : la passion de la chasse jointe au désir intense d'être face à face avec la grande faune africaine. Je ne suis pas de ces amateurs qui chassent par désœuvrement ou pour suivre la mode, pendant trois ou quatre mois de l'année, qui ont la patience d'attendre, à un endroit donné, un animal que leur meute leur amène, ou bien encore de suivre à la course, pendant plusieurs heures, un pauvre cerf ahuri; je ne comprends guère l'attrait des tirés au lapin dans un lieu habituel, ni les massacres de grouses et de faisans que l'on fait en Angleterre.

Ce que je rêvais, c'était l'imprévu, l'animal, dangereux ou non, rencontré au coin d'un fourré, sa ruse instinctive déjouée par l'expérience humaine, sa défense quelquefois désespérée, et enfin sa mort, due à la fois à la sûreté de main, au coup d'œil, à la prudence et à l'habileté du chasseur.

Cette passion tient de la rage, du délire; elle m'a fait oublier quelquefois même l'intérêt de ma propre conservation; mais, en revanche, elle fut ma seule compensation, ma seule distraction pendant les années où je vécus dans les bois, privé de tout, loin de tous, sans un livre, restant souvent pendant des mois sans une lettre d'Europe; elle m'occupa, me fortifia et fit de moi un marcheur infatigable; elle m'évita les regrets, ces longues heures de réflexion, où, le cœur gros, on pense à son pays, à ceux qu'on aime; enfin, la nuit venue, harassé de fatigue, je dormais toujours d'un sommeil réparateur, revoyant souvent en songe les péripéties cynégétiques de la journée.

Voilà surtout ce qui me décida à tenter les aventures dans des pays inconnus, d'un accès réputé difficile, peuplés de noirs belliqueux et indépendants; c'est ce qui me fit supporter, le cœur léger, des fatigues, des tracas continuels, la faim même, me soutenant dans mes découragements; et aujourd'hui encore, si je regarde en arrière pour revoir ces années, j'en oublie les maux, et n'y retrouve que les bons moments; je pense aux braves gens qui partagèrent mes dangers et mes triomphes, et je ne puis retenir de gros soupirs de regrets.

J'avais déjà chassé en Afrique, au cours des différents voyages que j'y ai entrepris. Avant la campagne de Tunisie, sur le Bouras ou lac de Tunis, j'avais tué des grèbes, des canards, des macreuses, et, dans les petits bois de notre future colonie, force lièvres, perdrix, cailles et grives.

Au Sud de l'Algérie, j'avais poursuivi la gazelle; puis, plus tard, au Dahomey, tué de nombreux crocodiles et fait des hécatombes de sarcelles; quelquefois aussi, j'avais essayé, sans grand succès, de la chasse à l'antilope, au sanglier et au léopard.

Mais je rêvais de plus hautes destinées. Ce ne fut que pendant mon dernier voyage que j'eus le bonheur de me trouver dans des pays à peu près sauvages. Dans quelques-uns même, l'homme n'avait pas encore posé le pied. J'y rencontrai toute la faune tant cherchée, depuis le gigantesque éléphant jusqu'à la plus mignonne antilope, sans oublier les grands fauves. Ma bonne étoile me servit à souhait; peut-être l'y ai-je un peu aidée, car je comptais être plus heureux en choisissant ces régions.

Mon temps fut divisé en deux parties : 1° la marche de l'expédition et les études dont j'étais chargé, qui feront l'objet d'un récit à part; 2° les chasses.

Ce sont ces chasses, datant d'hier, vivantes dans mon esprit, que je vais essayer de raconter; je tenterai d'en décrire les différentes péripéties, simplement, fidèlement, d'après mes impressions et mes notes.

Le lecteur n'y trouvera, au début, que des aventures plutôt banales; mais il se souviendra que j'ai eu à faire mon apprentissage, à acquérir des notions précises non seulement sur le tir, mais encore sur l'art de reconnaître une piste. Dans ces pays, où, à défaut de chiens, le chasseur doit lire sur le sol et les objets environnants pour y prendre toutes ses informations, l'œil a besoin d'une longue pratique pour découvrir rapidement et sûrement tous les indices.

Au fur et à mesure que je m'avançais dans les pays moins fréquentés, mon expérience augmentait, et, en même temps, les animaux devenaient plus variés ou plus dangereux à poursuivre. C'est alors que commencent ces aventures dont quelques-unes faillirent me coûter la vie, et auxquelles j'échappai souvent par un hasard providentiel.

J'ai joint à mon récit, chaque fois que le cas s'en est présenté, des renseignements sur notre existence étrange et nos vicissitudes, quelques descriptions des pays traversés, des renseignements sur les coutumes des indigènes, enfin une esquisse des habitudes et des mœurs de la faune que j'ai rencontrée.

Je souhaite que les chasseurs et les naturalistes y trouvent quelque chose de nouveau et d'intéressant.

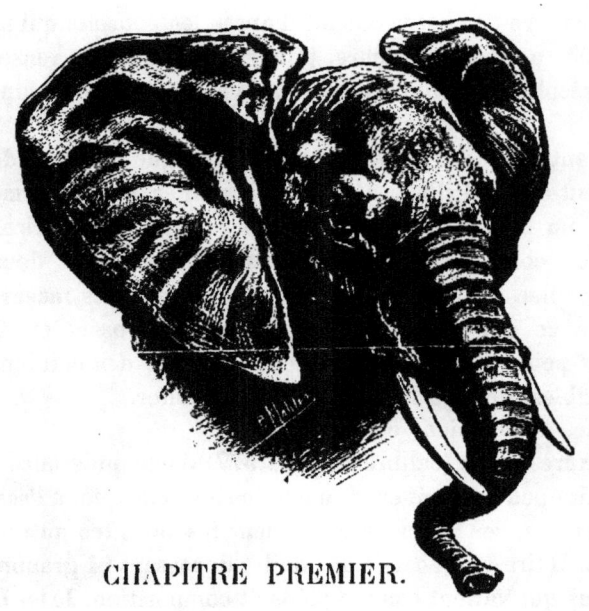

CHAPITRE PREMIER.

Préparatifs de départ. — Armement et équipement. — Voyage de Lisbonne au Cap de Bonne-Espérance. — Visites au Cap et au Transvaal. — Chasseurs Boers. — Excursion du côté du *Crocodile River*. — Première chasse dans l'Afrique australe. — Outarde et gazelles. — Premières étapes.

Quelques jours avant mon départ, je m'étais fait mettre en relations, à Londres, avec un Anglais, M. T., qui revenait de l'Afrique Australe et avait, disait-on, beaucoup chassé làbas. Je désirais obtenir de lui des renseignements précis au sujet des armes à emporter, des munitions nécessaires, des régions à préférer, tant au point de vue de la commodité du voyage qu'à celui du gibier à rencontrer. M. T. me donna gracieusement toutes les indications en son pouvoir et, de plus, me fit faire la connaissance d'un de ses amis plus expert encore que lui en matière de chasse. Ce fut d'après les conseils qui me furent donnés par ces messieurs, joints à une foule de renseignements récoltés de toute part, que j'achetai mon équipement.

Avant d'entreprendre un voyage d'aussi longue durée et des chasses peut-être périlleuses, je devais veiller à mon armement avec un soin tout particulier. M. Galand, le fabricant d'armes bien connu, dont je suis client depuis bientôt douze ans, voulut bien se charger de m'exécuter, sur des mesures spéciales en ce qui concerne la longueur des crosses et des armes, leur poids, leur portée et leur réglage, des carabines rayées, doubles, dont je n'ai eu qu'à me féliciter.

Ces armes consistaient en :

1° Un express rifle (calibre anglais 577) d'une puissance et d'une solidité peu communes, d'une précision telle que, à l'essai sur chevalet fixe, ses balles se couvraient les unes les autres à 100 mètres. Il tire une charge de poudre dépassant 11 grammes et des balles qui varient comme poids et composition. Je les décrirai plus bas. Cette arme a tué les neuf dixièmes des pièces que j'ai inscrites au tableau pendant mes trois années de courses dans les bois, et elle est aujourd'hui l'objet auquel je tiens le plus au monde;

2° Une carabine rayée à double canon, calibre 12, plus courte, ayant moins de portée, mais lançant une balle à pointe d'acier à laquelle rien n'a jamais résisté, comme on le verra lorsque je raconterai ses effets dans le crâne épais de l'hippopotame. Pour la chasse aux grands animaux, cette arme est un auxiliaire puissant;

3° Une carabine rayée double du calibre 8, chargée à 14^{gr} 8 de poudre et lançant une balle de quatre onces et quart, pour les géants des forêts, comme le rhinocéros et l'éléphant; d'une solidité et d'une résistance peu communes, mais d'un poids proportionné, cet engin destructeur, qui est, en somme, un petit canon, a tué quelquefois d'un seul coup un de ces gigantesques pachydermes.

Ces armes, l'express surtout, m'ont donné de tels résultats, une telle satisfaction, que j'en ai été émerveillé et que j'ai plus d'une fois, du fond des forêts, adressé à M. Galand les remerciements sincères que je lui renouvelle ici. Avec un fusil bien réglé, il y a peu de mérite à tirer juste.

En plus des armes qui précèdent, j'emportais des couteaux à dépecer, des haches, un gros harpon, un filet de pêche, des lignes, des hameçons, sans parler du matériel considérable destiné à l'expédition : tentes, campement, ustensiles divers, instruments, etc.

Je devais partir seul, afin d'avoir plus de temps pour organiser notre expédition; trois camarades devaient me rejoindre ensuite au Transvaal, par les courriers suivants. J'allai m'embarquer à Lisbonne pour le Cap de Bonne-Espérance.

Je fis le voyage de Lisbonne au Cap fort agréablement, en compagnie de deux de mes amis, les frères Beddington, de Londres, qu'une excursion de chasse de trois mois amenait également dans ces parages. Je laisse à deviner au lecteur le sujet continuel de nos conversations à bord. Ce ne furent, pendant les dix-huit jours du voyage, que dissertations sur les armes, les munitions, la partie vitale à atteindre chez les différents animaux, des aventures de fox-hunting, de grouses, de sangliers, de crocodiles, sans cesse revenant sur le tapis. Le livre anglais si intéressant de M. F. C. Selous sur ses exploits dans l'Afrique du Sud en 1874, alors que la civilisation n'y était pas encore arrivée, les aventures nombreuses et si vraies du chasseur de profession, nous donnaient la fièvre, à un tel point que, en arrivant au Cap, les Beddington éprouvèrent le besoin subit d'augmenter leur armement, déjà fort respectable, et d'ajouter à leur matériel de nouveaux engins de destruction.

A Cape-Town, grâce à des lettres d'introduction, je fus reçu d'une façon charmante par le Directeur du Muséum, dont le collaborateur, un de nos compatriotes, M. P., me fit, avec amabilité, les honneurs de ses collections, fort complètes, ma foi! Mes amis et moi, nous passâmes de longues heures devant les spécimens empaillés d'antilopes, d'éléphants, de rhinocéros et de girafes, enviant secrètement le bonheur de ceux qui les avaient tués. On nous apprit que ces animaux ne se rencontraient plus que fort loin, à des mois de voyage dans l'intérieur, et mes amis en éprouvèrent une grande déception; ils ne pouvaient arriver jusque-là.

Quant à moi, j'y allais, dans ces pays, j'étais appelé à y rencontrer un jour ces grands quadrupèdes, et cet espoir me réjouissait.

Il y a encore des éléphants dans la colonie du Cap et dans le district de Port-Elisabeth, mais le gouvernement anglais les a pris sous sa protection, et la chasse en est défendue depuis bien des années.

Partout où nous allions, nous ne voyions que cornes d'antilopes, peaux, plumes d'autruches et autres trophées analogues (1). « Tout cela vient de l'intérieur, » nous disait-on invariablement quand nous prenions des informations.

Pendant le trajet en chemin de fer du Cap à Kimberley, nous avions traversé des plaines immenses s'étendant à perte de vue et rappelant exactement celles de la Crau; ce ne pouvait être le gîte d'aucun animal.

De Kimberley, pour nous rendre à Johannisburg, nous prîmes le coach, espèce de diligence sans ressorts, attelée de dix chevaux qui traversent au galop les ravines, les champs labourés, galopant sur les pierres au mépris des pauvres voya-

(1) Il est d'usage, au Cap, au Transvaal et au Natal, dans les clubs et dans les hôtels, d'orner les *halls* de cornes d'antilopes, montées sur des écussons en chêne.

geurs qui arrivent au relais cahotés d'une façon lamentable, les membres meurtris et criblés de bleus.

Cependant le pays avait changé. Le Transvaal, avant son développement actuel, a dû être un beau pays de chasse : à chaque instant, sous la voiture même, des compagnies de perdreaux, des lièvres, des cailles, si grasses qu'elles pouvaient à peine

Une vue de pâturages au Transvaal.

voler, se levaient pour disparaître de nouveau dans les fourrés voisins ; je ne parlerai pas des secrétaires (2), des khoorhans (3) et autres grands oiseaux qui abondent dans la région.

Le deuxième jour du voyage, qui dura soixante-dix heures, nous aperçûmes, à notre grande joie, un animal gracieux qui s'éloignait par bonds, et que les grandes herbes eurent

(1) Synonyme de serpentaire.
(2) *Vaal khoorhans* (*Otis scolopacea*) espèce d'outarde.

bientôt dissimulé à nos regards : c'était la première antilope. Un de nos compagnons de voyage, un Boër, nous apprit que c'était un reedbuck (*Cervicapra arundinacea*).

Devenu plus communicatif, le Boër voulut bien nous parler de ses exploits cynégétiques et nous raconter comment ses compatriotes poursuivaient autrefois la girafe sur leurs petits chevaux indigènes; lui-même en avait tué plusieurs; mais les temps avaient bien changé. La population blanche était venue d'Europe, la fièvre de l'or avait lancé dans toutes les directions les prospectors avides de gain; une foule de gens avaient suivi l'industrie minière et vécu de ses besoins; les villages étaient devenus des villes, et des cités étaient nées en rase campagne. Tous les nouveaux arrivants avaient séjourné dans les bois au début, tuant ou blessant des quantités d'animaux sauvages qu'ils chassaient autant par nécessité que par goût, et, peu à peu, la région s'était dépeuplée : les éléphants, les girafes, les autruches avaient complètement disparu, et c'est tout au plus si l'on voyait de temps à autre quelques antilopes; encore fallait-il s'éloigner de la civilisation et se rapprocher des frontières du Transvaal, près de la rivière des Crocodiles, qui forme la limite Nord de cette république.

C'est de ce côté que mes amis résolurent de se rendre; je ne pouvais les accompagner, ayant à faire tous mes préparatifs pour notre prochain départ; aussi, en arrivant à Johannisburg, nous séparâmes-nous; je n'entendis plus parler d'eux jusqu'à mon retour en Europe (1).

Après un voyage à Natal, dans le but de me procurer des approvisionnements, un chariot et des bœufs, destinés à transporter notre matériel vers le Nord, après de nombreuses visites aux mines de diamants et d'or, je fis la connaissance d'un

(1) MM. Beddington, que j'ai revus à Londres dernièrement, ont fait pendant quatre mois de très belles chasses dans les environs du Limpopo ou rivière des Crocodiles, mais ils n'ont malheureusement pas rencontré de grands animaux.

M. M., Boer qui remplissait un emploi important auprès du gouvernement à Prétoria. Il me proposa, avec cette urbanité qu'on a, au Transvaal, pour tout ce qui n'est pas anglais, une excursion de quelques jours dans une de ses fermes, située près de la rivière des Crocodiles, avec la promesse de m'y montrer de vrais Bushmen et du gibier.

Comme mes futurs camarades de voyage n'étaient pas encore signalés au Cap, j'acceptai cette invitation, et nous partîmes à cheval, un soir, avec M. M. J'avais le vif désir d'étudier de près les Bushmen, ces petits êtres dont la race est aujourd'hui presque éteinte.

J'espérais recueillir quelques renseignements nouveaux sur leurs mœurs, et surtout obtenir de mon nouvel ami, chasseur aussi, pendant les quelques jours que nous pourrions passer ensemble, bien des détails sur le pays. Ses conseils me furent fort utiles par la suite et m'évitèrent, comme on le verra, de nombreux déboires.

Tout d'abord, ce qu'il m'apprit sur le pays, me fit renoncer à mon idée première de faire notre voyage à cheval du Transvaal au Zambèze. Nous allions entrer, aussitôt après avoir quitté le pays des Boers, dans la région infestée par la mouche tsé-tsé, qui tue, en les piquant, tous les animaux domestiques; les chevaux étaient de plus exposés, dans ces régions, à une maladie terrible (1), tellement commune, que ceux qui y survivent sont l'exception, et s'achètent à des prix d'or, étant désormais à l'abri du fléau. Admettant même que nous eussions acheté des chevaux *salted* (exempts du mal), nous étions presque sûrs de les perdre à cause de la tsé-tsé (2); nos bœufs étaient sans doute destinés à y périr, mais nous ne pouvions nous passer d'eux. J'espérais tout au moins qu'ils vivraient assez longtemps

---

(1) Espèce de pneumonie.
(2) Je décrirai plus loin cette terrible mouche et ses mœurs.

pour nous conduire à destination, espoir qui ne se réalisa pas.

Donc nous irions à pied, en chassant : cela nous formerait à la marche dès le début, nous donnerait de l'appétit et nous permettrait de mieux voir le pays ; ce serait un peu dur dans les premiers temps, mais on s'y ferait.

Je me faisais ces réflexions tout en visitant la propriété de mon nouvel ami, située au pied des monts Zoutpansberg. C'est un petit hameau ou groupe de fermes appelé Katlachter, à peu de distance de la rivière des Crocodiles. L'aspect de tout était riant et prospère : du bétail splendide, des prairies, de jolis ruisseaux aux ondes claires, ombragés çà et là de bosquets sombres ; au fond, des collines couvertes de végétation tachetée par endroits de feuillage jaunissant, un terrain accidenté sous un ciel d'automne calme et serein ; nous étions au seuil de l'hiver, du bel hiver de l'Afrique australe, si doux qu'il épargne les plantes les plus délicates.

Le lendemain, à l'aube, mon hôte et moi nous partions à cheval pour la chasse. Nous devions nous séparer un peu plus loin, et aller chacun de notre côté avec quatre ou cinq Cafres. J'avais mon express que je portais à l'épaule, comme j'avais vu faire à mon compagnon. Un des Cafres venait derrière moi avec un fusil lisse, pour le cas où nous aurions vu de la plume.

Cela me semblait étrange de chasser à cheval ; cela est excessivement agréable pour poursuivre le gibier, mais pour tirer juste, on est obligé de mettre pied à terre. Il y a d'autres inconvénients : certains fourrés sont absolument impraticables à un cavalier, à cause des branches basses, souvent couvertes d'épines, que l'on y rencontre ; de même, on ne peut traverser une broussaille ou une forêt épaisse, à vive allure, parce que l'on doit éviter mille obstacles.

Mes Cafres marchaient devant, interrogeant tour à tour l'horizon et la terre où ils voyaient des signes encore incompréhensibles pour moi. *Les springbucks ont passé par là cette nuit,* me dit l'un d'eux en mauvais anglais (1).

Je fus émerveillé de cette perspicacité, et, descendant de ma monture, je me fis expliquer comment il savait que c'étaient des springbucks et d'après quels indices il voyait que leur passage remontait à la nuit; mais je ne compris pas grand'chose à ses explications en ce moment dans les collines dont j'ai parlé, allant de l'une à l'autre; dans une éclaircie, nous pûmes jeter un coup d'œil dans la plaine voisine, et mes hommes se mirent à regarder longuement quelque chose qui passait au loin, un point noir à peine percep- tible que j'estimai à environ 500 mètres. Après s'être concertés, l'un d'eux me dit : *Big bird* (grand oiseau), en me montrant le petit point noir, et

Tête de Springbuck.

de ses mains il m'indiqua presque la taille d'une autruche; il ajouta qu'il fallait laisser mon cheval et me traîner à terre, afin que l'oiseau ne me « look » pas. Après avoir fait le tour de la colline, ce qui nous rapprocha considérablement, je descendis dans la plaine et nous nous mîmes à ramper dans les herbes. Un des hommes regardait de temps à autre par dessus la végétation de façon à voir si nous restions dans la bonne direction et si l'oiseau était encore là.

A 120 mètres environ, notre gibier leva la tête d'un air in-

---

(1) *Springbuck,* nom anglais de la gazelle (*Gazella euchore*).

terrogatif, il allait sans doute prendre son vol; mais je voulais tirer au fusil de chasse et j'étais encore trop loin. Le noir me dit : « Non, non, rifle, » c'est-à-dire de tirer à balle. Je voyais un oiseau d'une taille supérieure à une dinde qui semblait sur le point de s'enfuir en se dirigeant vers une éminence rocailleuse et nue où j'allais l'apercevoir beaucoup mieux. Profitant d'un arbre, je me levai lentement, dissimulé derrière le tronc, et, visant avec soin, je tirai mon premier coup de fusil...... L'oiseau était couché sur le côté, battant de l'aile ouverte. Mes Cafres se mirent à courir de toutes leurs forces et je les suivis. Cet oiseau, que je ne connaissais pas, était une outarde (*Otis tarda* ou *Otis kori*), comme me l'apprit mon hôte.

Elle était énorme et mesurait 85 centimètres de longueur de la naissance du cou à celle de la queue; son poids était de 22 kilogrammes. La balle avait traversé le corps diagonalement; si je l'avais tirée à plombs, l'outarde m'aurait certainement échappé.

Un des Cafres ayant pris l'oiseau sur ses épaules partit pour le porter à la ferme; nous continuâmes notre journée.

Vers dix heures, mes hommes signalèrent encore des traces des gazelles déjà vues le matin; il devait y en avoir une douzaine environ.

Après deux heures de marche, au moment où nous voyions déjà dans le lointain la forêt bordant la rivière des Crocodiles, nous aperçûmes une petite troupe d'antilopes détalant dans la plaine. « *Go, go,* » me dit le Cafre, en faisant de ses mains le signe d'ajuster avec un fusil, et je partis à fond de train. Le sol était dur, les herbes rares; les gazelles commencèrent à perdre leur distance; à ce moment, nous courions parallèlement, mais je n'osais lâcher les rênes de mon cheval pour tirer, craignant qu'il ne se jetât à terre; je ne pouvais ajuster d'une seule main, mon fusil étant trop lourd et les antilopes se trouvant tout à fait à ma gauche, à environ 80 mètres.

A un certain moment, comme nous approchions d'un bois, j'arrêtai mon cheval, je sautai à terre et je tirai au hasard dans la troupe qui fuyait; mais mon émotion était trop forte : mes deux coups furent perdus. J'allais remonter à cheval; mes Cafres qui accouraient me firent signe de rester à pied : *Springbuck go sit down for bush*, criait le polyglotte, voulant dire sans doute que les antilopes fatiguées de notre course s'arrêteraient certainement dans le bois pour souffler. Un des hommes garda mon cheval, les autres prirent la piste et nous pénétrâmes dans les massifs quelques instants après. Le soleil commençait à être chaud et l'ombre nous fit une impression agréable de fraîcheur; la vue éblouie par le miroitement extérieur se trouvait également reposée par ce demi-jour. Les Cafres aperçurent les gazelles, dès leur entrée dans la forêt; quant à moi, j'écarquillais en vain mes yeux; au bout d'un moment pourtant, comme le dindon de la fable, je vis bien quelque chose, mais je ne distinguais pas très bien. A ce moment, mes guides m'entraînèrent dans une direction tout à fait opposée; n'y comprenant rien du tout, je voulus connaître le motif de ce détour; personne ne put me répondre. Enfin, l'un d'eux gonfla ses joues, fit des yeux énormes et avec de grands balancements de bras dans la direction des antilopes, me fit comprendre ou plutôt deviner, à l'aide de cette pantomime, dont je ne pus m'empêcher de rire, que le vent nous était défavorable. Le détour dura plus d'une demi-heure. Nous nous étions placés du côté opposé à l'entrée du bois, ayant les antilopes entre nous et cette entrée. Je parvins alors avec des précautions infinies à m'approcher à environ 150 mètres; mais je distinguais très mal les animaux. Comme il ne fallait pas perdre de temps, je tirai sur une antilope sans savoir si c'était la croupe ou l'épaule que j'ajustais. Il se trouva que c'était l'épaule. La gazelle tomba foudroyée, un trou béant à l'endroit où la balle était sortie.

Le soir, après une poursuite nouvelle, j'en abattis une autre.

Telle fut ma première journée de chasse dans l'Afrique australe.

Mon ami me complimenta sur mes succès, il admira surtout l'outarde qui est devenue excessivement rare.

De son côté, il avait tué trois gazelles et un waterbuck ou antilope kob (*Kobus ellipsiprymmus*), le tout en trois heures, sans descendre de son cheval.

Il me raconta qu'autrefois les gazelles étaient nombreuses, que les Boers se réunissaient, les cernaient à cheval et en tuaient, en une journée, plusieurs centaines; la viande séchée et salée leur servait de vivres de réserve.

J'ai toujours entendu dire que les Boers étaient des tireurs merveilleux; j'ai d'ailleurs aperçu des cibles presque partout en traversant le Transvaal. Ils excellent au tir à cheval, et l'arme dont ils se servent est le Martini Henry. Les Boers disent souvent que celui qui n'atteint pas une côte de mouton à 100 mètres n'est pas un tireur; pourtant ce petit os est facile à manquer à cette distance, surtout à cheval.

Les Boers descendent, comme on sait, des anciens Hollandais établis au Cap, mélangés d'abord avec des Français, huguenots exilés à la suite de la révocation de l'Édit de Nantes et dont un grand nombre firent de ce beau pays leur patrie adoptive, puis avec des Anglais qui commençaient à arriver dans la colonie hollandaise.

Boer veut dire paysan, fermier : ils le sont tous, ce qui ne les empêche pas de voyager, de chasser surtout beaucoup; et si les vieux Boers pouvaient écrire leurs souvenirs, nous y trouverions de fameuses histoires de chasse.

Au commencement du siècle actuel, on nous cite des partis de Boers ayant passé une saison dans le *fly-country* et revenus avec les dépouilles de *quatre-vingt-treize éléphants!* Comme les temps sont changés!.....

Je tuai encore une gazelle le lendemain et pris congé de

mon hôte, après une courte visite à un campement de Bushmen. Quelques jours après, mes compagnons de voyage, MM. Hanner, Smith et Jones arrivaient à Prétoria, et nous nous mettions en route pour le Zambèze, en longeant la rivière des Éléphants, qui ne mérite plus aujourd'hui le nom qu'elle porte (1).

Le début du voyage fut monotone et pénible pour tous; c'étaient les premières étapes forcées sous le soleil d'Afrique; nous marchions vers l'inconnu, nous éloignant chaque jour davantage de cette civilisation que deux d'entre nous ne devaient jamais revoir.

(1) Le gibier qui existait autrefois dans ces régions avait fait baptiser de nombreux endroits : c'est ainsi qu'on voit, au Transvaal, les rivières des Éléphants, des Élands, des Crocodiles; au Natal, celle des Buffles, etc., etc.

CHAPITRE II.

La brousse africaine. — Notre personnel. — Campement sur le bord de la rivière des Crocodiles. — La vie au camp. — Chasse à l'éland et au guib. — Premières traces de buffles et de lions. — La mouche tsé-tsé et ses ravages. — Harde de zèbres.

Il est à constater que nous ne possédons pas de nom pour la partie sauvage de l'Afrique, tandis que l'Asie et l'Amérique ont été mieux partagées. Aux Indes, on appelle jungles les terrains non habités, couverts de végétation vierge, où abonde la faune locale; et tout le monde a entendu parler des savanes d'Amérique.

Nos troupiers, dans les expéditions coloniales, ont donné à la campagne soit africaine soit tonkinoise le nom de brousse. Les Anglais possèdent un mot, « *the bush* », qui rend bien l'idée de pays inculte, d'un endroit où la civilisation n'a pas pénétré et où, seule, la nature gouverne le règne animal et le règne végétal.

C'est là que se dérouleront à l'avenir, à peu d'exceptions près, toutes mes aventures; et j'ai voulu signaler, une fois pour toutes, qu'en me servant des mots brousse et broussailles, je voulais leur donner l'acception du mot anglais, et non désigner simplement les touffes d'arbustes très rameux dont parle notre dictionnaire. Pour suppléer à cette lacune de notre langue, j'emploierai les mots petites, hautes, courtes, épaisses broussailles, pour donner au lecteur une idée de l'aspect général, si changeant, de la végétation tropicale.

C'est dans cette brousse que notre chariot à bœufs accomplissait un parcours journalier moyen de 20 à 25 kilomètres. Nous partions à pied en même temps, et, sur tout le chemin, nous cherchions à nous distraire en chassant ou en cherchant des insectes. Nous nous éloignions souvent considérablement de notre route, mais nous nous retrouvions toujours au campement du soir. J'avais emporté des fusées que l'on devait lancer tous les quarts d'heure, si nous n'étions pas rentrés à la tombée de la nuit; elles servaient à remettre dans leur direction ceux qui s'égaraient.

Notre personnel se composait d'un Hottentot conducteur de bœufs, que j'avais surnommé Macaron (1), de huit Cafres, savoir : deux aides-conducteurs, trois auxiliaires, deux chasseurs, un cuisinier, et de trois domestiques.

Je prenais chaque matin les chasseurs, et je courais le pays en quête de gibier. Les premiers jours, mes compagnons venaient avec moi ou s'en allaient de leur côté. Mais la santé de Smith était déjà fort ébranlée, et Hanner, n'étant pas encore acclimaté, se ressentait beaucoup de ses fatigues; quant à Jones, il n'avait pas la passion de la chasse : la pêche, en revanche, était son occupation favorite dès qu'il rencontrait un cours d'eau.

Quatre ou cinq jours avant notre arrivée à la rivière des Crocodiles, nous aperçûmes, à un kilomètre à peine du chariot, une harde de gazelles qui comptait de 150 à 200 têtes; elles étaient en plaine, et le vent nous était défavorable. Après un long détour, nous arrivâmes en rampant à 180 mètres du troupeau; Hanner et Smith étaient d'un côté; moi, de l'autre. Nous tirons en même temps et nous abattons chacun notre animal;

---

(1) Par euphémisme de son véritable nom contenant deux *clicks* : M'ak'on.

pendant la fuite, j'ai la chance d'en tuer un deuxième, grâce à un coup de hasard, ce qui portait à quatre springbucks le résultat de la journée. Mes camarades surtout étaient enchantés; c'était leur première antilope.

Ce soir-là, il y eut festin au camp. Les Cafres, en pareille occasion, mangent au point de s'en rendre malades; on se demande comment tant de nourriture peut bien entrer dans un si petit corps. Toute la soirée et une partie de la nuit les noirs engloutirent de la viande coupée par petits morceaux, rôtie sur des charbons ardents; ils eussent continué jusqu'au lendemain, si je n'avais mis le holà.

Le noir est ainsi fait : il ne pense jamais à l'avenir et consomme souvent en un jour des provisions suffisantes pour une semaine; en revanche, il sait se contenter de peu aux temps de misère. Il nous arriva souvent plus tard des jours de disette après l'abondance : les noirs se nourrissaient alors des débris de peaux qu'ils avaient dédaignés tant que nous avions eu de la viande.

Le 8 juin, 18 jours après notre départ de Prétoria, nous arrivâmes au point où la rivière des Crocodiles quitte le Transvaal et se dirige nord-ouest sud-est vers la mer. Nous étions dans le pays de Gaça depuis une semaine environ.

Après avoir choisi un endroit propice au campement, je donnai le signal de l'arrêt.

Nous campions ordinairement de la façon suivante : Macaron installait le chariot au milieu du camp et attachait ses bœufs autour; nous faisions, à 5 ou 6 mètres plus loin, et de chaque côté, plusieurs feux; les noirs se mettaient 4 ou 5 autour d'un foyer; nous avions aussi le nôtre; nous formions ainsi quatre groupes occupant les coins d'un carré dont le centre était représenté par l'attelage et le chariot. Quand il pleuvait, ce qui arrivait souvent, on se réfugiait sous le chariot et dedans; je voulais ménager les tentes et les garder pour la deuxième

UN CAMPEMENT AU TRANSVAAL.

partie du voyage, ce dont j'eus à me féliciter plus tard.

Le feu de bivouac est une distraction; on le regarde parfois pendant des heures entières, étendu sur sa natte ou assis, les genoux entre les mains, suivant d'un œil distrait les transformations des charbons ardents, tout en se laissant en même temps aller à ses pensées, et fumant une bonne pipe.

Avant de nous distraire et de nous réchauffer, les feux avaient servi à cuire notre repas : chaque foyer avait sa marmite, destinée aux occupants; on causait ainsi tout en donnant un tour de cuiller, en goûtant à la sauce, en ajoutant du sel ou du poivre, pendant que les domestiques mettaient sur une nappe nos assiettes de fer émaillé et nos couverts d'étain. Le repas fini, on fumait une pipe, on devisait encore des incidents de la journée et de ce qu'on prévoyait pour le lendemain, jusqu'à ce que le sommeil se fît sentir. Tous les groupes causaient ainsi, d'habitude, jusqu'à 10 ou 11 heures du soir. Les noirs sont très bavards, lorsqu'ils ont bien mangé; nous nous endormions souvent bercés par leurs conversations interminables, incompréhensibles pour nous. Peu à peu cependant, tout se calmait, et l'on n'entendait plus que quelques pétillements du bois vert, le bruit régulier des mâchoires de quelques-uns de nos ruminants, le cri monotone des grillons des alentours; au ciel, pas un nuage, des milliers d'étoiles; autour de nous, l'ombre, la nature endormie...

Quand on campe ainsi, il faut entretenir les feux toute la nuit. Comme on est plusieurs, il est rare qu'un des dormeurs ne s'éveille pas de temps en temps; il attise le foyer ou ajoute du bois. J'ai cependant remarqué plus d'une fois, pendant mes voyages, le feu complètement éteint et mes gens dormant d'un sommeil voisin de la mort, surtout après les grandes fatigues. Mais, à la rivière des Crocodiles, nous étions en pays inconnu, sans grande confiance, passant nos premières nuits à découvert. On dort peu en pareil cas.

Le jour de notre arrivée sur les bords de la rivière des Crocodiles, nous étions à la veille de nos malheurs. Quelques remarques faites par nos guides m'avaient donné à supposer que le gibier était nombreux dans ces parages, et les chasseurs m'avaient décrit par gestes de grands animaux cornus : des antilopes sans doute. Il y avait quelque chose de plus, que nous apprimes le lendemain : nous entrions dans la région infestée par la terrible mouche tsé-tsé, et nous devions nous attendre à rencontrer celle-ci d'un moment à l'autre. C'était la mort de nos bœufs : il n'y avait pas de remède en notre pouvoir, nous ne pouvions que nous résigner à notre sort.

En attendant de le connaître, je me décidai à me mettre en chasse le lendemain dès l'aube. Les indigènes d'un petit village voisin étaient venus nous rendre visite, et l'un d'eux s'était chargé, moyennant paiement, de conduire notre convoi au campement du lendemain; un autre avait consenti à venir avec moi, afin de me montrer l'endroit où il y avait du grand gibier et pour me guider ensuite vers le camp.

Smith souffrait fortement des fièvres; je me préparai donc à partir avec Hanner et les chasseurs. Le lendemain matin, tandis que le ciel se teintait légèrement de violet et que les coqs du hameau voisin chantaient déjà, par intervalles, la venue de l'aurore, nous avalions à la hâte un peu de café noir bouillant pour nous réchauffer. Les nuits étaient froides (6 ou 8° environ), un peu humides, et l'on éprouvait au réveil le besoin de se réconforter.

Sitôt après avoir quitté le camp, nous nous séparâmes : Hanner prit d'un côté et moi de l'autre. Dans la chasse à la grosse bête, les occasions sont si rares que, lorsqu'on est ensemble, l'un des chasseurs doit souvent céder son tour à l'autre. Il faut non seulement se séparer, mais s'éloigner de quelques milles, afin que les coups de fusil du voisin ne fassent pas fuir votre gibier.

CHASSE A l'ÉLAND ET AU GUIB.

Nous descendîmes sur le bord de la rivière, afin d'y relever des traces; c'est là que l'on aperçoit généralement les indices les plus sûrs, les animaux venant d'ordinaire boire la nuit dans les régions abritées. On parcourt une partie de la rive et l'on peut choisir l'animal que son importance désigne de préférence à une poursuite. Ce matin-là, nous vîmes des traces de gazelles, de zèbres, de bush-gazelle harnachée (guib ou bucks) et enfin d'élands. Ces derniers devaient être au nombre de six ou sept, et nous avions bon espoir de les rattraper. Nous nous mîmes aussitôt à suivre leur piste, sans discontinuer, à travers plaines, fourrés et brousailles, marchant toujours, sans un arrêt, sans un repos, jusque vers 11 heures.

Tête de Bushbuck.

Nous travertissions des petits bois, particuliers à l'Afrique Centrale, composés en grande partie de bauhinias (mopane trees de Livingstone). Ces arbres rabougris, semés irrégulièrement au hasard, isolés ou par groupes, ne dépassent pas 4 ou 5 mètres de hauteur; les grandes herbes, les plantes de toutes espèces, croissent librement entre eux, et chaque année, le feu dévore toute cette végétation desséchée, brûlant un peu les troncs des bauhinias : c'est, sans doute, ce qui les empêche de croître davantage.

Les élands avaient marché dans cette forêt basse pendant plusieurs heures. A un certain moment, nos hommes les virent devant nous. Les broussailles étaient épaisses, encore pleines de tons verts : le feu n'avait par conséquent pas encore nettoyé le terrain. Nous faisions involontairement du bruit, marchant sur les branches qui jonchaient le sol ou froissant du feuillage, et nous redoublions de précautions pour ne pas signaler notre présence. Les élands étaient à 300 mètres de nous et semblaient encore insouciants du danger qui les menaçait ; un d'eux était arrêté sous un arbre, nous tournant presque le dos ; un second, la tête en l'air, semblait manger des feuilles. Nous ne voyions pas les autres.

Les hommes restèrent derrière, se cachant, à l'exception d'un seul qui venait avec moi. Nous nous dissimulions, courbés en deux, allant d'un arbre à l'autre par de nombreux zig-zags, ne posant le pied à terre qu'avec circonspection. Le vent était bon. Nous étions à peine à 200 mètres, que l'éland qui mangeait s'arrêta et regarda fixement de notre côté ; son voisin en fit autant ; un troisième et un quatrième se montrèrent un peu plus loin, et j'hésitai à avancer encore. Mon noir me fit signe de nous dissimuler davantage ; je me mis alors à quatre pattes, faisant des enjambées énormes, lentes et silencieuses, et posant mon fusil devant moi au fur et à mesure que j'avançais. Les élands écoutaient toujours, mais ne pouvaient rien voir. Les antilopes regardent et écoutent ainsi assez longtemps, lorsqu'elles ne peuvent sentir ; mais, lorsque le vent est mauvais (c'est-à-dire lorsqu'il va du chasseur au gibier), l'odeur leur suffit, et elles détalent sans jamais regarder en arrière. Pourtant nos grandes antilopes commençaient à s'agiter, marchant et s'arrêtant tour à tour pour regarder encore ; si les élands prenaient la fuite, ils nous échappaient peut-être tout à fait. Je choisis un arbre de ma grosseur et me dressai lentement pour pouvoir tirer (1). La distance de-

---

(1) Je ne puis tirer juste que debout, sans appuyer mon fusil, à genou ou sur un point d'appui, je manque généralement mon coup.

vait dépasser 180 mètres (1). Ayant fait feu, je crus avoir manqué mon coup en voyant la harde filer au galop à travers les arbres ; mais un des élands resta légèrement en arrière, puis du galop passa au trot, du trot au pas, leva fortement la tête à plusieurs reprises, décrivit deux ou trois cercles, tourna sur lui-même et s'abattit lourdement ; ses quatre pieds s'agitèrent un instant et nous ne vîmes plus rien. Depuis le moment où l'animal était resté en arrière, les chasseurs s'étaient écriés qu'il était blessé, et nous nous étions mis à courir de toutes nos forces. C'est en franchissant la distance qui nous séparait de lui que nous vîmes les mouvements que j'ai décrits et qui sont, comme je l'appris plus tard, les symptômes de la blessure au cœur.

L'éland était une femelle énorme, qui mesurait $1^m,55$ du sabot antérieur au garrot et devait peser 700 kilos ; sa taille était celle d'un bœuf ordinaire, la tête rappelant celle de la vache, mais plus élégante. Sa robe était d'une teinte fauve, avec des raies blanches sur le dos et des demi-bracelets noirs derrière les avant-bras. C'était une bien jolie bête.

La balle avait fait un petit trou rond juste au-dessous et en arrière du coude ; le cœur était traversé ; le ventricule gauche, les poumons, littéralement hachés, la balle ayant éclaté en cet endroit ; la malheureuse bête avait eu néanmoins la force de partir au galop et de faire environ 150 mètres avant de tomber morte. J'aurai souvent à signaler cette vitalité extraordinaire qui

---

(1) Dans mes premières chasses, les distances sont approximatives, car je n'ai pas pu les noter exactement. Plus tard, au contraire, grâce à une pratique continuelle, je me trompais rarement de plus de 2 ou 3 mètres, soit en plaine, soit en contre-bas, sur les fleuves ou ailleurs. C'était nécessaire, indispensable au tir, mes armes n'ayant qu'une hausse invariable et la quantité de guidon à prendre faisant seule la différence de distance. En voyant l'animal, j'évaluais l'éloignement, me servant quelquefois de points de repère et visant en conséquence *exactement le point à atteindre, jamais en dessus ni en dessous*, prenant seulement plus ou moins de guidon. Évaluation et tir, tout était devenu machinal après des années de pratique.

semble augmenter en raison inverse de la taille chez les antilopes et autres animaux sauvages.

Je me mis à dépecer mon éland, voulant apprendre aussi bien le métier de boucher que celui de chasseur. Nous avions allumé du feu et nous déjeunâmes avec la viande rôtie à même sur des charbons ardents, ce qui est excellent; le cœur surtout était délicieusement tendre; les hommes se régalèrent de cette belle viande encore palpitante. La chair de l'éland ressemble à celle du bœuf et possède en plus un très léger goût de venaison; sa graisse, très bonne et sans goût aucun, est très utile pour faire la cuisine, graisser les fusils, les cuirs et les chaussures.

J'envoyai un homme chercher des porteurs au village, situé à plus de 10 kilomètres, et je repris de mon côté, avec le troisième, le chemin du camp, espérant encore tuer quelque chose.

Il était à peu près midi et il fallait rester sous couvert, tous les animaux sans exception évitant les ardeurs du soleil et se réfugiant dans les bois, à partir de 9 ou 10 heures.

Dans l'après-midi, j'avais aperçu un sanglier fuyant à toute vitesse et je l'avais manqué; au milieu d'un fourré, un peu plus tard, une antilope, dont je n'avais pu distinguer l'espèce, s'était montrée également; je l'avais honteusement manquée aussi et à 80 mètres à peine. J'étais assez vexé de ma maladresse et je me faisais intérieurement des reproches. Quel est le chasseur qui n'a pas l'habitude de se faire ainsi mentalement de la morale ?

Il ne me restait plus grand espoir pour ce soir-là. Quand on a tiré deux ou trois coups de fusil dans un rayon de 4 à 5 kilomètres, on n'a plus guère de chance en Afrique d'y voir quelque chose le même jour, sauf dans les régions tout à fait inhabitées.

En nous rapprochant de la rivière des Crocodiles que nous avions à traverser pour nous rendre au nouveau campement, mon guide se pencha attentivement, examina des empreintes et ne put retenir une exclamation de regret. Nous ne pouvions pas nous comprendre, mais, à l'examen du sol, je vis qu'un trou-

PREMIÈRES TRACES DE BUFFLES ET DE LIONS.

peau de buffles avait passé par là, étant allé se désaltérer dans une petite anse. Autant que j'en pus juger, ils devaient être nombreux; leurs traces me semblaient toutes récentes. Le chasseur, qui m'indiqua d'une main les empreintes et de l'autre le soleil au zénith, voulait dire qu'ils avaient passé vers midi. Il était alors trop tard pour les poursuivre : nous avions plus de 15 kilomètres à faire avant de rentrer. Au moment de nous éloigner, le Cafre me montra une autre empreinte, et m'expliqua comme il put que c'était celle d'un lion qui suivait les buffles. Je restai un instant rêveur devant cette forme imprimée sur la terre molle... Ainsi le grand fauve était passé à l'endroit même où je me trouvais ! Ce sol, sa puissante patte l'avait marqué ! Si j'avais été là, j'aurais pu le tirer sans doute, le tuer peut-être ! Cette idée me tracassait ; j'ignorais alors ce que l'on

Tête d'Éland du Cap.

éprouve lorsqu'on voit le lion face à face pour la première fois; j'ignorais aussi que, dans la vie des bois, cent fois par jour on arrive ainsi trop tard sur l'empreinte d'un animal que l'on est impatient de rencontrer.

Il faisait déjà nuit; nous marchions encore à travers la forêt basse. Mon guide, malgré l'obscurité, évitait les obstacles et enjambait les troncs abattus, mais il semblait hésiter sur sa direction. Il était sept heures passées à ma montre et j'interrogeais en vain le ciel, attendant une fusée indicatrice : rien n'apparaissait. Je commençais à être inquiet. Nous avions bien encore un peu de viande et des allumettes, nous pouvions donc faire du feu et camper tous les deux dans les bois ; mais, si maigre que fût notre confort au camp, je le préférais encore à une nuit passée ainsi, sans eau, sans couverture et sans tabac.

Vers 8 heures, nous débouchâmes dans la plaine, et nous marchions plus librement depuis quelques instants lorsque, sur notre droite, la fusée tant désirée sillonna l'espace d'une traînée de feu et éclata enfin en une gerbe éblouissante. Je touchai le bras à mon guide en la lui montrant et lui dis que c'était le camp. J'ajoutai parmi les mots zoulous que je connaissais, ceux de « *inkouelo* » (wagon, chariot) et « *oumlounoug* » (Européen).

Il comprit, mais je devinai son étonnement de voir les blancs se faire des signaux de cette façon étrange. Je répondis à la deuxième fusée par un coup de fusil, étant maintenant à portée. A gauche du camp, il y avait un village ; quoi qu'on ne distinguât rien, on entendait le tam-tam et des voix humaines, tandis que de grands feux projetaient sur le ciel une vive lueur. J'éprouvai un grand plaisir en me retrouvant au camp auprès d'un bon feu. J'y racontai ma journée à mes compagnons. De son côté, Hanner avait blessé une antilope kob dès le matin, et, l'ayant suivie plus de trois heures, l'avait trouvée morte dans un fourré ; le soir, il avait tué un bushbuck ou guib qu'il était occupé à dépouiller de sa jolie robe rouge rayée de blanc. Les hommes portant la viande de mon éland n'étaient arrivés au camp qu'un instant avant moi, et, comme il était trop tard pour qu'ils pussent s'en retourner chez eux, ils campèrent avec nous, se bourrant de viande et riant bruyamment.

Les nouvelles étaient mauvaises : l'état de Smith devenait alarmant et sa faiblesse augmentait tous les jours ; de plus, on avait vu la tsé-tsé plusieurs fois dans la journée ; il était presque certain que les bœufs avaient été piqués par le redoutable insecte.

La tsé-tsé a la taille et les proportions de notre mouche domestique; son abdomen est rayé transversalement de brun et de noir, le reste du corps étant noirâtre ou gris-foncé; ses ailes, lorsqu'elle est posée, ne sont pas l'une à côté de l'autre comme celles de la mouche domestique, mais bien superposées; elle

La fusée sillonna l'espace d'une traînée de feu.

possède en avant de la tête de petits tentacules raides au nombre de trois ressemblant à un bouquet de poils. Son aspect n'a rien de repoussant ni de particulier pour celui qui ne la connaît pas; elle vole avec une vitesse excessive, il est impossible de la distinguer dans l'espace quand elle est à jeun; lorsqu'elle a l'abdomen plein de sang, son vol s'alourdit et elle se cache immédiatement pour digérer en paix. Son agilité fait qu'il n'est pas possible de l'attraper comme une mouche ordinaire. Quand elle se pose, elle le fait avec tant de délicatesse qu'on ne la sent pas; elle reste ainsi immobile pendant 15 ou 20 secondes, son aiguillon dirigé en avant, dans une attitude méfiante, prête à s'envoler. Lorsqu'elle croit être en sécurité, elle abaisse son arme, écarte ses pattes de façon à s'aplatir davantage et pique la chair sans produire aucune douleur au début, comme le moustique. La prévoyante nature a pourvu cet insecte d'une liqueur qui insensibilise momentanément la piqûre qu'il fait, de façon à lui permettre de se nourrir avant qu'on le chasse. Pendant que son aiguillon, qui a au moins un tiers de centimètre, disparaît complètement dans les chairs, il reste immobile suçant le sang, son abdomen grossissant et devenant rose par la transparence, puis ensuite rouge-foncé et rebondi. Ce n'est qu'au moment où il a déjà pris une grande partie de sa nourriture, qu'une petite douleur ou plutôt une démangeaison indique sa présence. Lorsqu'il a le ventre plein, il est encore fort difficile de l'attraper avec la main, car il ne s'éloigne pas en s'envolant, mais s'esquive rapidement de côté. Les indigènes et moi-même, d'après leurs indications, nous la prenions d'une autre façon : on place la lame d'un couteau à plat à 30 centimètres de la mouche, sur le bras ou tout autre partie où elle est posée, on fait glisser lentement cette lame qui vient rencontrer et serrer l'aiguillon de la mouche encore dans les chairs et la fait ainsi prisonnière; sans cesser de presser, on relève la lame, on la retourne et on tue la mouche, ou bien on la saisit avec ses doigts. On a naturellement déjà été piqué par elle; on se console en pensant que c'est toujours un ennemi de moins parmi les milliers dont on est entouré (1).

J'ai à parler maintenant des sensations qui sont provoquées par sa piqûre chez les animaux domestiques. Parmi ces derniers, je citerai ceux qu'on est appelé à posséder en Afrique : le

(1) Cette façon de la prendre avec un couteau semble prouver que la tsé-tsé n'y voit pas devant elle et en dessous.

bœuf, le chien, l'âne, le mulet, le mouton, le porc, la chèvre. Livingstone dit que cette dernière et quelquefois l'âne sont exempts des suites de la piqûre, tandis que toutes les autres bêtes en meurent. Je puis dire, après en avoir fait plusieurs expériences, qu'aucun des animaux que je cite n'y survit; cela dépend tout simplement du nombre des piqûres. La faune locale est inoculée dès sa jeunesse par le venin de la mouche; c'est d'ailleurs sur elle que cette dernière prend sa nourriture; mais lorsque accidentellement la tsé-tsé rencontre des animaux domestiques, elle s'acharne à leur poursuite d'une façon particulière; la bête sent d'instinct le danger qui la menace : elle fait des bonds, des écarts, et, après la première piqûre, le bruit seul de la mouche l'affole littéralement, elle perd la tête, s'enfuit, espérant ainsi distancer l'insecte meurtrier qui bourdonne autour d'elle. La mouche venimeuse vient de fort loin sur sa proie, soit que sa vue soit perçante ou son odorat exceptionnellement délicat; je pencherais plutôt pour la dernière hypothèse, ayant remarqué que le diptère arrive toujours de sous le vent, et qu'en général il pique plutôt de ce côté. La tsé-tsé se tient sous les feuilles et non dessus, attendu qu'on ne la voit jamais et qu'elle préfère l'ombre au soleil. Elle craint particulièrement l'odeur des excréments : dès qu'on tue une antilope, par exemple, pour se débarrasser des tsé-tsé qui couvrent littéralement gibier et chasseurs, il n'y a qu'à ouvrir le ventre de l'animal et à vider les entrailles : l'insecte cesse aussitôt de vous harceler.

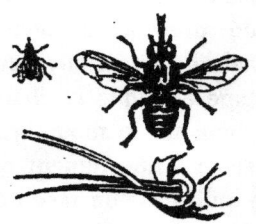

La mouche tsé-tsé.

Les premiers symptômes qui caractérisent l'animal piqué par la tsé-tsé sont les suivants : première phase, œil larmoyant, fatigue et lassitude générales, tristesse, tête basse, nez ou naseaux brûlants; deuxième phase, abattement plus prononcé, chassie abondante, humeur visqueuse, jaunâtre, découlant des narines, faiblesse, manque d'appétit, peau chaude, engorgement des glandes sous-maxillaires, le poil a perdu son aspect luisant, les muscles deviennent flasques; troisième phase, maigreur prononcée, aspect très abattu, cornée de l'œil jaune; quatrième et dernière phase, humeur visqueuse des naseaux plus abondante et découlant également des lèvres en écume jaunâtre, urine mélangée de sang, diarrhée et enfin mort dans un état méconnaissable.

Cet exemple est pris sur des bœufs; il reproduit les diagnostics que les autres voyageurs signalent et que j'ai vérifiés moi-même de point en point. Souvent on n'observe pas tous ces symptômes chez le même animal, mais ils sont causés en totalité par la tsé-tsé. Il y a une autre remarque très importante à faire pour donner une idée du cours de la maladie, c'est le nombre des piqûres. Une seule suffit pour tuer le bœuf le plus robuste en plusieurs mois; 50 piqûres lui donnent la mort en une semaine, mille en quelques jours. Les symptômes augmentent d'intensité dans le même rapport. J'ai vu moi-même mourir en une heure un magnifique bouc apprivoisé que j'avais avec moi, lors d'un voyage que je fis dans la Maravie, un an plus tard. L'effet des piqûres est particulièrement rapide sur les animaux domestiques au moment des pluies ou s'ils sont mouillés artificiellement. Une autre particularité à observer est que les petits restent indemnes tant qu'ils sont à la mamelle.

Il n'y a, selon moi, aucun doute à avoir concernant l'innocuité de la piqûre sur les animaux sauvages : que celle-ci leur soit désagréable comme à tous les quadrupèdes, j'en conviens, mais je n'ai jamais vu ou entendu parler d'une bête sauvage qui en éprouvât autre chose qu'une tracasserie. Néanmoins, la tsé-tsé suit le grand gibier, et, là où on l'a trouvée, on peut être certain qu'il existe. Quand les animaux sauvages sont exterminés ou quittent un endroit, la tsé-tsé en disparaît. Elle affectionne particulière-

_ment les buffles et les grandes antilopes; c'est pourquoi on trouve des districts de petit gibier sans tsé-tsé. Mais la présence de la mouche est un indice certain qu'il y en a.

Aujourd'hui, dans l'Afrique du Sud, au fur et à mesure que la civilisation et les chasseurs s'avancent dans l'intérieur, le gibier déserte ou recule, emmenant la tsé-tsé. Le jour où l'on aura détruit l'un, l'autre disparaîtra.

Il me reste à dire ce que l'homme ressent après la piqûre de l'insecte venimeux. L'impression de démangeaison se change en quelques secondes en un prurit douloureux qui dure à peu près un quart d'heure; la partie piquée rougit, enfle légèrement et continue à gêner pendant un moment. Un grand nombre de piqûres peuvent jeter incontestablement du désordre dans l'organisme; elles ont surtout le don de surexciter outre mesure; un sentiment de rage s'ajoute à la souffrance. Les parties que la mouche affectionne chez l'homme sont généralement celles à découvert : mains, bras, cou, joues, jambes, toujours à l'ombre autant que possible.

Le lecteur comprendra quelles furent mes craintes en me trouvant, au milieu du fléau, avec 24 bœufs pleins de vie et de santé. Je n'avais d'ailleurs aucun espoir qu'ils pussent passer indemnes au milieu de la région infestée; j'espérais seulement que les progrès du mal ne seraient pas trop rapides et nous permettraient d'arriver au Zambèze, où je comptais être dans un mois environ (1). Comme on le verra, cet espoir ne se réalisa pas.

Le matin, à l'aube, tandis que Macaron attelait ses bêtes et que nous pliions bagages, je vis que nous étions campés sur la lisière d'une forêt ayant à gauche la grande plaine que nous avions traversée la veille.

---

(1) J'ai rapporté, afin qu'on puisse étudier son venin, de nombreux spécimens de tsé-tsé.

A trois ou quatre cents mètres, une harde de zèbres regardait curieusement notre agitation ; les gracieux animaux firent quelques gambades, et, le vent les ayant sans doute renseignés sur la nature de l'ennemi, ils s'enfuirent au galop et disparurent dans la forêt.

CHAPITRE III.

Quelques mots sur les peuples de l'Afrique australe. — Gagou. — Chasse à l'orix, au duiker et au porc-épic. — Pêche sur la Sabi. — Sanglier et hippopotames. — Perte de bœufs. — Camp environné par les lions. — Bœuf tué par un lion. — Chasse au buffle. — Chargé par l'animal furieux. — Arrivée au Poungoué et à Quilimane.

Les populations dont nous traversions les villages par intervalles paraissaient tranquilles. Nous avions déjà parcouru diverses régions et remarqué que les gens étaient sinon avenants tout au moins obligeants, moyennant paiement, bien entendu.

En sortant du Transvaal, immédiatement sur ses frontières, étaient les Macalacas, puis, vers le Nord, les Maloïos, Oumlengas, Mandamdas, Mandovas. Tous étaient de race zouloue et appelés par les Portugais, *Landins de Gaça*. Ces noms ne désignaient que des tribus différentes reconnaissant comme chef suprême Goungouniana, successeur du chef Gaça.

Les mœurs de ces noirs sont assez curieuses. Ils sont pâtres dans tous les districts où la tsé-tsé ne règne plus (car il est certain qu'elle a autrefois couvert le pays en grande partie); ils se nourrissent de viande, de lait caillé, de maïs et de sorgho. Leur costume consiste en un kaross (peaux diverses cousues ensemble) dont ils s'enveloppent les épaules; autour des reins, ils portent d'autres peaux; autour du cou et aux poignets, des rangées de perles et de verroterie. Les femmes ont à peu de chose près le même costume. L'armement consiste en plusieurs sagaies avec un grand bouclier en peau de buffle; on leur voit rarement des fusils.

Au physique, le type est très beau; c'est certainement une race privilégiée; mais, à ma connaissance, les peuples de la Côte d'Or leur sont de beaucoup supérieurs encore. Les Landins ne manquent pas de courage; ils ont résisté pendant de longues années à l'autorité portugaise et luttent même encore contre elle.

Leurs cases sont en paille, arrondies, avec une ouverture très basse sur le côté. Les villages et la population sont très clairsemés dans la région que nous avons traversée; il se peut que d'autres parties du pays soient plus peuplées, mais notre voyage s'est effectué presque entièrement en pays inhabité.

Le gibier, par contre, a toujours augmenté au fur et à mesure que nous nous avancions, et en proportion du manque d'habitants. Tous les jours, du matin au soir, je continuais ce que j'appellerai mon apprentissage, prenant des chasseurs indigènes dans tous les villages visités, pour remplacer ceux qui me quittaient, car les noirs restent rarement plus de quelques jours loin de chez eux. Je finis par en trouver un qui baragouinait quelques mots d'anglais, ayant longtemps séjourné avec un Écossais et chassé dans le Matabélé contigu au territoire où nous nous trouvions. Je l'engageai jusqu'à la rivière Poungoué, moyennant sa nourriture et une brasse de calicot par jour (1).

Il s'appelait Gagou, c'est-à-dire, en zoulou, le fin, le rusé, et il justifiait ce surnom; il était, à la chasse, d'une sagacité et d'une expérience remarquables en ce qui concernait les empreintes, les habitudes des animaux : il trouvait des indices ré-

---

(1) Ce prix était énorme, si l'on considère que ces noirs travaillent six jours pour deux brasses et demie (5 mètres) et en se nourrissant eux-mêmes.

Le calicot très ordinaire est la monnaie courante dans le pays : on achète ainsi tout ce dont on a besoin.

vélateurs, non seulement sur le sol, mais sur les végétaux. J'avais enfin mis la main sur un bon professeur que je pouvais comprendre, et ses leçons ne furent pas perdues.

La tsé-tsé augmentait de plus en plus; nous en étions couverts. Ses piqûres douloureuses et répétées nous donnaient des

Une case au Zoulouland.

accès de rage; j'ai indiqué comment, avec un couteau, on peut attraper l'insecte; ce fut Gagou qui, pour la première fois, me montra ce stratagème que tous les noirs de l'Afrique centrale pratiquent également.

Pour soulager mon exaspération, je m'arrêtais froidement au milieu d'un fourré, j'attrapais des tsé-tsé, et, sortant d'une petite trousse de poche de minuscules ciseaux, je prenais plaisir à les torturer à leur tour : je commençais par leur couper les pattes par petites tranches, tout doucement; je passais ensuite à l'aiguillon et aux ailes; loin de les tuer, je les gardais ainsi vivantes dans mes mains, et, lorsque j'en avais cinq ou six, j'allais les déposer délicatement au soleil, ce dont elles ont horreur. Étant donnée leur vitalité extrême, je suis certain qu'elles survivaient encore plusieurs heures.

J'ai eu quelquefois le cou et les bras tellement criblés de piqûres qu'ils en étaient enflés; le seul remède, en pareil cas, est la patience: on éloigne les mouches en se battant continuellement le cou et le dos avec une branche chargée de feuilles ou avec une queue de buffle.

Les traces de buffles étaient de plus en plus nombreuses; nous en avions suivi plusieurs, sans jamais arriver à voir ces animaux. Le buffle est grand marcheur; il ne craint pas de mettre 20 et jusqu'à 50 kilomètres entre son gîte et son abreuvoir, et comme il voyage surtout la nuit, il est difficile de le rattraper en quelques heures.

J'avais toujours entendu parler du buffle d'Afrique (*Bubalus cafer* ou *Bos cafer*) comme d'un animal très dangereux, surtout lorsqu'il est blessé; et c'est avec un mélange de crainte et de curiosité que j'essayai à plusieurs reprises, sans succès, de l'apercevoir.

La marmite de l'expédition n'était pas pour cela restée sans venaison; deux jours après l'aventure de l'éland, j'avais tué deux kobs, le lendemain, un gemsbock ou algazelle (*Oryx gazella*) après une poursuite de cinq heures. Mon premier coup lui avait cassé la cuisse, et, sur trois pattes, il nous mena au pas gymnastique pendant près d'une demi-heure; je lui mis dans le ventre une deuxième balle qui n'eut d'autre résultat que d'accélérer sa course; à plusieurs reprises, je me jetai sur la terre, épuisé par cette trotte interminable sous le soleil brûlant, et Gagou lui-même était ruisselant de sueur. La troisième balle perfora les poumons de l'algazelle et nous rendit la piste visible en la couvrant d'une traînée de sang. Le quatrième coup enfin l'abattit, plusieurs heures après.

On se fait difficilement une idée de la fatigue et de la peine qu'il faut quelquefois se donner pour capturer ces animaux.

Le jour suivant, je tuai un duiker (*Cephalophus ocularis*),

Le Kob.

petite antilope qui ne va que par bonds énormes de 2 ou 3 mètres et qui vous part souvent entre les jambes, comme un lièvre; sa taille n'excède pas 50 centimètres au garrot. Vers le soir, j'avais aperçu aussi un porc-épic, qui prit, en compagnie du duiker, le chemin de la marmite. Sa chair fut trouvée délicieuse et de beaucoup supérieure à celle du lapin.

En arrivant sur les bords de la Savi ou Sabi, Jones avait installé son arsenal de pêche; il avait d'abord donné la mission de lancer l'épervier à Macaron, qui n'en avait jamais vu un de sa vie, et qui, s'étant jeté sur la tête une grêle de plombs, avait refusé de recommencer; heureusement, un des noirs connaissait l'usage du filet; il s'offrit à suppléer le Hottentot et on lança ainsi deux éperviers sans relâche, de 4 heures du soir à 7 heures, tandis que tous les hommes, et même Hanner, munis de lignes de pêche et installés sur le bord, décimaient les infortunés habitants de la rivière. Le résultat donna plus de 20 kilos de poisson, en grande partie des silures (*Glanis siluris*), des mulets (*Mugil africanus*), et des carpes (*Cyprinus carpio*).

Quant à moi, après avoir vu boire notre attelage et contemplé un instant les exploits des pêcheurs, j'allai faire un petit tour avec Gagou et deux hommes, afin que notre dîner fût complet. Jones s'était chargé des entrées; à moi de trouver un rôti.

En amont de l'endroit où pêchaient nos amis, et cherchant des pistes tracées, nous arrivâmes sans bruit sur le bord de l'eau. A travers l'épaisse végétation qui borde toutes les rivières dans ces régions, Gagou aperçut et me montra en face, sur l'autre rive, un sanglier qui descendait pour boire. Le cours d'eau ayant à peu près 70 mètres de large, le coup était magnifique; l'animal entra dans la vase qui bordait la végétation, et, en s'y vautrant, se montra presque de profil : je le clouai raide mort dans cette posture.

La difficulté était de l'aller chercher, la rivière étant profonde à l'endroit où nous étions. Nous craignions que les loups, dont nous avions aperçu une bande quelques minutes auparavant, ne dévorassent notre gibier pendant notre absence, attirés par l'odeur du sang; on verra plus tard qu'ils en sont coutumiers. Je décidai donc de rester où j'étais, surveillant ainsi le sanglier, pendant que mes hommes iraient traverser le gué en face duquel nous avions campé, et, prenant en même temps un camarade de renfort, viendraient chercher l'animal par l'autre rive.

Pendant que j'étais ainsi seul, dissimulé au milieu des arbustes, j'entendis à quelque distance de moi, peut-être à 8 ou 10 mètres, deux ou trois poussées d'un souffle puissant et sonore, puis un bruit de branches brisées, du clapotis d'eau et la respiration d'un animal qui devait être énorme.

En une seconde j'eus l'idée, d'abord, que c'était un rhinocéros qui me sentait (nous en avions vu plusieurs pistes le matin); puis, que je n'avais pas mon calibre 12 à pointe d'acier, attendu que Gagou le portait; enfin, que la fuite était impossible. Je

Tête de gemsbock (*Oryx gazella*).

cherchais déjà du regard un arbre où me jucher, si l'animal faisait encore du bruit, et, au même moment, à 30 ou 40 mètres au milieu de la rivière, un hippopotame fit retentir les environs de son rugissement sonore.

Si j'eusse été plus expert, j'aurais deviné que, à côté de moi, il y avait un autre hippopotame couché à terre; son souffle seul aurait dû suffire à me l'indiquer; mais j'avais encore bien des choses à apprendre. Dès que le sanglier fut enlevé, je m'en retournai bêtement au camp, perdant, ce soir-là, sans m'en douter, l'occasion de tuer un hippopotame.

Le soir, à la lumière des feux, nous vîmes un vol de canards sauvages qui descendait à la rivière. Après avoir envoyé un homme s'assurer si on pouvait les distinguer dans l'ombre, je me rendis sur la berge, et, avec mon énorme canardière, j'en abattis cinq; deux autres, blessés, s'en allèrent au fil de l'eau figurer sans aucun doute sur le menu des crocodiles...

Les malheurs prévus fondaient sur notre expédition. La plupart des bœufs moururent pendant les vingt jours que dura le voyage de la rivière des Crocodiles au rio Poungoué.

Les uns étaient tombés pendant quelque halte ou en marche, et on avait achevé leurs souffrances à coups de fusil; les autres s'étaient couchés au campement du soir pour ne plus se relever. Je me voyais bientôt obligé d'abandonner tous nos bagages et d'achever le voyage sans autre chose que mon fusil et une couverture!

Et ils diminuaient toujours, nos pauvres bœufs! Sur les vingt-quatre que nous avions emmenés de Prétoria, il ne nous en restait plus que douze en passant la rivière Bouzi.

Il fallait naturellement décharger le chariot à mesure que l'attelage diminuait, et je prenais des porteurs dans les villages pour transporter les excédents sur la tête; j'avais même jeté, faute d'un nombre suffisant de porteurs, 100 kilos de haricots, un levier, un paquet de matériel de rechange pesant 150 kilos et les barils à eau. Ces derniers étaient désormais inutiles : nous avions toujours trouvé de l'eau, et on nous assurait qu'elle serait encore plus abondante vers le nord.

Au dire du Hottentot, trois bœufs seulement étaient indemnes du fléau; ils avaient passé complètement saufs au milieu de la tsé-tsé; ils étaient dans un état magnifique, mangeant avec appétit, et tirant sur leurs jougs avec vigueur, comme pour compenser l'absence et la faiblesse des camarades moins heureux. Une épidémie de pneumonie ayant décimé presque tous les troupeaux dans la région que nous traversions, c'est inutilement que j'avais essayé d'acheter d'autre bétail.

Un soir, sur les rives de la Moussingazi, affluent du Poungoué, la veille de notre arrivée à Oukaranha, nous commencions à être dans les régions montagneuses et nous avions campé dans le même ordre que d'habitude. Les feux étaient seulement plus nombreux, à cause d'une trentaine de porteurs qui campaient avec nous. Tout alla bien jusqu'aux approches de minuit; les hommes avaient, comme de coutume, alimenté leurs feux et s'étaient étendus autour sur leurs bottes de paille. Je commençais à m'endormir également. Pourtant, ayant le sommeil très léger et l'oreille presque contre terre, j'entendis quelqu'un marcher vers moi, s'arrêter et me toucher l'épaule : c'était Gagou. Il me dit doucement : « *Plenty lion* » (beaucoup de lions); il avait vu de nombreuses pistes dans la soirée et me fit tendre l'oreille : j'entendis distinctement à une quinzaine de mètres quelque chose comme des grognements très bas, plutôt un ronflement en deux tons distincts; puis le même bruit se fit derrière, puis aussi devant.

Je demandai conseil à Gagou : il n'y avait rien à faire, alimenter seulement les feux et réveiller les hommes, voilà tout. Les dormeurs rappelés à eux-mêmes, en un clin d'œil, par le mot magique de « lion » chuchoté à l'oreille, se mirent sur leur séant, se frottant les yeux. Je n'avais jamais vu le noir, dont le sommeil est excessivement dur, se réveiller aussi rapidement.

Tous les feux flambèrent en une minute; mais, malgré les rayons lumineux qu'ils projetaient à 5 ou 6 mètres, et quoique beaucoup d'entre nous se fussent mis le dos à la flamme afin de mieux regarder dans l'ombre, personne ne vit rien. On suivait pourtant les fauves dans toutes leurs allées et venues, d'après leurs grognements; l'oreille reconnaissait si c'était le même animal qui se rapprochait ou un autre; ils n'étaient pas à plus de 10 mètres de nous. Gagou, après une heure d'observation, me dit qu'il y avait là huit ou dix lions.

Ils étaient presque tous à notre droite, sous le vent, humant les émanations du bétail. J'avais à la main ma canardière chargée de grosses chevrotines, ce qui est préférable à une balle unique pour tirer la nuit, vu la difficulté de viser. Mais rien ne se montra. Il fut décidé, vers deux heures du matin, que nous prendrions, chacun à notre tour, quelques instants de repos ; les hommes en firent autant, et il resta un ou deux veilleurs auprès de chaque feu, jusqu'au matin. Malgré l'émotion de ce voisinage, j'étais si fatigué cette nuit-là (ayant poursuivi des buffles inutilement tout l'après-midi) que je m'endormis profondément.

Au matin, nos terribles voisins s'éloignèrent, et, sur le sol ramolli par la pluie de la veille, nous pûmes apercevoir leurs nombreuses pistes. Un d'eux s'était approché jusqu'à 8 mètres d'un des feux où veillait un conducteur ; il s'était couché là, comme le font les lions, la tête allongée sur ses pattes, et il avait dû, sans doute, attendre longtemps, en le regardant fixement, que cet homme s'endormît.

Nous avions échappé au danger. D'ailleurs c'était surtout aux bœufs que les lions en voulaient ; le bétail, de son côté, les avait sentis à plusieurs reprises et n'avait pas fermé l'œil de la nuit.

Ce fut le lendemain, à Oukaranga, que le lion prit sa revanche. Ce soir-là, nous étions tous très fatigués. Smith avait escorté les porteurs malgré son état de faiblesse ; Macaron, les conducteurs et moi, n'avions cessé de harceler les bœufs, de soulever les roues avec des leviers pesants, de courir en avant et en arrière du chariot pendant toute la journée, et il avait fait particulièrement chaud. Hanner et Jones étaient absents ; je les avais envoyés à Port-Beira, qui n'était qu'à deux jours de distance, s'informer si nous pouvions trouver à acheter du bétail pour continuer notre route vers le Zambèze : nous avions fait les 4/5 du parcours total, il ne nous fallait plus qu'une dizaine de jours pour atteindre Séna, et il nous restait dix bœufs. Il eût été triste d'échouer ainsi au port.

A cause des bords escarpés de la rivière Moussingazi, où nous campions encore ce soir-là, les bœufs ne pouvaient boire en face du campement; exceptionnellement encore, Macaron s'était couché un peu malade, et ce fut un des conducteurs qui mena les animaux plus loin, à environ 60 mètres de nous. Au lieu de les surveiller, car la nuit tombait, et au risque de se faire emporter par un crocodile, cet homme se mit lui-même à prendre un bain, laissant les bœufs paître sur le bord et s'éloigner de là petit à petit, à mesure qu'ils mangeaient.

Tout à coup nous entendons pousser de grands cris et nous

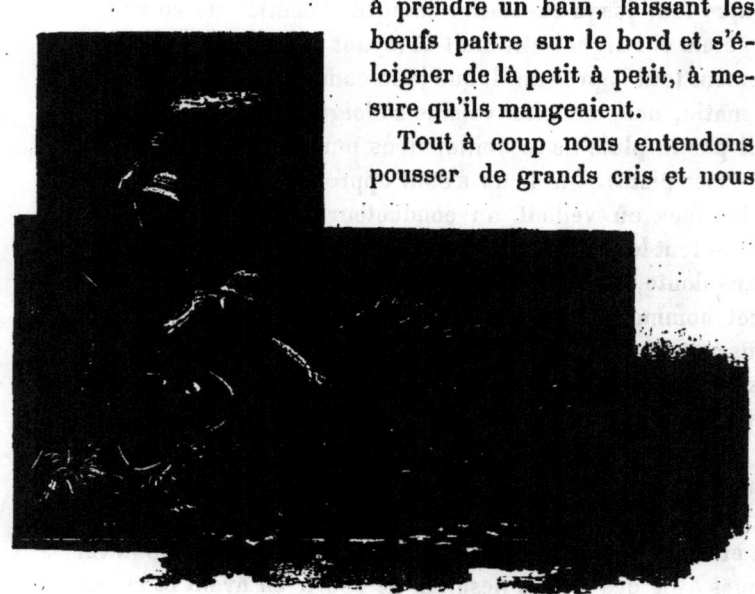

Un des bœufs était étendu sur le sol.

accourons à la hâte avec des torches de paille : un des bœufs était étendu sur le sol, sanglant, portant au cou et aux épaules plusieurs blessures et ayant le flanc déchiré. Le conducteur nous dit alors que, au moment où il sortait de l'eau, il avait vu un lion sauter d'un fourré voisin sur un des bœufs les plus éloignés de la rive, le terrasser et s'apprêter déjà à le dévorer quand les cris du noir firent battre le fauve en retraite; celui-ci était retourné au petit trot dans des broussailles que l'on distinguait à 20 mètres de nous. On alluma des torches nouvelles, je tirai quatre ou cinq coups de chevrotines dans le fourré : rien ne remua. Le lendemain, nous vîmes la piste du lion : il avait dû fuir dès que nous nous étions approchés.

Le bœuf mort fut distribué aux hommes; l'animal était déjà affecté par la tsé-tsé et voué à une mort prochaine. Il eût pu néanmoins servir encore quelques jours.

Mon intention avait d'abord été d'exposer un quartier de viande et de me mettre à l'affût en attendant le retour certain du lion; mais j'étais trop fatigué ce soir-là et renonçai à ce projet.

Nous n'étions plus qu'à deux ou trois jours du Pongoué et le nombre des porteurs s'était encore accru d'une trentaine d'indigènes; il y avait encore des bœufs de moins.

C'est à cette époque que m'arriva la première de mes aventures de chasse, une des plus dangereuses, une de celles que j'ai inscrites dans tous leurs détails, parce que ma vie y a été menacée sérieusement.

Comme je l'ai dit tout à l'heure, nous nous étions trouvés plusieurs fois, dans les derniers temps, sur des pistes de buffles plus ou moins nombreuses; mais nous n'avions pas encore réussi à les apercevoir une fois.

Une nuit, ou plutôt un matin avant le jour, Gagou me mena derrière notre camp sur une éminence d'où les regards pouvaient plonger dans une vallée voisine. Au fond de cette vallée, couverte de broussailles basses et serrées, coulait un ruisseau affluent de la Moussingazi qui rejoignait celle-ci par un brusque détour à droite autour de notre mamelon.

J'avais vu tout cela la veille en arrivant, mais, à cette heure matinale, au milieu des ténèbres, il semblait y avoir un brouillard qui couvrait la vallée.

Nous tendîmes l'oreille et nous perçûmes un fracas continu et lent de branches brisées et piétinées que perçait çà et là un éclat plus violent. Ce bruit venait des bords du ruisseau : c'étaient les buffles qui allaient boire.

Gagou, deux hommes et moi, nous fîmes immédiatement nos préparatifs et nous nous mîmes à descendre la pente, allant presque à tâtons, sans bruit, nous rapprochant toujours davantage, mais sans exagérer toutefois, de l'endroit où était le troupeau. Notre but était de nous mettre sur ses traces dès qu'il quitterait la place et de nous laisser guider par ce même bruit que les grands animaux font involontairement en se frayant un passage dans les fourrés.

Dans le cas où le hasard aurait dirigé les buffles vers nous, pendant leur retraite, Gagou m'avait dit qu'il faudrait courir de toutes nos forces pour ne pas être piétinés si le troupeau était nombreux. Mais ils traversèrent le ruisseau et se dirigèrent vers une forêt basse au terrain plat qui commençait un peu plus loin et se prolongeait pendant plusieurs milles, longeant au contraire un terrain excessivement accidenté couvert d'une épaisse végétation vierge.

Pendant une heure, nous avions suivi notre gibier, d'abord dans l'obscurité, puis dans la teinte pâle du matin, guidés par le bruit qui nous avait conduits un peu au hasard. Ce ne fut qu'au lever du soleil que j'aperçus pour la première fois, à plus de 200 mètres, les buffles marchant lentement en un troupeau serré, apparaissant à nos yeux alternativement ou cachés par la végétation, leurs échines noires émergeant seules au milieu des broussailles. A mon avis, il ne devait pas y en avoir plus de trente.

Nous suivions la piste machinalement, quand nous nous aperçûmes, à la superposition des empreintes que, entre les buffles et nous, profitant également du vent favorable, il y avait deux autres chasseurs, moins bien armés peut-être que nous, mais bien plus experts. C'étaient des lions.

Et nous continuâmes ainsi pendant quatre heures environ, les buffles devant, les lions venant ensuite et nous en dernier lieu ; nous ne pûmes jamais apercevoir les félins.

Je pensai plusieurs fois que, s'il leur avait pris fantaisie de se reposer ou de rester en arrière, nous aurions bien pu nous trouver face à face, mais j'étais tellement occupé des buffles que le reste ne m'inquiétait guère.

Quatre ou cinq fois, je grimpai sur un arbre ou y envoyai Gagou pour essayer de découvrir les lions dans les herbes, mais nous ne pûmes y parvenir; leurs empreintes seules nous les révélaient.

L'un devait être un mâle de forte taille, l'autre une femelle probablement.

Vers midi, le vent tourna et nous changeâmes aussitôt de direction; quant aux lions, ils disparurent. Nous vîmes leurs empreintes tourner brusquement et s'éloigner dans une direction latérale; les buffles peu à peu ralentirent leur allure et s'arrêtèrent enfin sous des arbres.

Ce jour-là, si j'avais su que les animaux allaient prendre à l'ombre plusieurs heures de repos, si j'avais supposé que j'eusse pu m'approcher davantage, j'en aurais certainement tué trois ou quatre; mais j'avais peur d'avoir été vu et je risquai un mauvais coup à 120 mètres, sur un animal dont je ne voyais que l'échine. Au moment où je tirais, je vis, un peu plus rapproché, un autre buffle qui s'arrêta un instant et me donna le temps de lui loger une balle au dessus de l'épaule.

Avec des armes aussi rapides que l'express (je tirais dans le cas dont il s'agit avec des balles pleines mi-plomb, mi-étain) à peine le chien est-il retombé que l'oreille perçoit le bruit du choc de la balle; ce choc s'entend fort bien sur tous les animaux.

Le buffle que j'avais tiré le premier avait l'épine dorsale cassée; se traînant sur les genoux, il faisait des efforts impuissants pour se remettre sur ses pieds : son arrière-train était inerte. Gagou l'acheva de quelques coups de sagaie au cœur.

Quant au second, il avait tourné brusquement et était allé au trot dans le fourré le plus voisin.

On m'avait parlé bien souvent du danger qu'il y a à poursuivre dans les broussailles épaisses un buffle blessé; l'animal va généralement se réfugier dans ces fourrés et il s'y poste à l'affût; excessivement méchant et rusé en même temps, il quitte d'ordinaire sa propre piste à angle droit, fait quelques pas et se pose de face dans la plus grande immobilité, le nez, l'œil et l'oreille au guet, attendant le chasseur qui, naturellement suivant la piste, doit forcément passer devant lui. C'est à ce moment que, avec un mugissement de rage, il s'élance aussi vite que le lui permettent ses blessures, fondant sur le chasseur, le nez en l'air, les cornes sur le dos; s'il peut le rejoindre, ce qui lui est aisé, il baisse la tête et lui envoie, où il peut, des coups de cornes où il met toute sa rage et toute sa méchanceté. L'effet en est terrible. Je raconterai plus loin dans quelles circonstances j'ai vu un homme ouvert, d'un seul coup, de l'aine à l'estomac. Ce qui rend le buffle terrifiant, c'est sa force et sa supériorité incontestable sur le chasseur dans le milieu où il s'est réfugié; l'homme s'y fraye à peine un passage, tandis que l'animal traverse les fourrés avec facilité et rapidité. On cite même des buffles qui ont chargé sans y être provoqués par un coup de feu préalable, mais ces cas sont rares; ils ne doivent guère se produire, je pense, que si l'animal a déjà été blessé quelque temps auparavant et s'il souffre encore de sa blessure.

Une chance de salut est offerte au chasseur poursuivi lorsqu'il trouve à sa portée des arbres aux branches basses sur lesquels il peut se hisser à la hâte; on a vu, dans ce cas, le buffle faire sentinelle au pied pendant plusieurs heures, le chasseur ayant presque toujours abandonné son fusil pour grimper. J'ai fait moi-même de nombreuses expériences à ce sujet, comme exercice préparatoire aux aventures futures, et j'ai constaté que, dans la majorité des cas où l'on grimpe à un arbre, le fusil, lorsqu'on l'a en bandoulière, n'est pas seulement un embarras, il peut vous coûter la vie, en s'opposant à votre ascension, soit qu'il s'embarrasse dans les branches, soit qu'il se place en travers. Mieux vaut le laisser en bas et porter toujours dans sa poche de la ficelle et un crochet avec lesquels on peut aisément rattraper son arme en l'accrochant par le pontet, par exemple, ou par la bandoulière, pendant que l'animal vous attend en bas.

Les cas où il fait très bon grimper à un arbre se présentent non seulement avec les buffles, mais avec les lions. Je m'empresse de dire que cela ne m'est jamais arrivé, non que j'aie plus de courage qu'un autre; mais, dans certains cas, je n'avais pas d'arbre à ma portée, et, d'autres fois, la tension de mon esprit m'a totalement empêché d'y penser.

L'aventure avec mon premier buffle rentre dans la première de ces catégories.

Je m'étais pourtant promis de ne jamais poursuivre un buffle blessé; mais, à la chasse, on oublie bientôt ses bonnes résolutions : ce n'est que plus tard que le sang-froid arrive et que l'on pèse toutes ses actions.

Gagou m'avait bien dit que le buffle blessé était méchant et qu'il fallait aller doucement; il voulut marcher devant moi, distinguant mieux les détails dans l'inextricable fourré où nous nous engagions. Le sang qui jonchait le sol avait été projeté comme quand l'animal est touché aux poumons; on voyait qu'à un certain endroit, il s'était couché, puis relevé, et qu'il avait continué son chemin.

A chaque pas, nous nous arrêtions, regardant soigneusement de tous côtés, le cœur battant violemment; les traces de sang étant fraîches, c'est-à-dire non coagulées encore, la bête n'était pas loin; tous nos sens étaient en éveil, surexcités : l'œil ne perdait pas un point, l'oreille pas un bruit : rien pourtant. Après quelques détours, nous sortons enfin avec les plus grandes précautions de la partie la plus épaisse du fourré et nous nous trouvons dans un endroit sinon plus découvert, où du moins quelque espace entre les massifs donnait plus de liberté; quatre ou cinq arbres, dont je remarque d'un coup d'œil l'inaccessibilité, se distinguent des autres; quant à la végétation que nous avions traversée, je ne crus pas y avoir remarqué un arbre capable de supporter mon poids.

Tout à coup, à l'instant où, après avoir dépassé les gros végétaux, nous nous avancions vers un fourré en face, voici sur notre droite, débouchant d'un taillis, à un trot précipité et avec un mugissement terrible, un buffle énorme, le mufle en l'air, le regard mauvais, les jambes et les naseaux maculés de sang, dans une attitude à refroidir le plus brave.

Je ne vis tout cela que dans un éclair. Je ne pensai plus à mon guide, et, faisant deux ou trois sauts en arrière, je me plaçai derrière un des gros arbres, mon calibre 12 prêt à tirer, le doigt sur la détente, le cœur ayant cessé de battre, à moitié paralysé de peur. Mais cette sensation passa : l'idée que j'étais le plus fort, que j'avais entre les mains une arme excellente avec laquelle je tenais la vie de mon ennemi, si j'avais du calme, cette idée aussi passa; tout cela, plus rapide que je ne puis le raconter, car le buffle arrivait sur moi et se rapprochait de plus en plus. Déjà j'apercevais les détails de son corps, le sang qui le couvrait, son œil méchant; j'entendais son souffle précipité, le bruit de ses sabots sur le sol, les branches qu'il écrasait, avançant, avançant toujours; je visai au hasard, mais au lieu de tirer, comme il venait de face, j'attendis qu'il se détournât un peu pour passer à côté de l'arbre..... A 3 mètres je fis feu et aussitôt je pris ma course, tout en rechargeant, pour me cacher derrière un autre arbre, à dix mètres plus loin. L'animal avait été jeté à terre par la commotion, s'était relevé d'un seul bond et arrivait presque en même temps que moi sur mon nouveau refuge, non plus au trot, mais au galop. Je m'abritai derrière l'arbre, ne laissant passer que l'œil, déjà plus calme en face du danger, prêt à tirer d'un côté ou de l'autre, et il passa... et je tirai encore... il s'arc-bouta pour arrêter son élan, faisant voler la terre et la poussière, se retourna pour repartir encore et je fis feu de nouveau, mieux cette fois; il tomba sur les genoux, puis sur le côté, et expira après quelques mouvements d'agonie. Gagou était resté derrière un arbre et avait assisté comme spectateur au drame auquel j'avais failli prendre une si fâcheuse part.

Ma première balle avait au début touché les poumons et, un peu, le foie. La deuxième était entrée dans l'épaule et était ressortie à travers le poitrail; c'était celle dont la commotion avait renversé le buffle; la troisième avait traversé le cœur et brisé le membre droit, au moment où l'animal cherchait à arrêter son élan et à se retourner; ce fut celle qui décida le sort en ma faveur, car la quatrième était entrée dans le cou et s'était perdue dans les chairs.

Mon ennemi aussitôt hors de combat, je me laissai aller auprès de lui ruisselant de sueur et d'émotion, admirant l'énorme bête que je voyais pour la première fois, et fier de mon coup de fusil.

Les proportions d'un vieux buffle sont celles d'un bœuf de très forte taille. Celui dont il est question mesurait 1^m,58 du garrot au sabot antérieur; ses cornes n'avaient pas moins de 0^m,83 d'écartement entre les deux pointes; sa viande fit 24 grosses charges d'homme (d'environ 28 kilos), c'est-à-dire à peu près 700 kilos de viande, net. Sa couleur était d'un noir mat à l'endroit où le poil était serré; dans les autres parties du corps, le pelage rare laissait voir la peau d'un gris sale.

Celui que j'avais tiré d'abord et que Gagou avait achevé était plus petit.

Après cette aventure je me promis bien de ne plus m'exposer ainsi inutilement pour un animal immangeable, car cette

CHARGÉ PAR UN BUFFLE FURIEUX.

chair coriace n'est bonne à rien; j'avais même trouvé que le plaisir éprouvé en tuant le buffle ne valait pas la peine de se faire éventrer; mais, à la chasse, toutes les belles résolutions passent avec une nuit de sommeil : l'envie de recommencer réapparaît seule le lendemain....

Cette chasse au buffle fut un des derniers épisodes de mes chasses dans l'Afrique australe

Nous arrivâmes au Poungoué quelques jours après, et, dans l'impossibilité de continuer notre chemin (il nous restait 4 bœufs dont un acheté au cours du voyage), je vendis le reste des animaux ainsi que le chariot à des ingénieurs anglais qui travaillaient au chemin de fer de Port-Beira alors en construction, et je fis par mer, sur un petit bateau à vapeur anglais, les 40 milles qui nous séparaient de Quilimane.

Notre compagnon Smith nous quitta à cette époque, très malade et affaibli; je l'avais embarqué sur un vapeur pour l'Europe, mais j'appris plus tard, avec bien de la peine, qu'il était mort à Lourenzo Marquès, quelques jours après nous avoir dit adieu.

Au Poungoué, Gagou m'avait quitté pour retourner dans son pays; il était parti content de mes progrès; en effet, je commençais à distinguer les pistes; j'avais tué déjà bon nombre d'antilopes, je prenais du calme dans le tir, je n'oubliais pas de tenir compte du vent, enfin j'étais mieux en forme qu'au début pour la rude école que nous allions faire dans l'Afrique centrale.

CHAPITRE IV.

Sur le Zambèze. — L'hippopotame, ses mœurs, sa description. — La façon de le chasser. — Dans les gorges du Lupata. — Chasse au kob. — Troupe de singes. — La prairie aux serpents. — Mon costume de chasse habituel. — Apparition d'un koudou poursuivi par un lion. — Les luttes nocturnes des fauves et de leur proie. — Caïman et crocodile : leurs mœurs. — Une chasse au caïman. — Arrivée à Tête.

Nous avons quitté les forêts vierges de l'Afrique australe, disant adieu pour quelque temps à la vie sauvage, aux parcours monotones.

Nous sommes sur le Zambèze, superbe fleuve continuellement agité par des courants rapides, par les flots que des vents violents soulèvent à sa surface. Ses gorges majestueuses, ses cataractes écumantes, ses rives peuplées de villages, offrent des spectacles variés, souvent admirables et grandioses.

De son côté, le personnel de l'expédition a subi bien des changements : nous n'avons plus notre camarade Smith, ni Macaron, ni nos guides du Sud, ni nos domestiques; le chariot et les bœufs ont disparu, remplacés par des embarcations démontables en tôle d'acier. Nous nous sommes adjoints, pour renforcer l'expédition, des Arabes blancs de Zanzibar et de Mascat au nombre de vingt-huit, tous armés de carabines Martini.

Après de nouveaux préparatifs à Quilimane, nous voici enfin remontant le Zambèze dans nos embarcations, suivis de vingt petites pirogues indigènes (1), où nous avons mis tout le matériel

(1) On les nomme *amandias*.

que les embarcations n'avaient pu prendre. Dans le premier bateau, sous une toiture en paille, je suis installé avec Hanner, huit canotiers, un patrão (1), un cadamo (2), et deux domestiques ; le chargement comporte en outre près de 1.500 kilogrammes ;

Une vue du Zambèze.

dans le deuxième, qui vient derrière, à distance, Jones et le chef arabe, avec un chargement analogue. Le troisième et les pirogues suivent avec des Arabes et le reste de nos bagages.

L'immobilité forcée toute la journée, après nos marches continuelles, fut un changement fort désagréable pour nous ; le temps nous paraissait d'une longueur désespérante. Mais c'était la route la plus facile pour s'enfoncer dans l'intérieur : il n'y avait

(1) Homme au gouvernail.
(2) Homme de vigie placé à l'avant afin d'éviter les bancs de sable et les écueils.

pas à hésiter. Nous avions emporté tous les journaux, les revues, les livres, etc., que nous avions pu trouver à Quilimane ; mais on était vite las de lecture.

Pour mon compte, je restais dehors au soleil, cherchant à tirer un coup de fusil pour me distraire ; mais les premiers jours du voyage, on n'apercevait du lit du fleuve immense que, dans le lointain, les rives opposées et des îlots à peine visibles. Les populations étaient agglomérées dans certains endroits du bas fleuve que des pirogues nombreuses sillonnaient en tous sens.

Ce ne fut qu'après une vingtaine de jours, vers Gouingoué, que je commençai à voir quelque chose de temps en temps, mais toujours à des distances extraordinaires ; je tuais tous les jours, à balle, des canards, des ibis et autres oiseaux assez curieux, tels que le « cissors-bill » de Livingstone, qui a le bec placé et disposé comme une paire de ciseaux qu'il ouvre et referme lentement en rasant l'eau d'un mouvement rapide (*rhyncops*), le flamant gris, semblable, sauf la couleur, à son confrère de l'Afrique du Nord (*phenicopterus*), les aigrettes aux plumes immaculées (*Ardea egretta*), le jacana, qui court sur l'eau avec ses grandes pattes disproportionnées, des oies noires (*Anser leucogaster* et *melanogaster*), des pélicans, des courlis, des bécassons, des pluviers étranges, à l'aile armée, aux tentacules jaunes pendant de chaque côté du bec, aux ailes tachées de noir, d'une couleur générale gris clair, le ventre pâle, et qui se rapprochent de la description du *Pluvius armatus* de Burschell, des plongeurs (*Plotus aningha*), de grands marabouts au crâne chauve, à l'air pensif et grave, tout cela très mauvais à manger, mais fort bien accueilli par nos canotiers.

Le soir, on arrivait fort tard au campement ; on repartait au point du jour, et, vers midi, nous restions à peine une heure le long d'un banc de sable, afin de permettre aux hommes de faire cuire leur riz et pour préparer nous-mêmes quelques aliments.

Çà et là nous rencontrions quelques Européens sur le fleuve, comme en témoignent ces notes que je retrouve dans mon journal avec la fraîcheur des impressions :

Sur le Zambèze, près de Senhora Maria.

« *Samedi 18 juillet 1891*. — Missongoué. Zambèze. — Nous dor-
« mions profondément, lorsque boucan indescriptible, tintamarre infer-
« nal. Réveillés en sursaut; c'est Joseph Comtat, négociant à Missongoué,
« notre ami de Josselin, de la maison hollandaise, et deux Anglais de
« l'*African Lakes Company*, montés à dos d'hommes, envahissant
« campement; concert de piston, flûtes en zinc, tambour, accordéon,
« boîtes à cigares vides, chants discordants et lamentables, cris : cara-
« vane suit portant cigares et liquides divers : au moins six chiens hur-
« lant : mélodie : mis à la porte visiteurs et recouché furieux : mousti-
« ques. »

Pendant les arrêts, nous lancions des lignes; notre cadamo,

très habile à la pêche, prenait chaque jour de beaux poissons; un peu avant notre arrivée à Vicenti, les indigènes avaient capturé un énorme poisson-scie (*Pristis antiquorius*), dont j'estime le poids, d'après l'appendice nasal, à environ 150 kilos. Comme c'est un poisson de mer, il est étrange qu'il se rencontre à 100 milles dans l'intérieur. Un autre poisson curieux habite dans le haut Zambèze : sa bouche est remplacée par une trompe; c'est, je crois, le mormyre oxyrhynque qui se trouve également dans le Nil; sa chair est excellente et très recherchée des noirs.

Nous avions aperçu de très loin, à plusieurs reprises, des têtes d'hippopotames affleurant la surface de l'eau; le soir, nous entendions leur voix puissante, répercutée par les échos; c'est un hennissement retentissant et profond, qui ne manque pas, à distance, d'une certaine analogie avec le rugissement du lion.

Je couchais souvent dans l'embarcation; mon camarade dormant à terre, j'avais tout l'espace pour moi seul, et, avec la moustiquaire (1), je trouvais sur l'eau beaucoup plus de bien-être et plus de brise que dans une tente dressée sur le sable. Une nuit, les hippopotames commencèrent si près de moi leur concert retentissant que j'en conçus quelque inquiétude; l'embarcation inerte, attachée à la rive par sa chaîne d'ancre, avait l'air d'être abandonnée et excitait sans doute leur curiosité. L'un d'eux vint si près que je sautai hors de mon lit et que je sortis avec mon fusil de la baraque (c'est ainsi qu'on nomme la toiture en paille) pour repousser son agression ou tout au moins pour sauter à terre.

L'hippopotame est un amphibie, quoiqu'il ne soit pas exact de dire qu'il vive dans l'eau, car il ne peut y respirer : il est forcé de remonter à la surface à des intervalles réguliers, dont

---

(1) Rideau sans ouverture en mousseline très fine destiné à empêcher l'approche des moustiques, et entourant le lit comme une cage.

le maximum de durée est d'environ trois minutes et le minimum de cinquante secondes. Dans les régions fréquentées par l'homme, il a la prudence instinctive à tous les animaux; il ne sort de l'eau que la nuit, et c'est à terre qu'il prend sa nourriture consistant en herbes aquatiques ou autres, racines, feuilles et plantes diverses; il aime beaucoup les végétaux cultivés par l'homme et il n'est pas rare qu'il dévaste en une seule nuit tout un jardin mal gardé. Il dévore indistinctement le tabac, le maïs, les cucurbitacées, les patates et toutes les légumineuses, ne craignant pas de prolonger fort loin ses courses nocturnes; c'est d'ailleurs ainsi qu'il accomplit de grands voyages, son instinct lui faisant quitter les rivières dont l'eau devient insuffisante pour le cacher, au moment de la sécheresse, et le menant aux endroits que la baisse des eaux doit épargner, soit à cause de la disposition des fonds, soit parce que certaines rivières gardent leur profondeur toute l'année durant. J'ai constaté à plusieurs reprises des pistes d'hippopotames couvrant un trajet de plus de vingt milles en une seule nuit.

Au fond de l'eau, il mange également certains végétaux et absorbe même des cailloux nombreux, car j'en ai toujours retrouvé dans ses intestins. Vivant, il possède une odeur particulière si forte, que le nez de l'homme, peu délicat pourtant, reconnaît son passage sans autre indice. Mort, sa chair conserve un goût *sui generis* auquel on s'habitue aisément, car sa viande est très belle; elle a comme particularité de se gâter beaucoup plus tard que celle des autres animaux, parce que les mouches (*Calliphora vomitoria*) n'y déposent pas leurs œufs et par conséquent des vers; elle n'est jamais sèche après la cuisson; froide, elle perd même souvent ce goût dont je parlais; aussi est-ce la façon dont les Européens préfèrent la manger. La graisse de l'hippopotame, si on sait la préparer, est très belle, très propre aux usages culinaires. Sa peau peut servir à une foule d'usages ; c'est, à ma connaissance, celle de tous les grands animaux qui est la plus épaisse ; elle atteint sur les flancs et près de l'épine dorsale près de 6 centimètres d'épaisseur ; c'est sur l'épine même et sur le ventre qu'elle est le plus mince. Elle diminue fort peu en séchant et se compose de deux parties très distinctes : 1° l'épiderme, épais d'environ 1 centimètre, qui est d'une résistance excessive, gris rougeâtre, couvert de rugosités et de sillons profonds, destiné à supporter, sans en souffrir, l'action amollissante de l'eau ; 2° la partie intérieure du cuir, d'apparence blanche et unie, que je ne puis mieux comparer qu'à la pulpe de la noix de coco. Mais là s'arrête la ressemblance : le couteau le mieux aiguisé perd le fil après en avoir, non sans de grands efforts, coupé 10 centimètres.

On taille le cuir de l'hippopotame en lanières carrées (aussi larges qu'épaisses) après l'avoir débarrassé, au préalable, de l'épiderme extérieur. Bien séchées, les lanières deviennent des bâtons souples d'une résistance que rien n'égale ; à Zanzibar, on les imprègne d'huile, on les polit et on les rend transparents comme de l'écaille, ce qui les transforme en cannes élégantes. Au Transvaal, des lanières plus longues et plus fines, tirées de la peau du ventre, se paient jusqu'à 50 francs pièce, pour servir de cordes aux fouets des conducteurs de bœufs ; ces fouets sont inusables ; on n'a qu'à en changer la mèche. Les bâtons de cuir d'hippopotame se nomment *chambuks*. C'est la cravache, la trique des Boers, et les noirs du pays la connaissent encore mieux que les chevaux ; un chambuck bien fait se vend de 10 à 15 francs ; un chasseur expert tire d'une peau d'hippopotame trente chambuks et dix lanières de fouet, soit environ 700 ou 800 francs ; c'est un travail pénible que de les découper ; de plus, le séchage et la préparation sont loin de donner toujours la réussite.

Comme gibier, l'hippopotame, dans l'eau, est difficile à tirer ; il se tient presque toujours hors de portée ; mais si, en se cachant, on peut s'en approcher, on ne voit sur l'eau que la saillie oculaire de son os frontal, ses oreilles et son chanfrein. Quelquefois même, lorsqu'il sent le danger, il se tient complètement sous l'eau, ne laissant affleurer que ses narines, souvent

Les Hippopotames.

au milieu des herbes et de la végétation; il est alors impossible de l'apercevoir, et c'est ce qui a fait croire à tort à beaucoup de gens que l'énorme pachyderme pouvait rester sous l'eau plusieurs heures sans remonter respirer. D'autres fois, comme il nage et se meut dans l'eau avec une grande rapidité, il quitte complètement l'endroit où on l'attend, ce qui confirme l'erreur dont je viens de parler.

Pour le tuer, il faut toucher, soit à droite, soit à gauche, un peu au dessous de l'œil; on atteint alors le cerveau. Il faut naturellement user d'un projectile qui ait beaucoup de pénétration, car le crâne de l'hippopotame, comme d'ailleurs celui de tous les grands animaux du même genre, est d'une épaisseur et d'une résistance peu communes. La balle de ma carabine, calibre 12 à pointe d'acier, traverse une tête d'hippopotame en diagonale; entrée sous l'œil gauche, par exemple, elle brise l'arcade zygomatique, puis la partie inférieure de la boîte cervicale et la mâchoire inférieure droite; elle sort enfin faisant un trou énorme et des dégâts dont on se fait facilement une idée. J'ai renouvelé cette expérience à plusieurs reprises.

En eau courante et profonde, dans un fleuve comme le Zambèze, par exemple, un hippopotame tué sur le coup est néanmoins perdu pour le chasseur; son poids l'entraîne d'abord au fond où il descend le courant; puis, par l'effet de la dilatation des intestins qui suit la mort chez tous les animaux, son cadavre monte à la surface, mais il ne commence à flotter qu'après un certain laps de temps qui varie de quatre heures et demie à huit heures, selon la température ou d'autres causes inconnues. On conçoit que, pendant cette moyenne de six heures, le corps soit déjà à une distance considérable en aval de l'endroit où se trouvait le chasseur; comme il continue à descendre en flottant, ce sont les populations riveraines, quelquefois à quinze milles de l'endroit où vous l'avez tué, qui font un festin en votre honneur et bénissent la Providence de cette aubaine. Il arrive quelquefois que le cadavre s'arrête sur un banc de sable, mais la capture d'un hippopotame dans l'eau, en admettant qu'on ait la chance de le tuer (ce dont on n'est jamais sûr), est toujours très problématique.

J'eus occasion, deux ans plus tard, de tuer l'un après l'autre, à des dates différentes, après de longues heures de patience et d'attente, quatre hippopotames dans la rivière de Revougué, un des affluents du Zambèze; ce furent les habitants bas-riverains qui en profitèrent, et j'appris chaque fois, à plusieurs jours d'intervalle, que ces braves gens les avaient trouvés excellents. Ils avaient tout gardé pour eux, sans songer à rien m'envoyer; et pourtant, à cette époque, c'est le grand besoin de vivres qui me poussait à chercher la capture de ces animaux.

Dans les régions inhabitées, où les hippopotames ne sont jamais troublés, ils aiment, pendant la journée, à se réchauffer aux rayons du soleil; on les voit alors en bandes, quelquefois très nombreux, sur des bancs de sable, émergeant seulement en partie ou complètement hors de l'eau. Ils sont excessivement laids ainsi, avec leur tête monstrueuse, disproportionnée, et leur énorme corps cylindrique, dont le ventre rase la terre, monté sur quatre jambes courtes, massives et informes. La dentition de l'hippopotame est composée de deux incisives inférieures très longues et rondes faisant saillie, qui lui servent, selon toute apparence, à creuser la terre pour en extraire les racines; de deux canines énormes, arrondies, véritables défenses qui font, avec un rudiment de dents supérieures opposées et par le frottement, les fonctions d'énormes cisailles et coupent net les herbes et les plantes; enfin, de molaires qui achèvent la mastication. Ces dents, dont l'ivoire est aussi estimé et beaucoup plus dur que celui des défenses d'éléphant, deviennent des armes terribles, lorsque l'animal, blessé, se jette en fureur sur une embarcation; cela arrive assez souvent. C'est une imprudence de chasser ainsi l'hippopotame, car d'un seul coup de ses incisives il fait un trou profond au bateau ou brise une pirogue. On cite aussi des cas de femelles voulant défendre leur petit et renversant d'innocents voyageurs. D'autres fois, et le cas est fréquent dans les endroits que fréquente l'hippopotame, il remonte sans le vouloir au-dessous d'une embarcation et la fait chavirer. A la fin de 1893, dans la rivière Chiré, entre

Port-Hérald et Msandjé, un hippopotame, toujours le même, a fait chavirer au même endroit quatre ou cinq embarcations.

Les indigènes fabriquent des pièges à hippopotames consistant en un cylindre de bois très lourd, armé d'une pointe, qu'un déclanchement lui fait tomber sur le dos lorsqu'il suit le sentier en dessous. Le chemin par lequel le grand pachyderme sort de la rivière est très visible et il passe généralement toutes les nuits au même endroit. Néanmoins tout échafaudage, si frêle qu'il soit, lui étant devenu suspect, les habitants se contentent d'entourer de quelques frêles palissades de bambou leurs plantations du bord de l'eau ; d'autres fois, ils pendent, bien en évidence, le fruit d'une grosse légumineuse (*kigélia*) qui ressemble tout à fait au cylindre en bois des pièges ; cela suffit pour que les hippopotames ne s'approchent pas.

Livingstone assure que la mère porte son petit sur son dos jusqu'à ce qu'il puisse nager. Je n'ai jamais pu constater le fait ; je dirai même que j'en doute. L'expérience m'a seulement montré qu'elle est forcée d'aller à terre pour allaiter son petit plusieurs fois par jour, et que, avec un peu de patience, on peut se procurer l'hippopotame de lait lequel est fort bon et tendre quand il ne dépasse pas la taille d'un gros porc : je le recommande aux gourmets.

Pendant le cours de notre voyage sur le Zambèze, il ne se passait pas de jour qui ne nous procurât l'occasion de tirer sur des hippopotames. Aux distances extravagantes auxquelles on les apercevait, on ne leur faisait pas grand mal ; mais ne fallait-il pas bien passer son temps d'une façon ou d'une autre ?

Aux gorges de Lupata, la région cesse d'être habitée pendant un parcours de quelque vingt milles. Je nous donnai un jour de vacances, afin d'aller chasser dans le pays qui environne les gorges. Jones se mit à poser des nasses de sa fabrication qu'il avait employé les loisirs du voyage à tresser, et il donna des lignes à tous ceux qui en voulurent. Hanner et moi partîmes chacun de notre côté, et ce jour-là fut le seul, à mon souvenir, où nous nous rencontrâmes à la chasse.

Le matin donc, au petit jour, avec deux canotiers qui s'entendaient à la chasse comme moi à la pêche, je descendis dans des plaines herbeuses où l'on voyait des traces nombreuses d'hippopotames; le crottin frais montrait que leur promenade remontait à peine à quelques heures; il ressemblait à celui du cheval, mais en marrons moins bien formés (1).

La première chose que je vis fut un troupeau de babouins cynocéphales, grands singes qui ont, comme leur nom l'indique, une tête assez semblable à celle du chien. Cela me rappelait la côte occidentale d'Afrique et les gorilles. De loin, au premier coup d'œil, et c'est là une impression que j'ai ressentie souvent, un grand cynocéphale, lorsqu'il se promène à terre, a l'allure lente, la démarche et le port de queue du lion; un instant d'attention suffit naturellement pour qu'on sache à quoi s'en tenir.

Ce jour-là, je n'avais pas encore vu de lion, mais néanmoins je n'avais pu reconnaître les singes, dans les herbes, car ils étaient fort éloignés. Ce fut en en voyant plusieurs sur des arbres que je devinai à qui j'avais affaire; et, comme leur chair est excellente, je me dissimulai immédiatement pour essayer de m'approcher d'eux.

Le singe a, selon moi, l'odorat peu développé pour les grandes distances; en revanche, sa vue et son ouïe sont extraordinaires, et, avec lui, c'est de ces deux derniers sens qu'il faut se défier plutôt que de l'autre. Je fis lentement le tour

---

(1) Je prie le lecteur de me pardonner ces détails, mais j'aurai souvent à parler du crottin et des excréments des divers animaux. Ces *fumées*, comme on les nomme en terme de vénerie, donnent des indices très importants. Décrivant fidèlement des chasses et non des aventures de roman, je dois expliquer à celui qui veut bien m'accompagner dans ces pérégrinations, que l'on suit une piste, non par instinct, mais bien grâce à une foule d'indications dont aucune ne doit être négligée.

d'une colline à laquelle était adossé l'endroit où les quadrumanes prenaient leurs ébats et j'arrivai au sommet, croyant les surprendre, lorsque, sur un arbre, devant moi, je vis un cynocéphale énorme assis, immobile, en sentinelle. Je sus plus tard qu'ils ne s'arrêtent jamais nulle part sans mettre des camarades aux aguets dans toutes les directions. Comme la fuite de cette vigie aurait été le signal du départ de toute la bande, je tirai sur elle, et elle tomba lourdement d'une hauteur de dix mètres.

La pauvre bête n'était pas encore morte; son œil me fixa, dans son agonie, d'un long regard triste voilé d'une larme; sa posture, cette expression de reproche, étaient si humaines que je regrettai ce que j'avais fait; il me sembla que je venais de commettre une mauvaise action. Quoi qu'en disent les anti-Darwinistes, le singe de grande taille, surtout à certains moments, quand il expire par exemple, rappelle et reproduit d'une façon frappante les impressions humaines. Sa pâleur, ses yeux tristes, ses mains tremblantes et crispées dont il cherche à comprimer sa blessure, quelquefois ses plaintes, m'ont toujours fait une impression pénible. C'est un animal, soit; mais sa mort m'impressionne plus que celle des autres bêtes.

Après avoir envoyé le cynocéphale au campement, je me mis à la recherche d'un autre gibier, et, traversant une grande plaine à l'herbe rase, je vis plus de serpents en quelques minutes que je n'en avais jamais aperçu pendant tous mes voyages.

Nous avions à peine fait quelques pas dans la plaine en question que l'herbe se sillonna d'elle-même en zig-zags, nous laissant entrevoir un serpent brun, long d'un mètre et demi environ, gros comme le poignet, qui s'esquivait rapidement. C'est là une rencontre tout à fait commune dans la jungle africaine; mais ce qui l'était moins, c'est que quelques mètres plus loin nous en vîmes un autre, puis un troisième; enfin j'en comptai plus de vingt dans le parcours de cinquante mètres. Je m'empressai de sortir par le plus court chemin de cet endroit dangereux.

Quelle pouvait bien être la cause de ce congrès de reptiles? Je me le suis souvent demandé depuis.

L'Afrique Centrale abonde en serpents venimeux (1).

Le serpent, venimeux ou non, a l'ouïe très fine; il fuit l'approche de l'homme et des animaux, craignant instinctivement d'être écrasé. Si voisin qu'il soit, il est rare qu'on l'aperçoive, vu la facilité avec laquelle il se glisse au milieu de la végétation. Les noirs sont nus et presque toujours dans la jungle, pourtant le nombre des gens piqués est excessivement limité. J'ai toujours eu moi-même les jambes nues et il ne m'est jamais rien arrivé.

Pour qu'un serpent vous pique, il faut qu'on lui marche dessus pendant son sommeil, et surtout que, en le sentant remuer, on ne se retire pas assez vite (2). J'ai vu à plusieurs reprises des noirs, ayant marché par mégarde sur un serpent, faire immédiatement un bond pour l'éviter, et j'ai remarqué que le reptile cherchait bien plus à se dégager et à se sauver qu'à mordre, si dangereux qu'il fût. D'ailleurs ces cas sont très rares, d'abord parce que les noirs regardent toujours soigneusement le sol avant d'y marcher, à cause des épines nombreuses qui se trouvent partout, et leur œil exercé aperçoit généralement le serpent; ensuite ce dernier s'esquive toujours immédiatement...

Le soleil descendait déjà sur l'horizon et je reprenais la direction du camp, n'ayant pas vu un seul animal, quoique j'eusse suivi plusieurs pistes. Nous étions encore fort loin des rives, et, parti vers l'Ouest, je revenais de l'Est après un très grand

---

(1) J'ai rapporté de toutes ces espèces des spécimens qui sont au Muséum de Paris.

(2) Lorsqu'elle a des petits, la *mamba* ou *naja tripudians*, appelée aussi *cobra di capello*, se dresse souvent comme la vipère et poursuit l'homme ou se jette sur lui; je répète cela par ouï-dire.

et inutile détour au Sud des gorges. Je commençais à croire que, ce jour-là, mon gibier se bornerait à un singe, lorsque je vis deux kobs qui se dirigeaient aussi vers le fleuve, sans doute pour aller y boire. J'en tirai un qui roula à terre comme mort; je me félicitais donc de mon coup de fusil et j'accourais à la hâte, lorsque mon antilope se releva tout simplement et partit de nouveau à fond de train; mais elle avait une jambe qui pendait inerte en battant dans sa course contre tous les arbres. Comme je l'avais perdue de vue, je suivis sa piste où l'on remarquait de loin en loin des traces de sang, à peine perceptibles; et je marchais encore ainsi que déjà le soleil était descendu derrière la colline.

Au tournant d'une paroi en granit que mon antilope avait longée, je fus tout surpris de trouver Hanner et ses hommes qui fumaient tranquillement; ils venaient à peine d'arriver et n'avaient rien vu. Mon camarade se joignit à moi pour la poursuite, et la lenteur causée par mon manque d'habitude à lire les empreintes fit que nous ne pûmes nous rendre maîtres du kob qu'à la nuit tombante. Hanner avait deux hommes avec lui, moi un seul, l'autre ayant été porter le singe, et, après avoir dépecé notre gibier, chacun de nous en prit autant qu'il en put porter : il resta sur le champ de bataille la tête, les entrailles et quelques débris de peau dont les hyènes ont dû faire festin.

Il faisait nuit noire et nous allions un peu à l'aventure avec notre fardeau. Nos hommes étaient devant, dans la direction que nous supposions devoir conduire au campement; la lune se levait et nous aidait déjà à marcher plus aisément; mais, comme nous allions depuis fort longtemps et que les hommes étaient chargés outre mesure de viande pour eux et leurs camarades, ils se reposaient de temps à autre et nous faisions comme eux.

Pendant un de ces repos, nous causions à voix basse, lorsqu'un bruit lointain attira notre attention : on aurait dit le galop d'un cheval qui se rapprochait de plus en plus; le silence était si grand, les grillons si discrets, que l'on entendait distinctement chaque battue jointe à ce bruit de branches brisées que j'ai signalé dans la marche nocturne des buffles. Nous tendions l'oreille et le galop se rapprochait en résonnant dans ces gorges, sur ce terrain rocailleux; des cailloux glissaient : l'animal arrivait évidemment à une vitesse effrayante.

A quatre ou cinq mètres de nous, dans un endroit éclairé, débourvu d'arbres, passa avec une rapidité inouïe, le nez en l'air, une antilope élancée, aux cornes immenses couchées sur le dos; derrière elle, à quelques mètres, aussi rapide, apparut un grand animal à la queue raide, à l'allure silencieuse comme s'il eût eu des chaussons de drap, ne produisant sur le sol qu'un bruit sourd; le galop s'éloigna de plus en plus, disparut dans l'éloignement, et ce fut tout.....

Tête de Waterbuck (*Kobus ellipsiprimmus*).

Nous étions quelque peu interdits; un des hommes nous dit : « *Pandoro kou tamanguissa ngoma* » (le lion qui poursuit le koudou) (1); je connaissais déjà tous les noms d'animaux et je

---

(1) En langue Tchinioungoué ou langue de Tête formant un des idiomes de la langue Bantou. Quelques mois plus tard je parlais couramment cette langue; c'est une de celles qui sont usitées dans l'Afrique Centrale, entre Tête et le lac Nyassa.

compris parfaitement. Nous venions d'être témoins d'un de ces nombreux drames nocturnes qui se jouent dans la jungle : un lion affamé poursuivant une antilope; la lutte du plus fort contre le plus faible, d'un animal armé contre un animal sans défense. Des milliers d'incidents de ce genre, que nous ne pouvons voir, doivent se passer ainsi chaque nuit, prouvant qu'ils ont eux aussi leurs vicissitudes, ces animaux qui semblent si tranquilles et si heureux.

Ce soir-là, au camp, nous mangeâmes seulement à onze heures : nous avions des filets de kob sur le gril, tandis que les hommes se délectaient autour d'un salmis de singe. Nos feux nombreux intriguaient les hippopotames qui semblaient se communiquer, — et avec quelles voix! — leurs impressions réciproques...

Le lendemain nous reprenions notre route.

Au sortir des gorges, le voyage recommença, monotone : encore des oiseaux aquatiques, des hippopotames manqués et des heures d'ennui. Pourtant, avant d'atteindre Tête, je fis une chasse qui nous procura de la distraction pendant une demi-heure : ayant aperçu un caïman qui dormait au soleil à la pointe d'un banc de sable, à plus de 200 mètres, je me fis débarquer à l'autre extrémité de l'îlot, je pus arriver, grâce à des accidents de terrain particulièrement favorables, à environ 90 mètres de lui, et je le tuai facilement.

Sa capture amena des discussions très vives entre nos canotiers. Ceux-ci appartenaient à deux peuples distincts de navigateurs d'eau douce : ceux du Bas-Zambèze et de Quilimane appelés Mazaros (du nom d'un village près de Vicenti, sur le fleuve), et ceux du Haut-Zambèze en général, et de Tête en particulier, ayant nom Tchékondos (canotiers).

Les premiers mangeaient la chair du caïman, la trouvant un mets exquis; les derniers l'avaient en horreur et considéraient l'acte d'en manger comme une abomination. Or, comme il était d'usage, j'avais mis au service de chaque embarcation, et pour l'équipe tout entière, deux marmites : l'une destinée à cuire le riz ou plat de résistance, l'autre, plus petite, pour accommoder le *tchissaoui* ou ragoût quelconque que l'on mange avec.

Les Mazaros ayant voulu faire cuire du caïman dans la marmite commune, les Tchékondos s'y opposèrent énergiquement; de là, des cris, des vociférations, des insultes, presque des coups. Je fis jeter le caïman par dessus bord afin de rétablir la paix et surtout parce qu'il sentait horriblement mauvais dans l'embarcation. L'incident fut ainsi clos.

Le lecteur connaît déjà l'hippopotame; j'ajouterai quelques mots, une fois pour toutes, sur son compagnon aquatique, le crocodile ou caïman.

Tout d'abord, j'ai déjà eu occasion de dire (1) qu'on trouve en Afrique, non le crocodile des naturalistes, mais surtout leur caïman, qu'ils ont le tort d'attribuer exclusivement à l'Amérique.

Je veux dire par là que celui qui est le plus commun en Afrique est sans contredit le caïman, car je suis loin de nier l'existence de crocodiles dans les rivières et lagunes africaines. Il se peut qu'il y existe, mais je n'en ai jamais remarqué.

Les signes physiques qui distinguent ces deux crocodiliens ne sont guère perceptibles que des spécialistes : le crocodile a les quatrièmes dents d'en bas s'enfonçant dans des échancrures de la mâchoire supérieure, tandis que, chez le caïman, ces mêmes dents se logent dans des trous qui traversent la mâchoire de part en part et permettent, quand le reptile a la gueule fermée, de voir la pointe des dents inférieures qui vient affleurer la surface de la peau au dessous des narines; j'ajouterai à cette distinction que le crocodile a les pieds postérieurs dentelés au

---

(1) *Le Dahomey*, 1 vol. in-8°. A. Hennuyer, éditeur. Chap. III, page 89.

bord externe et palmés jusqu'au bout des doigts, tandis que chez le caïman ils ne sont que mi-palmés.

Dans l'Afrique Occidentale, Australe et Centrale, j'ai beaucoup chassé le caïman; j'en ai tué (et ramassé) environ cinquante-cinq, sans compter ceux qui, blessés, m'ont échappé ou sont tombés à l'eau et que je n'ai pu repêcher. Eh bien, cette particularité des pieds postérieurs mi-palmés et des dents s'enfonçant dans des trous m'a souvent frappé, tandis que je ne me souviens pas d'avoir jamais remarqué les caractères attribués au crocodile.

Quant à la taille du caïman ou crocodile, je ne sais si dans l'antiquité il en existait une espèce géante comme est le mammouth antédiluvien par rapport à l'éléphant par exemple; mais aujourd'hui on surfait beaucoup sa longueur dans les récits les plus sincères. Je crois que cela tient à ce que l'atmosphère transparente des tropiques fait paraître tour à tour les objets beaucoup plus éloignés ou beaucoup plus rapprochés qu'ils ne le sont en réalité, d'où résultent naturellement des erreurs quant à leurs dimensions; sur l'eau, surtout, ces illusions d'optique sont fréquentes.

Le plus grand caïman que j'aie jamais vu, et je le cite comme une exception, avait $4^m,15$ de long. Il fut tué dans le chenal de Kotonou (côte occidentale d'Afrique); son torse atteignait $1^m,15$ de circonférence et il pesait 180 kilogrammes. Je m'empresse d'ajouter que je n'en ai jamais rencontré un autre de cette taille. La moyenne des grands crocodiliens est de $3^m,20$ maximum, et la taille habituelle de $2^m,50$ à $2^m,70$. Quand on pense qu'un de ces reptiles de 2 mètres a la force de saisir un homme, de l'entraîner sous l'eau et de le noyer avant de le dévorer, on trouve cette taille bien suffisante.

J'ai vu un grand nombre d'accidents causés par les caïmans; aussi, en certains endroits, les indigènes ne s'approchent-ils jamais du bord des rivières : ils y puisent l'eau avec des récipients fixés au bout de longues perches.

Un jour, à quatre pas de moi, sur le bord d'une rivière, une vieille femme qui puisait de l'eau poussa un grand cri. Je me retournai juste à temps pour apercevoir un remous dans l'eau, une sorte d'ombre qui passait au fond... et ce fut tout : elle avait disparu. Il n'y avait là que son pot, à moitié enfoncé dans l'eau. Son fils accourut et, sur le sable, se tordait les mains, faisant peine à voir ; il prit une pirogue et avec un bambou fouilla la rivière en tous sens, mais il ne retrouva jamais le corps de sa mère.

D'après des empreintes décrivant un arc de cercle dont l'eau était la corde, je me rendis compte de ce qui avait dû se passer : le caïman était sorti de la rivière à droite de l'infortunée, l'avait attaquée par derrière, la saisissant sans doute par une jambe et l'avait entraînée dans l'eau, pendant que je m'éloignais allumant ma pipe, après avoir bu moi-même au bord de la rivière. Tout cela en moins de temps que je n'en mets à l'écrire.

Ce sont surtout des enfants qui disparaissent ainsi lorsque, se dérobant à l'attention de leurs parents, ils vont s'amuser au bord de l'eau ; si l'on pouvait dresser la liste de tous les accidents de ce genre, cette statistique atteindrait un chiffre considérable.

Le caïman sort rarement de l'eau ; néanmoins, aux heures chaudes de la journée, surtout quand il est repu, il aime à faire la sieste sur un banc de sable au soleil. Il dort donc, mais légèrement : le moindre bruit le rappelle à lui. Un signe de profond sommeil chez lui est la mâchoire grande ouverte ; on peut alors s'en approcher plus aisément ; mais, quand il a la gueule fermée, il est ou éveillé ou seulement assoupi.

On lit encore dans des ouvrages sérieux que la balle glisse sur les écailles du caïman et qu'il est presque invulnérable ; c'est une erreur de plus. Avec une carabine Flobert de salon de 9^{mil}, je peux tuer un caïman… pourvu qu'il veuille bien se laisser approcher à la portée de ce petit fusil ; une balle de Winchester mod. 1873 le laisse raide mort ; le tout est naturellement de la mettre au bon endroit. L'expérience m'a démontré qu'il n'y a que deux coups capables de le tuer net, ou plutôt de l'immobiliser, ce qui est le grand point. Car il se tient tout à fait au bord de l'eau, et on conçoit aisément que le moindre mouvement, même involontaire, l'y fasse tomber, de sorte qu'il échappe ainsi au chasseur ; c'est même ce qui arrive presque toujours et ce qui a peut-être fait dire que la balle était sans effet sur lui ; il faut donc que le coup soit tellement violent, tellement destructeur des parties vitales, qu'il reste foudroyé et ne fasse plus un seul mouvement.

La balle produit ce résultat en atteignant l'œil, dont la boîte osseuse fait saillie et touche au crâne ; le projectile fait sauter toute la partie supérieure de l'enveloppe cervicale. Ce coup est difficile, l'œil n'étant pas toujours aisé à voir ni à atteindre aux grandes distances auxquelles on tire ; il a de plus l'inconvénient de défigurer l'animal. Reste donc un seul autre endroit, le cou ; frappé par une balle vers le milieu du cou, entre la mâchoire et l'épaule, et dans la direction du cœur, le crocodile est instantanément tué raide. Un très léger mouvement de balancement dans la queue est le dernier signe de vie qui se manifeste chez lui. L'effet d'un projectile au cou est réellement terrible, si l'on songe à la conformation du reptile ; la colonne vertébrale est brisée près du cerveau et il en résulte la paralysie instantanée, sans compter le choc au cerveau lui-même ; la carotide, très enfoncée, est coupée généralement et il s'ensuit un épanchement interne ; la mort arrive en quelques secondes.

Frappé au cœur, le caïman bat des mâchoires avec un claquement qui s'entend fort loin, mais il a toujours le temps d'aller mourir dans l'eau.

Tirer sur un caïman dans l'eau peut être un passe-temps

CHASSE AUX CAÏMANS.

comme avec l'hippopotame; mais, de même que pour celui-ci, c'est un coup perdu, sans profit ni satisfaction pour le chasseur. Si la balle entre dans l'eau, il est rare que la réfraction ne la fasse dévier de sa direction première; l'animal plonge et on ne sait s'il a été atteint, malgré toutes les suppositions que l'on fait en pareil cas. Le caïman mort coule également à fond pour plusieurs heures.

J'ai mis bien longtemps à trouver l'endroit sensible chez ces reptiles; j'avais essayé de les tirer à la tête, au cœur, à l'épaule, lorsqu'un jour, ayant vu un caïman qui, sortant à peine la tête et le cou hors de l'eau, était en train de faire descendre par secousses un objet blanc dans son gosier, je m'amusai, car la distance était énorme (plus de 180 mètres), à essayer sur lui un coup de Winchester. A mon grand étonnement, sa tête retomba, et il ne remua plus, gardant l'objet en travers de sa gueule. Nous nous approchâmes. Ce qu'il avait entre les dents était un gros poisson; il était sur un banc, dans 15 centimètres d'eau, immobile; un seul mouvement eût pu le faire retourner dans l'eau profonde et il n'avait pas remué; la balle l'avait touché au cou et tué instantanément; depuis lors c'est toujours ainsi que je me suis efforcé de tuer ces reptiles.

Une façon amusante de les capturer consiste à mettre un appât de viande sur un hameçon à requin et à les pêcher ainsi comme de vulgaires goujons; quelques mois après notre voyage du Zambèze, sur des rivières de l'intérieur, je tentai cette expérience qui réussit pleinement. L'animal ne se fit pas longtemps attendre; il fallut six ou huit hommes pour le hisser à terre, accroché par la mâchoire, et les efforts qu'il faisait, ses sauts de carpe, ses coups de dents formidables, retentissant sur l'acier de la chaîne, étaient des plus récréatifs; seulement, sitôt qu'ils le virent hors de l'eau, les noirs faillirent s'enfuir, craignant que dans sa marche et ses détours pour se dégager il voulût les attaquer. Il ne devait pas être bien agréable de s'approcher de lui, tout captif qu'il fût, car, à défaut de dents, il pouvait bien casser la jambe à un homme d'un coup de sa formidable queue. Je l'achevai d'une balle, mais après l'avoir manqué d'abord plusieurs fois à cause de ses bonds désordonnés.

Beaucoup de gens croient que le caïman est muet, et j'ai vu des sourires de doute sur la figure de mes interlocuteurs chaque fois que j'assurai le contraire; pourtant, j'ai entendu le caïman pousser de véritables beuglements à plusieurs reprises. La première fois que, avec un fusil à plombs, à 40 mètres, je criblai de six les yeux entr'ouverts d'un crocodile qui dormait au soleil, l'animal se réveilla et, fou de douleur, se mit à courir vers l'eau, manquant sauter dans notre embarcation; il n'avait cessé de pousser une espèce de rugissement semblable à un râle. Un des caïmans pris au hameçon et blessé d'un coup de sagaie fit entendre le même bruit pendant plus d'un quart d'heure. Après tout, il est possible que ces cris soient provoqués seulement par la souffrance.

Mais ne nous attardons pas à cette chasse peu attrayante...

Pendant que tous ces petits événements se produisaient, que les canotiers se disputaient les caïmans et que nous récoltions des oiseaux aquatiques, le voyage s'avançait; nous avions déjà dépassé les gorges de Lupata et nous étions arrivés à Tête, ville portugaise, très ancienne, ruinée aujourd'hui, où nous trouvâmes quelques Portugais qui nous reçurent de leur mieux. Il y avait du bétail et par conséquent du lait et du beurre frais. Un des négociants de la ville avait aussi des légumes qu'il cédait. Vu cette abondance de mets rares... pour nous, je décidai de passer à Tête une huitaine de jours.

Personne n'y buvant de lait, sous prétexte qu'il donnait la diphtérie, nous pûmes en avoir autant que nous voulûmes. Je prenais seulement la précaution de le faire bouillir et j'en avalais plusieurs litres par jour; aucun de nous ne s'en est trouvé incommodé : au contraire.

Voyant cela, les Portugais, qui n'en buvaient plus depuis des années, se remirent à en boire, et ils ne s'en sont que mieux portés.

Mais ces délices renouvelées de Capoue se terminèrent, et le voyage reprit son cours. Jones, qui était excessivement malade depuis que nous avions quitté les gorges, se refusait à suivre le conseil que je lui donnais de rebrousser chemin et de ne pas s'enfoncer davantage dans l'intérieur. Il avait l'espoir d'aller mieux, et, comme il était père de famille, il voulait conserver sa position dans l'expédition. Il nous avait été très utile pendant la première partie du voyage; c'était le *Jack of all trades*, le factotum : il était à la fois armurier, forgeron, menuisier, charpentier, calfat, tailleur, cordonnier, cuisinier et pêcheur. Ce ne fut que quelques jours plus tard que, le voyant dévoré et épuisé par la fièvre, ayant des syncopes continuelles, j'usai de mon autorité et le forçai à redescendre; je lui donnai une embarcation, des vivres, des médicaments, un Arabe pour l'accompagner, deux domestiques. Pendant la descente du Zambèze, un mieux sensible se déclara; il eût été sauvé si, ayant continué son voyage, il eût atteint la mer; mais, dès qu'il se sentit mieux, il refusa d'aller plus loin et s'arrêta à Vicenti, sur les bords du bas Zambèze où, disait-il, il allait achever son rétablissement. Une nouvelle attaque le prit et il succomba, victime de son propre entêtement. La mort de ce pauvre homme qui nous avait été si utile, si dévoué, nous fit beaucoup de peine quand nous l'apprîmes quelques mois plus tard. Nous n'étions plus que deux désormais, et nous avions encore bien du chemin à faire!

CHAPITRE V.

Msiambiri. — Quelques détails sur mon équipement. — Les gorges de Kébrabassa. — Fin de la navigation du Zambèze. — Campement sur le sable aux cataractes de Kébrabassa. — Concert de lions dans les gorges. — Nuit sans sommeil. — Koudou tué dans les collines après une poursuite fatigante. — Chasse de nuit au léopard. — Moustiques nombreux. — Mort d'un léopard. — Nous pénétrons dans l'Afrique Centrale. — Loin de la civilisation. — Tchiouta; les gorges et leur beauté. — Départ de Tchiouta. — La première trace de l'éléphant.

En quittant Tête et sur la recommandation d'un mulâtre portugais nommé Mzoungo Apa, j'avais pris à mon service, comme domestique et chasseur, un noir du nom de Msiambiri. Comme ce dernier ne me quittera plus désormais dans les aventures qui vont suivre, je vais esquisser son portrait au lecteur.

Msiambiri était grand, mince, élancé, nerveux et infatigable ; un œil de singe, une grande habitude des bois où il avait dû passer des années, une physionomie plutôt agréable, une soumission et une obéissance hors ligne, un courage... limité. Il pouvait avoir vingt-deux ans et était né à Cazanimba, près de Tchicoa (haut Zambèze). Élève de chasseurs d'éléphants, il aimait la vie des forêts et m'accompagna toujours par la suite, devenu, en dehors des chasses, bon valet de chambre ; plus tard, je lui adjoignis d'autres camarades, mais je chassai quelques mois avec lui seul, sans compter, néanmoins, un ou deux hommes que je prenais toujours comme porte-fusils.

Dans les chasses aux grands animaux, il est indispensable

d'être en nombre : qu'on abatte, par exemple, une antilope de taille moyenne, il faut au moins six hommes pour la porter ; on doit, dans ce cas, envoyer un homme au camp chercher du renfort, on en laisse un autre auprès de l'animal et on en a encore deux pour continuer la chasse. Pour les très grands animaux, c'est au contraire le camp entier que l'on transporte sur les lieux et que l'on rapproche autant que les ressources en eau le permettent. J'emmenais donc au minimum quatre hommes avec moi et il ne fallait pas s'éloigner outre mesure du campement, car les porteurs de l'expédition n'auraient pas eu le temps de venir chercher la bête et d'en profiter ; quelquefois, si nous avions quatre ou cinq heures de marche à faire pour rentrer et aller chercher du renfort, nous renoncions à ce dernier moyen et nous rentrions chargés chacun d'autant de viande que nous en pouvions porter.

Dans certaines régions de chasse où je savais que nous ferions des rencontres, j'ai eu continuellement avec moi jusqu'à huit ou dix hommes. Cependant nous ne marchions pas ensemble : je m'avançais avec mes porte-fusils, et les autres restaient en arrière, à 5 ou 600 mètres, accourant dès qu'ils entendaient un coup de feu et qu'on leur faisait signe d'approcher ; si j'avais manqué, par exemple, il ne fallait pas qu'ils se montrassent. Je dirai également que, dans les bois, on ne s'appelle jamais ; on se siffle d'une certaine façon pour communiquer ou se faire des signaux, même à quelques pas. La voix humaine s'entend dans la solitude des forêts à une distance étonnante ; il faut donc éviter de parler. On chuchote tout doucement quand on est ensemble, et seulement quand c'est nécessaire, car, en général, les animaux ont l'oreille fine, et c'est bien assez difficile de ne pas se faire sentir sans encore s'exposer sans motif à être entendu.

La façon de marcher sans bruit avec des chaussures est un art véritable qui ne s'acquiert qu'avec beaucoup de pratique ;

mais on y arrive. Il faut aussi éviter les petites branches sèches, les tas de feuilles, les cailloux roulants, ce qui est assez aisé, puisqu'on a toujours le regard fixé à terre. C'est plus qu'une habileté d'étouffer ses pas, c'est bien un art; les noirs, qui vont pieds nus, font du bruit s'ils ne sont pas du métier. Il faut retenir un éternuement, une quinte de toux, ou savoir la changer en un souffle silencieux. En un mot, il faut que chacun de vos gestes soit volontaire et calculé, car il y a des branches sèches et des feuilles aussi bien devant les bras que devant les jambes, et on ne doit pas les frôler. Toutes ces précautions sont essentielles quand on cherche à se rapprocher d'un animal méfiant, et c'est un triomphe pour le chasseur, quand, malgré tous les obstacles amoncelés sur son chemin, il arrive à portée d'une antilope qui est sur le qui-vive et qui a l'œil et l'oreille aux aguets.

Voici maintenant l'ordre dans lequel nous marchions presque invariablement : devant moi (pendant près d'un an et demi) un homme avec mon calibre 12; derrière moi, le calibre 8, et, en dernier lieu, la canardière; je portais moi-même mon express; tous ces fusils chargés, le chien au repos.

Dès qu'un homme, devant, voyait une piste, il me la montrait du doigt sans s'arrêter. Son regard, comme le mien, interrogeait l'horizon plus ou moins limité à notre vue, fouillant les arbres et les massifs d'un coup d'œil rapide et sûr, s'y reprenant à deux fois aux objets douteux.

S'il fixait quelque chose, je l'avais vu avant qu'il se retournât pour me le montrer. Souvent alors, si c'était un animal, ou si la terre montrait une piste importante, nous nous arrêtions; dans le premier cas, on prenait le vent, on décidait du meilleur côté pour se rapprocher en se dissimulant; je me mettais en tête, choisissant mon chemin, les autres me suivant dans le plus grand silence; si nous avions trouvé une empreinte, on tenait conseil, on évaluait le temps écoulé depuis le passage de l'animal, la distance approximative à parcourir, le temps dont nous disposions, etc.

Nous trouvions-nous à l'improviste à portée d'une antilope, tout le monde disparaissait soudain dans la brousse, s'accroupissant sur ses jarrets, afin de me donner le temps de passer devant, ce que je faisais en général pendant que l'animal interrogeait du regard, ne s'expliquant pas notre disparition brusque; je me levais alors lentement et je tirais.

Selon le gibier rencontré, je prenais l'une ou l'autre de mes carabines, mais jusqu'au dernier moment je laissais porter aux hommes les calibres 12 et 8, à cause de leur grand poids, qui, me fatiguant inutilement les bras, m'eût fait manquer au moment décisif. En cas d'attaque brusque, de danger imminent, la canardière chargée à chevrotines était préférable à une arme de précision; elle servait aussi le soir, lorsqu'on revenait bredouille, à abattre quelques pintades pour le repas quotidien.

J'aurai donné au lecteur tous les détails sur nos habitudes, en ajoutant un aperçu de mon costume habituel et de notre matériel. Une chemise de flanelle couleur gris jaune ou gris foncé, sans manches et laissant au cou toute sa liberté au milieu d'une large échancrure; une petite culotte arrivant aux genoux, de la même couleur ou plus sombre; des chaussettes, des souliers de marche en cuir souple sans talons ayant la forme du godillot sans en avoir la raideur et où le pied est admirablement à l'aise, — les Boers, qui ont inventé ces chaussures, les nomment *veltscooms* (souliers de jungles); un casque léger recouvert de drap gris foncé abritant bien les tempes, les yeux et la nuque. Le cou, les bras et les jambes nus. Autour des reins, un ceinturon en cuir, large, retenant deux pochettes à cartouches qui contenaient : celle de devant, quatre cartouches calibre 12, huit express, deux calibre 8; celle de derrière, des allumettes, de l'alcali volatil, un pansement sommaire, une pince à épines, une paire de lunettes de rechange, ma pipe et un peu de tabac. Pour les petites excursions, je ne prenais qu'une seule pochette : six cartouches express, ma pipe et deux cartouches calibre 12. En plus des munitions, mon ceinturon supportait un fort couteau de chasse à double tranchant qui n'était pas là seulement pour faire figure; il servait à la fois à achever les animaux à l'agonie, à les dépecer, à couper ma viande, mon pain et mon tabac (quand j'en avais), à abattre des branches, à tailler mon crayon, à enlever et à remettre des vis, à attraper des tsé-tsé et à une foule d'autres usages dont la nomenclature m'échappe. Ce brave couteau! En a-t-il assez coupé de la chair, en a-t-il fait de la besogne! Il était si bon, son fil toujours si soigneusement entretenu, qu'on venait continuellement me l'emprunter.

Chacun des hommes avait également son couteau, indispensable aux repas de viande et au dépeçage des animaux.

Chaque porte-fusil avait une cartouchière garnie des munitions affectées à son arme. En outre ils se répartissaient entre eux les objets suivants : une hache, un mkombo (calebasse à boire, en forme de grande louche), un sabre d'abatage. Pour les grandes excursions où l'on couchait plusieurs nuits dehors, un ou deux hommes supplémentaires portaient la nourriture.

La mienne était la même que celle des hommes : riz, farine de maïs ou patates. J'emportais en plus une poignée de sel, du tabac, des biscuits, le tout dans une marmite en fer émaillé roulée avec une couverture et un hamac de toile à voile; ce dernier me servait à ne pas dormir à terre les nuits de pluie : on le pendait entre deux arbres; par les temps secs, étendu sur le sol, il servait de natte. Les roseaux des lieux humides donnaient d'excellents cure-dents et les fruits de la jungle fournissaient parfois un dessert plus ou moins âpre. Quant aux soins de toilette, on trouvait de l'eau pour se débarbouiller comme pour boire, et la brise de la forêt se chargeait de nous sécher la figure et les mains; les mares étaient notre miroir, et, quant aux cheveux, ma tondeuse leur défendait de dépasser un centimètre ; je dirai aussi au lecteur, au risque de le scandaliser, que je me servais très rarement d'un mouchoir, les doigts ayant été donnés au chasseur pour s'en servir, et le savon étant, d'ailleurs, dans l'Afrique Centrale, d'un prix des plus élevés.....

Reprenons notre voyage.

Quelques jours après avoir quitté Tête, nous arrivions aux gorges de Kébrabassa, où se trouvent les premières cataractes du Zambèze, et nous nous préparâmes à quitter le fleuve afin de pénétrer dans l'intérieur, vers le nord-ouest.

Les gorges de Kébrabassa offrent au voyageur un coup d'œil vraiment grandiose. Ce sont d'épaisses falaises de granit, de véritables montagnes qui bordent le fleuve. Leurs flancs sont couverts d'une végétation que leurs proportions énormes font ressembler à de petites broussailles, mais qui est, en réalité, composée d'arbres de forte taille : le baobab gigantesque (*Adansonia digitata*) y fait à peine saillie.

Au pied de ces murailles colossales dont les bords sont semés de blocs énormes dans toutes les positions, le Zambèze se précipite avec un courant considérable. Au milieu de son cours, d'autres masses rocheuses, émergeant ou en dessous de la surface, produisent des tourbillons, des flots d'écume, et rendent la navigation fort difficile.

Peu ou pas de gibier visible.

Nous débarquons à Massinangoué, rive gauche, et nous nous installons sur une plaine de sable bordée au nord par un terrain couvert de végétation et qui doit être submergé au temps des crues. Nous déplions les tentes, à cause du soleil brûlant et en prévision de la journée du lendemain que nous avons à passer en cet endroit. Sur la rive droite, au sommet d'une éminence, est le village indigène. De notre côté, pas une habitation : partout des jungles, des masses granitiques, et, un peu plus loin, des montagnes découpant sur le ciel leurs arêtes irrégulières.

Nous allions bientôt grimper à leurs flancs, descendre leurs pentes, nous enfoncer dans l'inconnu, car même pour les indigènes c'était l'inconnu : nous étions sur le territoire de Makanga, et personne ne s'aventure dans ce pays sans un laisser-passer du roi, très puissant et très craint.

En attendant d'en avoir, nous allions camper chez lui ; les bagages sortent des embarcations et s'alignent sur le sable ; les provisions, les caisses, les colis, s'empilent les uns sur les autres. Les Arabes dressent leur camp à côté du nôtre, et, au bout d'une demi-heure, on pouvait voir six tentes environnant un amas rectangulaire de colis. Les bateaux furent amarrés solidement.

Nous passâmes une soirée délicieuse. Nous nous étions avancés jusqu'au bord du fleuve ; les eaux, calmes en cet endroit, reflétaient les étoiles nombreuses qui étaient au ciel ; les grillons chantaient leur chant monotone répercuté par les échos, et quelques chauves-souris, au vol rapide, tourbillonnaient autour de nous, nous frôlant l'oreille avec un bruit d'ailes et de petits cris effarouchés. La lune se levait pleine, nous regardant de cette face blafarde où l'œil croit toujours apercevoir des traits humains. Nous avions causé ce soir-là, Hanner et moi, avec le chef des Arabes, nous concertant sur la route à suivre et les moyens de gagner l'amitié du roi dont nous comptions traverser le pays. Nous avions donné un souvenir à Smith, et pensé à Jones dont nous ignorions encore la triste fin ; en tournant le visage du côté du camp, éloigné d'environ vingt mètres, nous voyions les hommes par petits groupes, autour des feux, devisant entre eux de choses et d'autres ; ces faces éclairées, tandis que les corps étaient dans l'ombre, ces expressions diverses de physionomie ou de gestes, suivant la discussion, les faces pâles des Arabes avec leurs turbans, leurs vêtements mi-éclairés, le va-et-vient des gens entre les feux ou les tentes, tout donnait au camp un air de gaîté. Ce soir-là, les moustiques, après nous avoir harcelés plusieurs semaines, nous avaient fait grâce de leur présence, emportés par une assez forte brise du sud-est ; chacun s'en réjouissait, causant, mangeant ou fumant encore à minuit.

Les gorges de Kébrabassa.

Pourtant je commençais à avoir sommeil et, ayant l'intention, le lendemain, de faire une excursion dans les gorges et de me lever, par conséquent, avant le jour, j'appelai un moulèque (domestique) pour rouler ma natte, ramasser mon tabac et mes allumettes et remettre le tout dans ma tente. Je me couchai et j'entendis peu à peu les conversations cesser, les hommes s'étendre sur leurs bottes d'herbe sèche, et rien ne bougea plus au camp.

Je ne sais combien de temps je dormis. Je fus réveillé en sursaut, par les rugissements d'un lion, si violents, si proches, que le sol en trembla... et moi aussi! Je sautai précipitamment à bas de mon lit de camp, autant par surprise que d'un mouvement nerveux involontaire. C'était la première fois que j'entendais la voix du lion; elle me produisit l'effet terrifiant qu'elle cause à tous ceux qui l'entendent de près pour la première fois.

C'est une voix formidable, une voix qui commence par une note haute et finit par un ronflement profond comme un gros tuyau d'orgues ou un roulement lointain du tonnerre; une note qui, lorsqu'on n'y est pas accoutumé, résonne dans le plus profond de votre être, vous arrête le cœur, vous glace le sang dans les veines, qui vous retentit aux oreilles plusieurs heures après, une voix, enfin, qui produit sur l'homme et les animaux un effet physique étrange, indescriptible.

Ceux qui n'ont pas entendu le lion sauvage, dans son pays, dans ses forêts, dans ses gorges, ne peuvent me comprendre; ce n'est plus ces gros miaulements plus ou moins féroces, ces notes enrouées par le défaut d'exercice ou paralysées par des années de silence, que l'on entend dans les ménageries ou les jardins zoologiques. C'est un bruit puissant, un grondement terrible, qui ferait trembler les vitres si on l'entendait dans nos villes, que les échos répercutent à l'infini et qui se prolonge distinctement la nuit à plusieurs kilomètres de distance.

La nature, qui a donné aux serpents le charme fascinateur auquel les petits oiseaux se laissent prendre et au chien ce regard qui paralyse le perdreau, la nature a dû dans le même but doter le lion de cet organe effrayant. Je citerai à ce propos, et à l'appui de mon dire, cette impression que Livingstone ressentit, quand un lion, sans lui faire grand mal pourtant, le maintint par terre, sous une de ses pattes : « J'éprouvai, dit-

« il, cette terreur que le chat doit causer à la souris qu'il
« prend; c'était une sorte de rêve dans lequel je n'éprouvais ni
« souffrance ni frayeur et où j'avais parfaitement conscience
« de tout ce qui se passait; c'est un peu ce que produit le
« chloroforme sur un malade qu'on endort : il voit l'opération
« mais n'éprouve aucune douleur. La nature a sans doute
« créé cette sensation pour diminuer chez la victime les souf-
« frances qui précèdent la mort. »

Eh bien! cette sensation, les rugissements très proches commencent à vous la donner. Quoiqu'il soit beau et imposant, le lion, silencieux, vu face à face, est loin de faire ressentir l'impression que donne sa voix résonnant dans les ténèbres; chaque note vous porte un coup au cœur, je le répète, et vous terrifie.

Et nous l'entendîmes cette nuit-là sans discontinuer jusqu'à l'aube. Dix ou douze lions rugissaient à l'envi, mais ils se tenaient en dehors du rayon visuel, borné d'ailleurs à quelques mètres en certains endroits. J'étais sorti de ma tente et, comme on s'habitue à tout, à force d'entendre ce vacarme, j'avais fini par m'y accoutumer. J'avais essayé de lancer une fusée, de regarder avec une lorgnette, de faire le tour du camp avec des torches; j'étais resté plus d'une heure le dos à une flamme très vive, essayant d'apercevoir quelque chose; mais rien ne réussit : les lions continuèrent à rugir et nous passâmes une nuit blanche, pour la deuxième fois, à cause d'eux. Ce soir-là, les fauves étaient repus, comme l'indiquaient leurs rugissements. (Un lion affamé fait peu de bruit : qu'on se rappelle la nuit où ils guettaient nos bœufs). Nous occupions seulement un emplacement qu'ils se réservaient pour leurs promenades habituelles, ainsi que les gens du village nous l'expliquèrent le lendemain, et ils manifestaient leur haut mécontentement de cette usurpation.

Je compris aussi par là pourquoi les noirs préféraient habiter en face; et pourtant, que ce soit d'un côté ou de l'autre, il faut avoir l'oreille bien dure pour dormir avec ce concert, car le fleuve n'a pas plus de soixante-dix mètres de large en certains endroits des gorges. Les gorges de Kébrabassa sont un des endroits de cette région, où on trouve, à certaines époques de l'année, le plus de traces de lions réunies (1).

Le lendemain de cette aubade, au lieu de faire mon excursion projetée pour le matin, je pris quelques heures de sommeil et visitai les gorges dans l'après-midi, pendant que Hanner faisait lever le camp et le transportait au bord d'un ruisseau, à quatre heures de marche plus à l'ouest et dans l'intérieur.

Après plus de quarante jours de navigation, nous quittions définitivement le Zambèze pour reprendre notre marche habituelle, avec deux seuls changements : le chariot et les bœufs étaient remplacés par des porteurs au nombre de 175, et Gagou s'appelait désormais Msiambiri.

Accompagné de ce dernier et d'un indigène de l'endroit, je visitai deux des principales cataractes que je revis encore un an plus tard; j'allai également faire une visite à l'arbre de Livingstone, ce baobab immense où l'illustre voyageur a gravé lui-même ses initiales que le temps a en partie respectées.

Vers le déclin du jour, nous avions tourné le dos au grand fleuve, quand nous aperçûmes des traces d'antilope auxquelles Msiambiri reconnut un koudou; je n'en avais encore jamais vu, sauf cette nuit où l'un d'eux m'apparut dans une course fantastique, à peine entrevu.

La poursuite ne fut pas longue : un quart d'heure à peine; mais la chasse dura plus de deux heures. Ma balle, un peu trop

---

(1) Quelques mois après, Hanner, allant chercher des vivres à Téte, passa une nuit à Massinangoué dans les mêmes conditions; il avait vu distinctement deux lions, mais, ne disposant ce jour-là que d'une petite carabine Lee, il n'avait pas osé tirer. Un autre voyageur anglais, Mr J. D. Rankin, dans une excursion qu'il fit dans les gorges, rencontra plusieurs lions; il n'avait que sa canne.

CHASSE AU KOUDOU.

basse, avait brisé la jonction de l'omoplate et de l'avant-bras. L'animal s'enfuit sur trois pattes, perdant du sang en quantité, car la grosse artère brachiale avait été coupée; sa jambe, inerte, pendait retenue par la peau et, dans sa course, lui battait les flancs, le dos et la tête. Je l'aperçus une fois à 160 mètres et le manquai. Il nous conduisit ainsi de ravines en escarpements, des collines aux vallées, s'arrêtant invisible dans des massifs de végétation et repartant de plus belle dès que nous approchions. Nous entendions les branches se briser, ses cornes buter aux arbres dans sa fuite, mais nous ne pouvions le voir. Il traversa un ruisseau profond où l'on s'enfonçait jusqu'aux cuisses, un peu en aval de l'endroit où notre camp devait être, les hasards de la poursuite nous en ayant rap-

Tête de Koudou (*Strepsiceros Kudu*).

prochés. On avait entendu le dernier coup de fusil et des hommes nous cherchaient; ils virent le koudou blessé rentrer dans un hallier. Il faisait presque nuit, quand je crus l'apercevoir de dos, l'air abattu, la tête basse, donnant des signes de la plus grande détresse. Je voulus essayer de tirer avec mon projectile du calibre 12 à pointe d'acier, afin de voir les dégâts qu'il causerait; je visai soigneusement et, après la détonation, nous entendîmes distinctement le bruit de la balle qui traverse les couches d'air et que les indigènes, dans leur harmonie imitative, rendent si bien par ce mot : « Bzouïï ». Nous crûmes, moi le premier, que je l'avais manqué. Pourtant, c'était un fait indéniable, le projectile était entré dans la fesse droite, avait traversé le corps dans toute sa longueur, brisant la première côte gauche, et, passant sous la peau du bras gauche, était sorti à la pointe de l'épaule, avec cette violence qui le faisait siffler, tant était grande son impulsion. D'ailleurs, je pense que nous n'avons pu entendre le bruit de la balle que parce qu'elle était en retard, si peu que ce fût, sur la détonation, ayant perdu cet espace de temps à traverser l'animal; j'ai également remarqué qu'une balle ne siffle ainsi que lorsqu'elle a perdu déjà une partie de son impulsion première. Le koudou, au lieu de tomber, s'en alla au petit trot, et il fallut un troisième coup pour l'achever. Ses cornes admirables, en spirale, mesuraient $0^m,98$ de longueur de la base à la pointe et $1^m,20$ déroulées. La taille de cette antilope était celle d'un cheval ordinaire; c'est la seule chez laquelle la dimension ne nuit pas à cette élégance, à cet air délicat que l'on remarque chez les petites gazelles; sa tête, quoique robuste, garde des proportions fines, son œil est doux, son corps élancé; sa robe est gris-cendré, soyeuse, avec des raies blanches transversales qui partent de l'échine et viennent mourir au flanc. Le koudou est la plus belle de toutes les antilopes et la plus élégante parmi les grandes; comme taille, elle vient la première, quoique de loin, après l'éland; quant à ses cornes, ce sont celles qui atteignent la plus grande dimension, même comparées à toutes les espèces d'antilopes connues dans le monde entier.

Quand nous arrivâmes au camp, il était sept heures et demie; tous les hommes dormaient déjà, rattrapant leur nuit précédente; mais l'arrivée de la viande mit tout le monde debout. Notre part et celle des Arabes prélevées, chacun s'assit, mangea et se recoucha. Le koudou avait été expédié en une demi-heure : ce n'était qu'un hors d'œuvre, et il n'en resta que les os soigneusement nettoyés. On eût mangé facilement deux ou trois koudous, car il faut songer que nous étions près de deux cents hommes.

Je n'ai jamais eu à me reprocher d'avoir tué un animal pour le plaisir seul de détruire ; il me répugnerait de mettre à mort de pauvres bêtes, pour les laisser ensuite dévorer par les vautours et les hyènes ; cela ne m'est jamais arrivé. Si j'ai beaucoup tué, cela a toujours été pour me nourrir et pour nourrir mes hommes. Comme on le verra plus tard, j'ai souvent vécu uniquement de mon gibier ; quelquefois même les hasards de la chasse me firent connaître la faim ; mais, en cas d'abondance, je gardais la viande à l'aide d'une préparation que j'expliquerai plus loin, sans jamais tolérer qu'il y eût gaspillage ; à défaut d'autre chose, le cuir convenablement cuit peut soutenir l'homme ; on ne jette que les os, dont se nourrissent les hyènes, car elles finissent toujours par les découvrir. Rien n'est donc perdu, une fois de plus, dans la nature.

Quelques jours après cette chasse au koudou, nous étions encore dans les montagnes, mettant le camp à côté d'un petit hameau, lorsque les indigènes, auprès desquels je m'informais comme toujours du gibier des environs, me dirent que les léopards avaient enlevé toutes leurs poules et leurs chiens, et qu'ils allaient être forcés d'abandonner le village pour cette raison. J'appris, de plus, que les léopards buvaient toutes les nuits au même endroit, dans une nappe d'eau provenant d'un bras de rivière un peu plus profond, où l'eau ne s'était pas totalement desséchée, grâce à des arbres qui y faisaient de l'ombre.

Je résolus de me mettre à l'affût du léopard, sans avoir beaucoup de confiance, toutefois, dans le succès de cette tentative. La nuit venue, j'allai me placer en face de l'endroit où, chaque matin, se voyaient les traces : j'étais sous le vent, derrière une termitière, dans la terre de laquelle je taillai un siège improvisé et relativement commode ; Msiambiri et deux hommes se cachèrent auprès de moi, et l'attente commença.

La lune ne se levant que très tard, vers une heure du matin, si le léopard venait avant, il avait encore plus de chances de nous échapper; une obscurité profonde régnait autour de nous, et on n'entendait que peu de bruits insolites; au ciel de grosses masses noires passaient, rapides, nous dérobant par intervalles la vue des étoiles. A mesure que les heures s'écoulaient, l'atmosphère prenait une teinte plus claire, la lune commençait à jeter sa lueur naissante dans les couches aériennes, tandis que les bois étaient encore plongés dans l'ombre. De noirs qu'ils étaient les gros nuages devenaient gris avec des teintes blanchâtres, la cime des arbres commençait à montrer les détails du feuillage; enfin le disque de l'astre des nuits parut derrière nous sur l'arête de la forêt, jetant ses rayons dans notre clairière, rayons charmants, sans doute, mais bien insuffisants pour montrer, soit un point de mire, soit un animal dont le pelage gris fauve se confond, même en plein jour, avec les objets environnants (1).

La lune fit tomber le vent et des nuées de moustiques commencèrent à nous assaillir; ce fut un supplice à supporter sans bruit, sans remuer, pendant plusieurs heures; une ou deux antilopes étaient venues boire à notre embuscade; on ne pouvait les distinguer et nous n'étions qu'à dix mètres de la mare; on entendait seulement le clapotis de l'eau et ce bruit particulier que font les chevaux lorsqu'ils aspirent le liquide par leurs lèvres serrées : quelque chose qui ressemble à un long baiser. Nous savions aussi le moment où l'animal levait la tête, en entendant l'eau découler de sa bouche et tomber dans la mare comme de grosses gouttes de pluie; puis, nous suivions à l'oreille leur sortie de la nappe... des broussailles froissées légèrement... c'était tout.

(1) En effet, ces couleurs tranchantes, telles que la robe du léopard, les stries du zèbre, ne sont visibles qu'à quelques mètres; à distance, tous ces animaux sont d'un gris uniforme qui se confond à merveille avec ce qui les entoure.

CHASSE AU LÉOPARD A L'AFFÛT DE NUIT.

Quelques hyènes passèrent aussi à proximité, lançant dans la nuit leur ricanement lugubre. Un léopard rugit dans le lointain : sa voix plus rauque, moins retentissante que celle du lion, aux notes plus rapides, est reconnaissable pour le chasseur quoiqu'elle ressemble beaucoup à celle de son frère aîné.

Un animal dont le bruit annonçait une grande taille s'approcha de nous sans précaution, et, comme il venait sous notre vent, nous sentit; aussitôt il rebroussa chemin au galop, brisant des branches; l'oreille au sol, nous l'entendîmes courir à une grande distance. Le lendemain, ses traces montrèrent que c'était un éland mâle de forte taille.

Mais le léopard ne se montrait pas encore; peut-être était-il déjà venu boire à notre barbe. Vers quatre heures du matin, la figure et les mains martyrisées par les moustiques, je songeai à battre en retraite, assez découragé; pourtant, je décidai de patienter jusqu'au jour, afin de partir pour la chasse de suite; je ferais camper de nouveau à midi ce jour-là et je dormirais après déjeûner.

Une heure se passa encore; tout à coup, un petit clappement se fit entendre, suivi et rapide comme celui des chats qui boivent; c'était à la place attendue! Msiambiri me souffla à l'oreille que c'était la manière de boire du léopard; l'animal éternua absolument comme les chats et se remit à laper.....

J'épaulai au hasard, guidé par l'oreille, ma canardière contenant une énorme charge de chevrotines de la taille de très gros pois, et je pressai la détente dans les ténèbres... Un rugissement furieux de douleur, d'agonie, nous répondit; puis le plongeon dans l'eau d'un animal qui s'y débattait et qui nous fit décamper, avec l'idée qu'il traverserait la mare pour venir nous attaquer. La lune avait baissé; on n'y voyait pas à un mètre. Nous nous arrêtâmes écoutant, et des râles, des cris de rage, des battements d'eau, frappèrent encore notre oreille; puis l'agonie parut être terminée et nous reprîmes notre poste, immobiles dans l'obscurité, ne sachant au juste quelle était notre capture, ni si l'animal était là ou s'il avait pu s'enfuir.

J'aurais voulu aller voir, m'assurer par moi-même en faisant le tour de l'eau; mais je réfléchis au danger qu'il y avait pour moi à m'approcher, dans les ténèbres, d'un fauve à l'agonie peut-être, que ses blessures rendaient d'autant plus furieux, et qui avait sur moi la supériorité d'y voir. Je préférai donc attendre que le soleil nous manifestât sa présence, ce qui ne pouvait tarder.

Dès que l'aube parut, elle nous montra dans sa clarté bleuâtre, au milieu d'un léger brouillard, une masse grise étendue sur le bord de l'eau, en face, et semblant avoir une partie du corps immergée.

Comme il ne fit aucun mouvement aux pierres qu'on lui jeta, nous nous approchâmes et vîmes un léopard magnifique, énorme, baignant dans une mare de sang, la face hachée, les yeux détruits, couvert de blessures au cou et à l'épaule droite, ayant les jambes de derrière et l'extrémité de la queue dans l'eau, tandis que le reste du corps reposait sur le bord, tout mouillé encore du bain qu'il avait pris involontairement, en bondissant, désormais aveugle, sous mon coup de fusil.

Je remerciai vivement le hasard, car c'était à un pur hasard que j'étais redevable de ce beau coup; l'oreille n'avait fait que me guider vaguement. Un des hommes m'avait assuré voir, à la lueur du coup de feu, un animal s'enfuir, et nous retrouvâmes les traces d'un autre léopard qui accompagnait sans doute celui qui avait succombé. Ce dernier pesait 87 kil. et mesurait 1^m 87 du bout du nez à celui de la queue; parmi tous ceux que je tuai plus tard, je n'en trouvai qu'un seul qui dépassât ces dimensions, déjà exceptionnelles.

Le léopard (*Felis leopardus*) vient comme taille après le lion; quand il est grand, il atteint les dimensions d'une lionne. Il a, comme on sait, le pelage composé d'un fond jaune ou blanc, selon la partie du corps, et tacheté de marques formées de trois, quatre, cinq et même six points noirs, disposés en carré, en étoile, en losange ou en pensée. Sa force est considérable et ses formes, encore plus élégantes que celles du lion, rappellent tout à fait le genre chat auquel il appartient.

On le nomme aussi panthère, selon la classification des naturalistes. Cuvier lui donne ce nom, tandis que Linné a baptisé ainsi un animal plus petit, à la queue plus longue, à la tête différente d'expression, au pelage variant peu en Afrique et offrant des spécimens complétement noirs en Asie. On peut donc dire indifféremment léopard ou panthère, mais le premier nom est plus exact.

En temps ordinaire, le léopard n'attaque pas l'homme; il se nourrit d'animaux de moins grande taille que ceux dont le lion se régale, et il ne dévaste les villages, en volant les chiens et les poules, que lorsqu'il n'a rien de mieux. Comme tous les fauves, il disparaît pendant la journée, couché dans l'ombre de taillis épais et ne sort de sa cachette que la nuit (1), s'il n'a pas été dérangé dans la journée par l'homme. Ce dernier passe souvent inconsciemment près de son repaire; mais le fauve a l'oreille et le nez d'une finesse inouïe, et, au moindre signe, il se sauve pour ne reprendre sa place que quand le calme est revenu aux alentours. C'est pourquoi on le voit rarement de jour, bien qu'on le dérange souvent.

Je n'ai jamais pu en apercevoir un seul dans ces conditions quoique j'aie souvent rencontré des traces fraîches de sa présence; c'est toujours de nuit qu'il m'a fallu l'attendre. Hanner, pourtant, et un indigène de la Maravie (Afrique centrale), sont les deux rares exceptions que je puisse citer : ils ont vu et tiré un léopard de jour. Je raconterai, en son temps, l'aventure de mon compagnon.

(1) Dans les régions montagneuses, il se loge également dans des trous, cavernes ou anfractuosités de rochers.

Blessé, le léopard est terrible : il se jette avec fureur sur l'homme et celui-ci paie souvent son imprudence de sa vie. Tous les fauves blessés sont excessivement dangereux ; le lion, en pareil cas, tue, neuf fois sur dix, l'homme qui, assez téméraire pour le suivre dans sa retraite, n'est pas doué d'un sang-froid et d'une habileté de tireur à toute épreuve....

... Nous continuons notre route vers Tchiouta, nom d'une montagne perdue dans le massif qui se trouve à vingt milles au nord-ouest des cataractes ; le paysage rappelle celui des Alpes et des Ardennes pendant l'été, avec ses gorges profondes, ses cascades, ses ravines escarpées, avec ses blocs énormes gisant dans les vallées comme détachés des versants par une commotion ancienne.

Sous ces blocs, masses gigantesques dont le plus modeste atteint les dimensions d'une maison à un étage, les petits êtres humains passent comme les fourmis sous un caillou et vont s'asseoir à l'aise, à l'ombre et au frais, dans leurs fissures transversales. Cela donne une idée de la taille de la mère aux flancs de laquelle de pareils enfants étaient attachés. Dans de nombreux endroits on voit encore les marques de scission entre les pierres et la montagne.

... Une végétation déjà jaunie à cette époque couvrait tout le pays ; dans les vallées humides, des forêts de bambous poussaient en bouquets serrés ; leurs tiges vert-clair, leurs feuilles lancéolées, blanchissantes, tranchaient sur la couleur environnante des broussailles et des arbres.

Quelques cases sur le mont Niampepo, au pied du Chiouta ; de rares habitants cherchent, sur ces escarpements, un abri contre les pillards du Nord dans leurs invasions nocturnes : en dehors de ces dangereux ennemis, les babouins sont seuls à les visiter.

Nous campâmes dans la vallée, déjà à 550 mètres d'altitude, et le lendemain, je fis l'ascension du Niampepo qui doit

UNE CASCADE DANS LES MONTAGNES DE TCHIOUTA.

avoir environ 645 mètres au-dessus de la vallée et 1055 par rapport à l'Océan. De cet observatoire, on voyait tout le pays environnant et, dans la direction du nord-est, une plaine immense, ou qui, du moins, paraissait telle, couverte d'une végétation qu'on prenait pour des broussailles, mais qui était, en réalité, une forêt diminuée par l'éloignement.

A défaut d'autre chose, je fis sur cette montagne une bonne récolte d'insectes et d'une espèce de plante grasse qui rappelle assez la mâche et peut se manger en salade; on la nomme *matako ia tsano*. Je n'avais trouvé trace d'aucun gibier, quoiqu'il y ait des sites charmants et des ascensions sous bois de plusieurs centaines de mètres; quelques serpents et des éperviers paraissent être les seuls habitants de ces endroits, et notre garde-manger se ressentit de notre arrivée dans ces régions.

Le chef Mbiouï nous apporta quelques épis de maïs et une poule étique, en nous engageant, si nous voulions du gibier, à descendre, par le nord, dans la plaine dont je viens de parler.

Je levai le camp aussitôt, et, comme le trajet dura à peu près trois heures et demie, le soir même, l'expédition avait établi sa résidence au pied du Tchiouta, mais du côté opposé au village de Mbiouï, après avoir longé pendant le trajet un petit ruisseau aux ondes claires, le Mouana-Gombé, qui, je le sus plus tard, charrie de l'or sur son lit rocailleux.

Jamais blanc n'avait campé dans cette plaine, jamais Européen n'avait posé le pied dans ces régions, hormis mon camarade de voyage; les noirs y étaient tout à fait chez eux. A Mandjé, plus éloigné d'environ douze milles, passe le sentier des caravanes arabes venant de l'Afrique centrale avec l'ivoire et les esclaves.

Nous avions trouvé, fort loin l'un de l'autre, deux trous ayant à peu près deux mètres de diamètre, remplis d'une eau douteuse; nous avions, en vain, parcouru la plaine, en quête d'un liquide plus tentant. Force était de s'en contenter. Le camp fut installé auprès de l'un d'eux, crevasse ou cuvette naturelle laissée sur un rocher dont une herbe verdâtre ornait les bords et où une foule indescriptible de petites bêtes vivaient en paix. Le pauvre Jones n'y eût pas déplié ses lignes ni ses hameçons.

Le lecteur doit supposer que nous avions des filtres; c'est bien exact, puisqu'une expédition comme la nôtre exige un matériel résumant presque tout ce qui se trouve aux magasins de la « Ménagère » à Paris. En veut-on une idée? Voici, à titre de curiosité, en passant, un abrégé très rapide de ce qui marchait avec nous :

Matériel de table et de cuisine. — Assiettes, fourchettes, couteaux, cuillers, tasses, soucoupes, cafetières, théières, louches, timbales, coquetiers, marmites diverses, grils, bouilloires, poêles à frire, moulins à café, rôtissoires, plats à œufs, four à pain de campagne, passoires, gamelles à couvercle, filtres, haches, etc., etc. Point de porcelaine ni de faïence : du fer émaillé.

Matériel de campement. — Tentes, lits de camp, toile imperméable, couvertures, cordages, piquets, marteaux, tables, pliants, lanternes, etc., etc.

Matériel de chasse et de pêche. — Haches, couteaux, munitions de toute espèce, médicaments pour préservation des peaux, empaillage et conservation des insectes, etc.; bouteilles à eau, poires à poudre, pièges à oiseaux, pile et réflecteurs électriques de Trouvé, glu, filets, hameçons, lignes flottantes et de fond, harpons, etc., etc.

Médicaments. — Une pharmacie de campagne pour cinquante hommes, deux pharmacies portatives pour les Européens, deux pharmacies de poche.

Matériel de voyage. — Sacs à vivres en cuir, *tubs* et canots en toile à voile, pochettes de tailleur, de cordonnier, de sellier, d'armurier, fers à souder, savon, etc.

Instruments divers de géodésie et d'astronomie, appareils photographiques, produits chimiques, plaques, etc.

Provisions. — Tout ce que l'on peut désirer en fait de conserves, depuis le sel jusqu'à la confiture.

Marchandises-monnaie. — Calicot, verroterie, cadeaux pour les chefs, etc.

Nous avions donc des filtres, mais comme on avait très soif en arrivant près d'un ruisseau ou d'une mare, on laissait de côté le grand, parce qu'il passait trop lentement, et le petit à tuyau, parce qu'il n'aspirait pas assez vite; ou bien encore, en marche, l'homme portant le filtre était à une heure derrière moi lorsque j'arrivais à un endroit où je pouvais me désaltérer, et je n'avais ni la patience ni l'envie de l'attendre. Le microbe a toujours existé quoique l'on n'ait fait sa connaissance que depuis quelques années. Or, autrefois on se passait de filtres, et on n'en vivait pas moins; notre corps doit être également composé de microbes dont ceux que nous absorbons sont, sans doute, le complément indispensable. Tout est affaire d'imagination. Dans mes voyages, j'ai souvent bu de l'eau à côté de laquelle celle de la Seine est du plus beau cristal; j'ai bu de l'eau jaune, violette ou verte, ou bien bourbeuse comme du chocolat, et je ne m'en porte pas plus mal pour cela. Il faut noter également que je bois des quantités énormes d'eau et tant que la soif ne m'a pas quitté, contrairement à ce principe de certains voyageurs, qu'il ne faut pas boire quand on a soif. Absorber du liquide à profusion est un préservatif contre l'insolation, parce que cela produit une transpiration abondante et salutaire, tandis que l'arrêt de cette transpiration, la sécheresse de la bouche, la soif, amènent des insolations souvent fatales. Quand on ne peut pas faire autrement, on se prive, et on a raison; mais je ne connais pas de plus grande jouissance que de boire d'un seul coup un litre d'eau bien fraîche, après s'être lavé les mains et la figure, à l'ombre, aux heures où un soleil incandescent vous brûle de ses rayons, et quand vous avez marché sans ombrage depuis le matin.

Un voyageur prévoyant doit toujours emporter une provision d'eau pour la marche; on se munit de récipients nombreux quand on fait un voyage sous les tropiques (1)...

Pendant cinq ou six jours, je me mis à reconnaître l'endroit où nous nous trouvions, la position de Chiouta, les éminences environnantes, etc.

Je tuai pendant ce temps un kob, une antilope harnachée, deux sangliers et un éland mâle.

La mort de ce dernier donne lieu, dans ces pays, à de petites cérémonies assez curieuses. La croyance commune aux indigènes est que les grands animaux, tels que l'éléphant, le lion, l'éland et même le koudou, dans certains endroits, sont des Mzimous (esprits); mais là s'arrête cette superstition innocente : aucune autre idée ne s'y rapporte ni aucun culte. Il est permis de tuer ces animaux, mais chacun d'eux, lorsqu'il est mort, a droit à un cérémonial particulier. Je vais vous parler de ce qu'on fait pour l'éland, puisque c'est à son occasion que j'ai constaté cet usage pour la première fois. Tout d'abord, lorsque l'éland est à terre, on ne peut entamer sa peau avant qu'il ait uriné ou, tout au moins, fait quelques crottins; chez presque toutes les antilopes, les dernières contractions musculaires amènent naturellement cette évacuation, dans un temps qui varie entre quelques minutes et une heure après la mort.

(1) Les gourdes en vulcanite ou ébonite, recouvertes en feutre sont excellentes, mais elles ont le grand inconvénient de ne pas durer; elles sont très fragiles et se fendent au soleil ou sous le moindre choc; les gourdes en fer émaillé recouvertes de feutre valent donc beaucoup mieux; cette enveloppe est laissée continuellement imbibée d'eau pour que l'évaporation garde le liquide frais; on peut la changer lorsqu'elle est pourrie.

On attend pour prendre possession de l'animal qu'il ait accompli cette formalité *post mortem;* mais ce n'est pas tout : pendant qu'un homme soulève la tête de l'antilope afin de présenter le front, le chasseur y applique les morceaux de bois destinés à allumer du feu par le frottement. Le feu est bientôt allumé et brûle un peu des poils (1); on peut alors ouvrir la peau; la croyance des indigènes est que, après la mort, l'esprit quelconque qui habitait l'animal est devenu malfaisant et qu'il s'est réfugié dans le ventre lequel augmente aussitôt après que la vie s'est retirée.

Le coup de couteau doit être donné de façon à l'en faire sortir. Les cérémonies préalables ayant eu pour but de le rendre favorable, il y a moins de danger à lui ouvrir un passage, mais personne ne regarde; celui même qui pique la peau détourne la tête. On entend les gaz qui s'échappent avec ce bruit particulier à une vessie qui se dégonfle violemment par une petite ouverture sous la pression de ses parois. Et la cérémonie est alors terminée.

Il arrive quelquefois pourtant que les fumées posthumes ne se présentent pas ou tardent à se montrer; on attend avec patience, mais on essaye de hâter le dénoûment par une espèce de *mankouala* (médecine). Je me suis prêté à ces formalités, comme je me prête toujours, au moins une fois, dans le but d'apprendre, à tout ce qui concerne l'étude des mœurs indigènes. Donc, on m'apporta une écorce ressemblant, par la couleur et l'extérieur, à celle de l'acajou, écorce dont il fallut mâcher des parcelles; c'était âpre, amer, mauvais, ignoble, au point de me faire venir les larmes aux yeux et le cœur sur l'eau; mais je mâchai. Il fallut ensuite cracher, en pluie, l'écorce ainsi mastiquée, à l'anus et dans les naseaux de l'antilope morte, afin

---

(1) Les élands ont le poil plus long à la base des cornes. Chez le mâle surtout, ils forment un véritable toupet.

de hâter l'apparition des fumées tant attendues. Cette opération ne peut être faite que par le chasseur lui-même.

Il va sans dire que, plus tard, je fis découper les élands sans aucun préambule, mais je tins à assister une ou deux fois à ces petites cérémonies, afin de me mettre au courant.

Je dirai aussi un mot sur la façon de dépecer une antilope.

Quand on veut conserver la peau entière, on doit en dépouiller l'animal avec précaution, en ayant soin d'y laisser adhérer la queue, les tibias, les sabots et les cornes munies du massacre (partie de l'os frontal); ou bien on enlève la peau autour des cornes en gardant celles-ci à part avec le squelette de la tête; on opère ainsi lorsqu'on recueille des spécimens destinés à être empaillés.

Mais, lorsque, comme moi, on chasse pour avoir de la viande, qu'il est inutile d'avoir la peau détachée, il vaut bien mieux s'en servir pour préserver la chair des atteintes du soleil et des mouches. On laisse donc adhérer à chaque partie du corps l'enveloppe qui la recouvre. Ainsi, on commence, l'animal étant couché sur le côté, par découper le membre antérieur et sa peau, puis le postérieur; on retourne ensuite la bête sur un lit de feuilles arrangé à cet effet et l'on sépare de même les deux autres membres. La carcasse est ensuite divisée, selon la taille, en cinq ou six morceaux : la tête, le cou, la poitrine, le garrot et l'épine dorsale jusqu'à la région lombaire avec les côtes adhérentes, les hanches et le bassin, les intestins, les filets, le cœur, le foie, la rate, etc.; les intestins sont déroulés immédiatement, vidés sur place et arrangés en écheveaux jusqu'à ce qu'on puisse les laver à l'eau.

Ces diverses parties, qui constituent chacune au moins une charge d'homme, sont transportées au camp où on découpe alors plus soigneusement et plus à son aise (1).

(1) Pour les gros animaux, éland, buffle, rhinocéros, hippopotame, éléphant, le transport de chacune de ces parties demande plusieurs hommes.

Dans la région où nous nous trouvions, nous pouvions constater des différences marquées, aussi bien dans le genre de végétation que dans la faune. Dans les pays montagneux, les variétés d'animaux sont très distinctes de celles que l'on rencontre

Une première trace d'éléphant.

dans les terrains plats à végétation basse, dont le sol est plus tendre et moins encombré de pierres ou d'éclats de roche. Comme on le verra plus loin, chacun des animaux a son habitat bien défini, un paysage qu'il affectionne et dans lequel il se tient cantonné, si le besoin matériel ne le force pas à en changer.

La plaine où se trouvait notre camp offrait un vaste champ

d'étude pour ces particularités; en effet, tandis que cette immense étendue, que j'estimerai à 400 kilomètres carrés, emprunte vers le sud, aux montagnes de Chiouta, leur nature granitique, elle touche au nord-ouest au pays de Makanga dont les confins sont plats, dépourvus d'accidents, dont le terrain est malléable et sans pierres. Plus loin, commence le *rolling country*, qu'on a comparé aux vagues de l'Océan et qui n'est qu'une succession de trous et de bosses, recouvert par une forêt basse, qui offre d'excellents lieux de chasse.

Ce fut pendant que je parcourais cette localité, partant chaque matin dans une direction différente, qu'il me fut donné, un jour, de voir les premières traces de l'éléphant : Msiambiri me les montra sur le sol, aussi naturellement que s'il se fût agi d'un bluebuck (1).

Je vis alors une empreinte énorme, de forme ovale, profonde de 5 centimètres, mesurant 41 centimètres de long sur 28 de large; les herbes étaient couchées, écrasées; les autres empreintes étaient moins marquées, sur un sol plus dur, mais très distinctes : elles remontaient à la veille; c'était un mâle; il était seul.

Ainsi donc, à 2 kilomètres de notre camp, un jour auparavant, un éléphant avait passé! un éléphant sauvage d'une taille colossale, à en juger par ses empreintes?... Je restai longtemps pensif. Verrais-je jamais ce géant de la forêt? l'aurais-je un jour en face de mon fusil? C'est ce que je me demandais. Comme on verra bientôt, je devais apprendre qu'on ne le trouve pas sans peine et que cela peut coûter fort cher; ce soir-là, je rentrai au camp, forgeant dans mon imagination des rencontres avec des éléphants, et je ne pensai plus, pendant plusieurs jours, ni aux élands ni aux buffles, croyant dans ma

---

(1) *Cephalophus pygmæus*. C'est la plus petite des antilopes, et sa taille au garrot n'excède pas 28 centimètres, quoiqu'elle soit admirablement proportionnée comme élégance. Elle porte sur le front une petite paire de cornes.

simplicité qu'il n'y avait qu'à vouloir pour rencontrer et tuer le plus gros des quadrupèdes. Je m'aperçus bientôt qu'il fallait en rabattre et me contenter de ce que je pouvais trouver, attendant que le hasard ou le destin voulût bien m'envoyer un éléphant.

Couteaux de chasse indigènes et outre en peau de bouc.

CHAPITRE VI.

Le pays de Makanga et son roi. — Poursuite d'un bubale. — Sa mort. — Harde de zèbres. — Une familles de phacochères. — Une belle journée de chasse. — Le feu et ses bienfaits en Afrique. — Une première rencontre avec des lions. — Le beltong et la viande boucanée : leur préparation. — Les piquets de séchage. — Disposition et arrangement du camp. — Les brochettes indigènes. — Hyènes affamées. — Mort de l'une d'elles. — Un joli coup de canardière. — Une pêche de nuit.

Au moment où le lecteur nous a laissés campés à Chiouta, nous ne savions pas exactement encore la direction à prendre pour nos futures explorations. Je voulais surtout, avant de m'enfoncer plus avant dans le pays, savoir quels moyens de ravitaillement il offrait, quelles populations nous allions visiter et quels cours d'eau nous rencontrerions sur notre chemin.

Après des formalités nombreuses que je n'ai pas le loisir de relater ici, après m'avoir menacé de me faire couper la tête, le roi de Makanga, le chef puissant dont j'ai parlé, qui se nommait alors Tchanetta Mendoza, voulut bien consentir à ce que j'allasse lui faire une visite. A cette époque, son pays, ou plutôt le centre de son territoire, était assez giboyeux. Il a beaucoup changé aujourd'hui; Tchanetta défendait qu'on tirât des coups de fusil inutiles. Étant signalé comme rebelle vis-à-vis de l'autorité portugaise, il s'attendait chaque jour à une ouverture d'hostilités. Or, comme il était impossible d'acheter de la poudre dans la région, il ne voulait pas que la sienne fût gaspillée; il en avait en réserve une grosse quantité qu'il achetait avec de l'ivoire aux Arabes venant du Nord. Ceux-ci ne se rendaient à Tête qu'une fois par an. Il faisait donc faire exclusivement la chasse à l'éléphant, mesurant lui-même la poudre à chaque chasseur. Ses sujets étaient laborieux en temps ordinaire et belliqueux le cas échéant. Outre le gibier, on trouvait au pays de Makanga des plantations immenses, des poules, des œufs en quantité. Pendant certains mois de l'année ce territoire ressemble à l'oasis dans le désert. Tandis que leurs voisins meurent de faim ou manquent d'eau, les gens de Makanga (leur nom est Atchékoundas) ont des provisions dues à leur travail et des rivières qui ne tarissent jamais. C'est ce qui me décida, après informations, à y séjourner pendant les mois de famine (décembre, janvier, février) et à accomplir sans tarder, (nous étions en septembre) un voyage projeté dans la Maravie occidentale (1).

Je parcourus néanmoins Makanga pendant une quinzaine de jours. Comme je l'ai dit, il y avait dans la jungle une faune plus abondante que dans les localités que j'avais traversées jusqu'alors. Je ne connaissais à cette époque que les quatre ou cinq espèces d'antilopes que j'ai décrites ; il y en avait bien d'autres, aussi belles, aussi grandes, dans cette partie de l'Afrique Centrale si voisine et pourtant si différente des territoires au sud du Zambèze.

C'est ainsi que je vis un jour passer au galop une bande de cinq antilopes rougeâtres, une tache brune au flanc, avec des cornes bizarres posées sur une tête longue et pesante. C'étaient des bubales. Leur taille, jugée par le pied, devait être celle du kob ; quant à leur allure, elle est tout à fait spéciale : c'est un galop lent, un *canter,* qui couvre à chaque battue, sans qu'il y paraisse, une grande longueur de terrain.

(1) Nom donné par les anciens Portugais à un territoire situé à 220 kilomètres au nord du Zambèze, presque sous la même longitude que l'entrée ouest des cataractes de Kébrabassa.

Tête de bubale (*Bubalus caama* ou *Antilope caama*).

Les cinq bubales parcoururent trois ou quatre cents mètres et s'arrêtèrent, nous regardant, les uns nous faisant face, les autres placés de profil. Nous nous approchâmes, ils repartirent encore et recommencèrent le même manège trois ou quatre fois. Voyant que ce petit jeu pouvait nous entraîner fort loin, et que, si je ne les tirais pas à la course, je ferais mieux d'y renoncer, je tentai ce moyen et fis feu de mes deux coups.

« Il a la jambe cassée! » s'écrièrent mes hommes, en montrant un des animaux qui ralentissait son allure en boitant, tandis que les autres, cette fois, fuyaient définitivement. Le blessé continuant à galoper sur trois pattes, s'engagea dans la brousse la plus épaisse et disparut, tandis que nous nous mettions à sa recherche, marchant aux rougeurs (1), à une allure très vive et qui dut forcément changer, non seulement parce que la végétation était inextricable, mais aussi parce que l'on ne peut courir sans interruption pendant plus d'une demi-heure sous le soleil des tropiques.

Deux fois, j'avais aperçu le bubale blessé, et deux fois j'avais tiré sur lui, croyant le toucher; il avait continué à détaler sur ses trois pattes, nous entraînant à sa suite par monts et par vaux. Enfin, un projectile plus heureux, trouva à 150 mètres le chemin de son cœur, sans quoi il était perdu pour nous:

---

(1) Suivre la piste aux traces du sang perdu par l'animal (Terme de vénerie).

nous n'avions plus la force de le suivre, et sa blessure n'était pas assez grave pour l'affaiblir ou l'arrêter.

La taille du bubale (*Bubalis Lichtensteini*) est celle d'un gros kob ou d'un cheval ordinaire; mais celui dont il est question était de beaucoup le plus grand que j'aie tué; ses cornes resteront un de mes plus beaux spécimens de l'espèce, car jamais je n'ai trouvé rien d'approchant. Sa robe est fauve avec une teinte plus rougeâtre sur le dos, bien délimitée sur la croupe en forme de selle. La tête, rappelant plutôt celle du cheval, est massive et lourde; elle forme avec le cou un angle droit. Ses cornes sont courtes, d'abord en croissant, puis ramenées en arrière.

Il y a une autre espèce de bubale (*Bubalis caama*) que je crois avoir entrevue dans le pays de Gaça et qui existe également dans la région du lac Nyassa; ses cornes sont plus longues avec la même forme et son pelage presque semblable.

Peu après la mort du bubale, j'aperçus une troupe de zèbres. J'ai souvent désiré m'emparer d'un de ces animaux vivant pour le dresser à la selle; il remplacerait le cheval avec avantage et irait impunément au milieu des essaims de tsé-tsé. Mais je n'ai jamais pu réussir.

L'année suivante, je suis bien parvenu, une fois, avec bien des peines et une patience inouïe, à tuer une mère auprès de laquelle j'avais aperçu un poulain de quelques mois. A ce propos, je dirai qu'il n'y a, à ma connaissance, que trois espèces d'animaux dont le petit n'abandonne pas sa mère morte : le zèbre, le

Tête de bubale
(*Bubalus Lichtensteini*).

buffle et le rhinocéros. Généralement, leur rejeton s'enfuit au bruit de la détonation ; mais, si on ne se montre pas, il ne tarde pas à revenir auprès du cadavre et il faut beaucoup d'adresse et de monde pour le prendre (1).

Je conterai, puisque j'ai commencé à en parler, l'essai de capture que je tentai sur mon jeune zèbre. J'avais tué la mère, comme je viens de le dire, et j'attendais le retour du petit. Il était déjà fort tard quand celui-ci revint ; je l'avais attendu plusieurs heures (sans doute, il avait été entraîné au loin par les autres zèbres) et, pendant ce temps, j'avais tué une antilope que les hommes avaient emportée au camp. Ils n'étaient pas de retour et j'étais seul avec Msiambiri pour tenter la prise du jeune zèbre lorsqu'il se présenta. Il était revenu tout seul exactement à l'endroit où sa mère était tombée ; j'attendais qu'il se mit à têter afin que sa position l'empêchât de nous voir nous approcher ; mais il n'avait pas faim, sans doute : il continuait à regarder autour de lui, les oreilles agitées, tressautant au moindre bruit. Supposant qu'il allait nous échapper, je pris la canardière, j'y glissai une petite cartouche de plomb fin (faite pour tuer les petits oiseaux à empailler) et je me mis à courir droit sur lui, tandis que Msiambiri faisant un détour le tournait de son côté : mon chasseur et moi nous allions avec une grande rapidité, pourtant ce n'était qu'un jeu pour le jeune zèbre de nous distancer ; j'essayai alors de le blesser légèrement à la fesse espérant le guérir ensuite, et je le tirai avec le petit plomb. La pauvre petite bête tomba morte ; un plomb avait passé par-dessus sa croupe et avait frappé la nuque. Je fus très vexé ; de toutes les façons, le pauvre animal était perdu, l'endroit étant peuplé de lions auxquels il

---

(1) Chez les espèces autres que celles que je viens de citer, la mort de la mère ne rapporte rien : le petit continue à fuir avec le reste de la troupe et on ne le revoit jamais.

eût servi de pâture quelques heures plus tard : je n'en ai pas moins regretté longtemps cet assassinat.

Les Boers apprivoisent les zèbres en s'en emparant par un moyen dont j'ai essayé plus tard : ils les prennent très jeunes après avoir tué leur mère et en font de très bonnes bêtes de trait ou de selle. Aucun animal n'a jamais été plus apte à rendre service à l'homme. On m'a même assuré qu'une compagnie de coachs existant entre le Transvaal et Fort Salisbury (Mashonaland) avait dans ses attelages plusieurs couples de ces animaux. Dans l'Afrique du sud, la destruction du zèbre est défendue par les lois anglaises.

... Revenons au jour où je fis connaissance avec le bubale. Je me souviens que ma course m'avait tellement ouvert l'appétit que, à peine l'antilope abattue, je mis sur le gril un morceau de sa cuisse que je mangeai avec un peu de sel. Mes hommes en firent autant. En nous remettant en marche laissant le gibier à la garde d'un homme, nous avions la bouche pleine et les mains embarrassées, ce qui fit que, lorsque j'aperçus à bonne portée les zèbres dont j'ai parlé, si rapide que j'aie été à lâcher ma viande et à épauler mon express, il était déjà trop tard : les zèbres avaient tourné un fourré d'épines et avaient disparu. Juste punition de ma gloutonnerie. Sans chercher à les poursuivre, nous continuâmes notre chemin. Nous rencontrions dans les broussailles, à chaque instant, des terriers qui s'enfonçaient sous terre en oblique et devant lesquels mes hommes se hâtaient de passer (1). Leur ayant demandé pourquoi, j'appris que, lorsque certains terriers sont habités par des sangliers, si quelque bruit effraye ceux-ci, ils sortent souvent de chez eux à toute vitesse, renversant inconsciemment tout ce qui peut se trouver devant l'ouverture : il est donc prudent de ne pas rester à l'entrée. Les hyènes,

---

(1) Ces excavations sont excessivement communes dans la brousse africaine.

chacals, blaireaux, civettes, qui se logent de la même façon, ne sortent jamais en cas de bruit.

La terre extraite forme ordinairement, à côté des terriers, de petits monticules. Or, il est d'habitude, pour étendre son regard plus loin, de monter sur toutes les éminences, quelquefois même sur des arbres; lorsque les herbes sont hautes et la végétation serrée, on peut avoir ainsi la chance d'apercevoir quelque gibier à l'improviste. Msiambiri, ayant voulu monter sur un tertre placé devant un terrier, se pencha auparavant, jeta un coup d'œil et, voyant quelques fils d'araignée sur l'ouverture, jugea que le logis était abandonné (1).

Il n'était pas plus tôt dessus et, la main sur les yeux, interrogeait le paysage, qu'un grognement se fit entendre, puis un froissement de feuilles sèches et un galop précipité : un énorme phacochère (sanglier africain) apparut les poils hérissés, passa à deux pas de nous sur le tertre d'où Msiambiri avait lestement sauté et s'éloigna au galop ou plutôt à un trot très rapide, ses petites jambes faisant merveille sous son gros corps immobile, la queue raide en l'air parfaitement verticale, ses grosses défenses en avant comme de formidables moustaches.

Le voir, épauler et faire feu, fut, comme on le pense, l'affaire d'un instant, et le phacochère roula sur lui-même, se débattant dans les herbes, ne montrant maintenant que ses quatre pattes qui gigotaient d'une façon désespérée. Je fis un pas pour m'approcher; mais, sur une exclamation de Msiambiri, je tournai la tête et aperçus du coin de l'œil un autre phacochère qui s'éloignait dans une direction latérale; je fis volte-face, le suivis trois secondes, de profil cette fois, et le roulai à cinquante mètres comme le premier.

Un gros marcassin apparut ensuite. A l'ouverture du terrier, il s'arrêta une demi-seconde et rentra avec précipitation en

---

(1) C'est un indice qui ne prouve rien, attendu qu'il suffit de quelques minutes à une araignée pour tisser une toile.

Le phacochère.

voyant quatre hommes devant lui. Je fis jeter des pierres, crier, frapper du pied à l'endroit que je supposais correspondre à son logis; je tirai dedans un coup de fusil. Rien n'y fit : je résolus, puisque la force ne réussissait pas, d'employer la ruse, et je m'embusquai à vingt pas du terrier, derrière un buisson. Mes hommes en firent autant.

Le jeune marcassin montra bientôt le bout de son nez, puis la tête, explorant les environs, et il sortit à toute vitesse, venant sur nous sans s'en douter; il passa à quelques pas; mais je ne pus le tirer à cause de la position de mes hommes. Je dus le laisser avancer et je le manquai; un deuxième débûcha ensuite, essuya un coup de feu, roula par terre, et, touché trop légèrement, se releva et partit à fond de train; le troisième et le quatrième rejoignirent leurs parents dans un monde meilleur.

Le phacochère africain (*sus africanus*) est une variété de sanglier presque deux fois plus grosse que celle d'Europe. Ses défenses sont énormes; sa face, garnie de verrues et de poils raides, est d'une laideur rare; ses mœurs sont les mêmes que celles du sanglier d'Europe. Sa peau, d'un gris sale, est plus glabre que celle de ce dernier.

La chair des sangliers et du bubale nous fournit nos vivres de marche juste à la veille de notre départ pour la Maravie. Le gros de l'expédition s'arrêta à Chiouta; je n'avais laissé personne derrière nous à Makanga, par mesure de prudence. Deux ans auparavant, cent cinquante Portugais y avaient été traîtreusement massacrés, et je désirais qu'en mon absence personne ne courût le même risque.

A Tchiouta, je laissai Hanner avec tout mon monde, sauf quatre Arabes et vingt hommes qui m'accompagnèrent; je pris deux mois de vivres, des cartouches, le strict nécessaire, en un mot, et, quatre jours après, entre la Louïya et le Loangoué, — deux rivières absentes sur les cartes, — nous installions notre petit campement dans un pays qui me sembla si giboyeux que je résolus d'y chasser au moins deux jours.

En disant deux rivières, je me suis trompé, c'est de leur lit qu'il s'agit, car elles étaient complètement à sec. Sauf un trou de cinq mètres de diamètre que nous mîmes longtemps à trouver dans la Louïya, il n'y avait pas une goutte d'eau dans un rayon de cinquante kilomètres; aussi relevai-je sur les bords du trou une quantité incalculable d'empreintes connues et inconnues. Cette nappe d'eau, qui avait dû couvrir plus de cent mètres, s'était desséchée peu à peu laissant tout autour une vase tellement piétinée, tellement criblée de marques superposées qu'on eût difficilement trouvé dix centimètres carrés sans y lire quelque trace d'éléphants, de buffles, de rhinocéros, d'élands ou d'antilopes : tout cela buvait ou avait bu là en grand nombre. Sauf les deux premières espèces qui voyagent, les autres habitaient la région et nous comptions les voir arriver avant peu.

Mon parti aussitôt pris, je résolus d'empêcher le gibier de boire pendant la nuit, afin qu'au petit jour tous les animaux fussent dans le voisinage. Pour cela, je fis distribuer les feux tout autour de la mare et placer les hommes de façon à ce qu'il ne restât qu'un espace libre : c'est ce qu'on appelle « *laisser la place du lion* ». La superstition des indigènes leur fait croire que, si on empêche le grand fauve de boire, il peut arriver malheur à quelqu'un, croyance qui ne manque pas de fondement. C'est ainsi qu'on laisse toujours l'espace du lion, même dans les endroits où on sait qu'il n'y en a point.

J'étais déjà accoutumé à cet usage et je n'y faisais plus attention. Cette nuit-là, l'espace du lion se trouvait être entre mon feu et celui de Fortuna et de Vatel, mon domestique et mon cuisinier. Tout le monde s'endormit d'un sommeil profond, la marche de la journée ayant été très fatigante; moi-même, je discernai mal plusieurs bruits qui frappèrent mon oreille; je me souviens d'avoir eu un horrible cauchemar : un bubale énorme, à la face simiesque et diabolique, assis sur un arbre élevé, me décochait je ne sais plus quelles épithètes malsonnantes, et j'avais rechargé mon fusil à vingt reprises, épaulé et visé sans que le coup eût voulu partir; cependant le bubale descendait lentement de l'arbre et s'approchait de moi en grandissant toujours, accompagné d'ombres grises qui glissaient tout autour de moi, sans que je pusse les distinguer ni quitter des yeux la face de mon ennemi qui touchait presque la mienne. Je discernais admirablement les détails de ses yeux, le poil de son mufle, son haleine chaude... et mes cartouches continuaient à rater et les frissons à me courir sur le corps...

Si j'ai cité ce rêve qui m'est resté gravé dans la mémoire, c'est en raison des circonstances qui s'y rattachent. Tandis que, dans l'hallucination, le bubale effrayant s'approchait, dans la réalité un lion énorme s'avançait vers le campement. Au moment où le fantôme allait presque me toucher, le roi des animaux, à deux pas de moi, buvait l'eau de la mare, si près, qu'en allongeant le bras j'aurais pu le toucher et passer la main dans son poil fauve!

Je livre aux physiologistes l'analyse de ce qui précède; je n'en déduirai aucune théorie; néanmoins, cette coïncidence du danger réel et du péril fictif m'a souvent intrigué.

Oui, un lion avait bu entre moi et mes domestiques; c'était la première fois que la coutume de lui laisser une place avait, à ma connaissance, été appliquée à propos. Le danger passé laisse l'homme indifférent; pour ma part, je n'en ai jamais ressenti d'impression rétroactive; pourtant, si j'ai jamais été en péril dans ma vie, ce fut bien cette nuit-là.

Sans doute le fauve avait mangé à satiété et c'est après son repas qu'il avait éprouvé le besoin de se rafraîchir; ou bien l'homme lui paraissait-il maigre chère? Toujours est-il qu'il nous avait épargnés. Mes domestiques n'en étaient pas

DRAME NOCTURNE....

à leur coup d'essai : semblable aventure leur était arrivée une nuit, avec un léopard, à Lokoloko, sur le Quaqua, deux jours après le départ de Quilimane. Voici comment :

Je me servais à cette époque d'une petite tente dont la porte, soulevée par deux piquets, formait, au besoin, une marquise. Tandis que je dormais dans l'intérieur, Fortuna et Vatel s'étaient couchés en travers sous l'abri en question. Un canard unique (ils sont assez rares dans le pays), que je comptais manger le lendemain, avait été mis sous la tente, enfermé dans une cage, entre mes domestiques et moi. Au milieu de la nuit, un léopard énorme, à en juger par ses empreintes, avait enjambé mes deux serviteurs et emporté l'oiseau

Passage d'un gué à dos d'homme.

avec sa prison. A quelques pas de nous, il avait mis en pièces contenant et contenu : le sol et les débris furent seuls à nous raconter ce drame nocturne...

Mais revenons à notre réveil autour de la mare. C'est Msiambiri qui, en faisant le tour du campement, avait signalé les traces du lion ; des buffles étaient venus jusqu'à la lisière d'un bois voisin ; quelques antilopes et des sangliers avaient décrit un cercle autour de nous, mais le fauve seul avait eu le courage de venir boire. Le plus étrange, c'est que pas un homme n'avait eu le sentiment de ce qui s'était passé. Pourtant les noirs ont coutume de se réveiller souvent, soit pour ranimer le feu lorsque la température baisse, soit pour jeter un coup d'œil aux alentours. Je n'ai jamais ouvert les yeux la nuit sans voir quelqu'un éveillé dans mon camp ; je n'ai jamais prêté l'oreille sans entendre quelques mots échangés par des camarades de foyer.

Dès l'aube, ce jour-là, j'embusquai tout mon monde à une demi-heure de marche sous le vent et je me mis à parcourir les environs, décrivant un cercle de 4 à 5 kilomètres autour de la nappe d'eau. J'étais sûr que les animaux, après une nuit d'abstinence et la brûlante journée de la veille, seraient attirés de ce côté par la soif. Je ne m'étais pas trompé.

Quelques instants après m'être mis en chasse, je signalai une harde de bubales qui avançait vers nous, paraissant ne pas nous avoir remarqués ; je les laissai approcher à une centaine de mètres et, comme ils commençaient à regarder attentivement de notre côté, je compris qu'ils nous avaient aperçus ; je visai alors celui qui était le mieux placé et je l'abattis d'un seul coup, tandis que les autres prenaient la fuite.

On pourrait s'étonner de la facilité avec laquelle le gibier vit les chasseurs ; le lecteur accusera peut-être ceux-ci de ne pas s'être suffisamment dissimulés ; il n'en est rien pourtant : nous étions tellement bien cachés qu'un homme averti fût passé à côté de nous sans soupçonner notre présence. Mais les antilopes sont douées d'une vue extraordinaire; traquées par de nombreux ennemis, elles sont habituées à se tenir sur leurs gardes et à explorer si minutieusement du regard chaque fourré ou buisson sur lequel elles s'avancent, qu'il est très rare qu'un objet anormal échappe à leur attention.

Souvent le chasseur croit être passé inaperçu d'une antilope parce qu'elle ne remue pas ou ne regarde pas fixement de son côté, mais le plus souvent l'animal l'a devancé : s'il ne remue pas, c'est qu'il ne croit pas le danger imminent, surtout si le vent est en faveur de l'homme. Une preuve de ce que j'avance est que dans les districts inexplorés, chez les peuples armés d'arcs, les animaux se laissent approcher jusqu'à 50 mètres, se sachant encore à l'abri des flèches, tandis que dans les endroits où le fusil a été introduit, on ne peut les tuer qu'à une distance minima de 120 à 150 mètres en déployant beaucoup de ruse et d'habileté : ordinairement à 200 mètres ils prennent la fuite.

J'ajouterai que certaines antilopes sont très curieuses et que ce défaut cause très souvent leur perte. On m'a cité cet exemple d'un chasseur qui, se couchant dans l'herbe, plaça son mouchoir sur le canon de son fusil et se mit à le faire tourner lentement; des impalas (*Æpiceros melampus*, une gracieuse antilope avec laquelle le lecteur fera bientôt connaissance) qu'il avait été impuissant à avoir à portée de fusil, attirés par la curiosité, s'approchèrent suffisamment pour qu'il en tuât un. Il y a, avec ces mêmes antilopes, un autre procédé qui consiste à leur courir dessus sans se dissimuler et à tirer sans interruption; elles courent un peu, s'arrêtent à vous regarder, et finissent par être tellement ahuries qu'elles ne savent plus ce qu'elles font. Elles se laissent alors tuer très facilement par un chasseur qui ne craint pas une longue course.

Le jour même de la capture que je viens de raconter d'un

bubale, j'employai avec des zèbres un autre stratagème qui mérite l'attention.

Dès que mon antilope fut à terre, des hommes furent appelés et l'emportèrent au camp. En s'en allant, ils rencontrèrent une troupe de zèbres qui venaient boire. Un homme revint en courant m'en faire part, tandis que ses camarades poursuivaient leur chemin.

Mais les zèbres s'enfuirent et, prenant une direction latérale, passèrent au galop à 60 mètres de moi; je tirai sur le premier : il roula à terre, mais se releva aussitôt; pendant qu'il se remettait sur pied, une autre balle l'acheva. Nous nous mîmes à la poursuite des autres qui s'étaient arrêtés très loin : impossible d'en approcher. Comme ces animaux affectionnent les endroits découverts d'où ils peuvent embrasser d'un coup d'œil tous les alentours, ils allèrent se grouper au milieu d'une plaine glabre, où le plus gros buisson eût à peine abrité un lapin. Nous nous étions arrêtés sur la lisière des broussailles, assez embarrassés : pas moyen d'avancer sans se montrer, et la distance était de plus de 300 mètres.

Msiambiri me conseilla alors de marcher seul, ouvertement, sans chercher à me dissimuler. Bien que cette tactique me semblât douteuse, je l'expérimentai; me courbant légèrement, cachant mes mains et mon fusil derrière mon dos, j'avançai lentement droit sur le troupeau. Il pouvait y avoir une dizaine de zèbres; les uns paissaient tranquillement, les autres regardaient mais sans bouger. Un d'eux même s'était couché par terre et se roulait, les quatre pieds en l'air, dans un nuage de poussière. La distance diminuait sensiblement entre eux et moi, je n'étais plus qu'à 200 mètres, et je continuai mon manège; seulement, au lieu de me diriger sur eux, je pris une ligne oblique, de façon à leur passer sous le vent, le plus près possible, feignant même de ne plus les regarder; à 150 mètres pourtant la harde se mit sur le qui-vive; tous ces beaux animaux me regardaient placés face à moi et alignés avec l'apparence d'un peloton de cavalerie. Ils pirouettèrent ensuite et s'enfuirent, trop tard pourtant. Mon premier coup, trop bas, avait cassé une jambe à un des fuyards qui se débattit par terre; je pris ma course et, m'arrêtant, je cassai la cuisse à un autre. Tous deux se relevèrent boitant, et la poursuite recommença. Mais je gagnais sur eux; rechargeant tout en courant, je dus user encore trois cartouches avant d'être maître du champ de bataille. Derrière moi, dans le lointain, Msiambiri et ses camarades arrivaient à toute vitesse, pendant que je m'asseyais, essoufflé, sur la croupe grasse et tiède de l'un des animaux. L'autre était étendu à cinquante pas, dormant du dernier sommeil.

Le camp fut de nouveau réquisitionné; on attacha les quatre pieds aux zèbres, on y passa un tronc d'arbre, on soutint le corps avec d'autres perches et les vingt hommes furent à peine suffisants pour les porter l'un après l'autre au bivouac.

Quant à moi, après avoir été puiser des forces dans mes caisses, sous forme de quelques tranches de saucisson avec du biscuit, je repris ma promenade aux alentours.

Il n'était pas loin de midi, quand nous vîmes des empreintes et des fumées qui indiquaient le voisinage d'un troupeau d'élands, dont un mâle de très forte taille; comme je n'avais tué jusqu'alors que des femelles, je voulus essayer de compléter ma collection. J'avais laissé un homme embusqué près de la mare avec consigne de se montrer si quelque animal s'approchait et de l'empêcher ainsi de boire; je lui envoyai demander s'il n'avait rien vu et il me fit répondre qu'il avait fait rebrousser chemin à des kobs et des sangliers.

Les élands cherchaient sûrement à se rapprocher de l'eau et nous suivions la piste avec confiance sans faire le moindre bruit, le sol étant jonché de cendres.

Je dois ici m'éloigner un instant de mon sujet pour l'intelligence de ce qui va suivre. Chaque année, vers la fin de la saison sèche, c'est-à-dire au mois d'août, il est d'usage en Afrique de mettre le feu aux grandes herbes et à toute cette végétation épaisse qui couvre le pays. Mis aux abords des villages, le feu se propage rapidement et couvre des espaces immenses; activées par le vent, les flammes marchent avec une rapidité effrayante laissant derrière elles des lits de cendres qui conservent la forme des plantes brûlées; tout disparaît devant le terrible élément : seuls les arbres et les arbustes sortent indemnes de cette fournaise, et, quoique leur vitalité les sauve, ils n'atteignent jamais une dimension extraordinaire. C'est, à mon avis, l'origine et la cause de ces forêts basses, rabougries, qui couvrent le centre du grand continent. Ce qui confirme mon hypothèse c'est que, dans les endroits humides, autour des nappes d'eau, marais ou étangs, la végétation ne sèche jamais complètement, protégée par l'ombre et l'humidité; de même tous les arbres qui se développent dans ces endroits ne sont pas léchés par les flammes et atteignent une taille considérable; c'est pourquoi on ne trouve de beaux et grands végétaux en Afrique que sur le bord des rivières. Les grandes forêts se protègent d'elles-mêmes parce qu'elles sont toujours un peu humides; sous leur ombrage ne pousse qu'une herbe presque rase ou des plantes aimant l'humidité : l'incendie n'y trouve rien à consumer. Le feu est un grand bienfaiteur pour l'homme en Afrique; ce qu'il détruit de parasites, d'insectes nuisibles, de petits animaux malfaisants, est incalculable. Sans lui, les voyages à travers la jungle seraient souvent impossibles ou tout au moins d'une difficulté extrême. On peut à peine avancer dans les broussailles au mois d'avril, alors que la végétation est arrivée au faîte de sa croissance et qu'elle n'est pas encore assez sèche pour être brûlée; lorsque le feu a passé, on marche facilement; l'air intercepté jusqu'alors par les broussailles circule librement, on voit et entend de loin; c'est pourquoi on ne peut chasser ou voyager avec plaisir que du mois d'août au mois de novembre.

Maintenant que le lecteur se fait une idée plus exacte du terrain sur lequel nous marchions, il doit comprendre pourquoi notre présence n'était pas trahie par le plus petit bruit, bien que nous fussions quatre.

Comme nous longions un escarpement de terrain haut d'environ deux mètres, au-dessus duquel nous ne pouvions regarder, j'eus l'idée de jeter un coup d'œil sur le plateau qui le surmontait et qui devait s'étendre fort loin. Je me détournai donc de ma route, et, montant avec précaution sur le tapis de cendres, j'arrivai jusqu'au sommet, fouillant les broussailles d'un œil distrait, lorsqu'un spectacle inattendu me cloua sur place : j'avais cinq lions en face de moi, à une proximité effrayante.

Un vieux lion à environ trente mètres se promenait lentement sous un arbre, allant et venant à l'ombre : c'était le plus éloigné; une lionne dans la position du sphinx me tournait le dos à quinze mètres, regardant le chef de famille, tandis que deux autres lions et un lionceau étaient couchés dans des postures diverses..... Je ne chercherai pas à expliquer mes sentiments à ce moment-là : mon cœur cessa de battre, mon souffle s'arrêta; je restai vissé à ma place, immobile, ma carabine entre les mains, cloué par la stupeur et par la surprise : j'avais peur.

Après une évolution considérable de pensées diverses en quelques secondes, je levai mon fusil comme pour tirer; mais je réfléchis que j'allais peut-être manquer. Qu'est-ce qui adviendrait alors de moi?... et j'abaissai ma carabine. Msiambiri d'ailleurs avait mis la main sur mon fusil pour m'empêcher de faire feu et, au fond, je n'étais pas fâché qu'il me donnât un prétexte vis-à-vis de moi-même. Avant que nous ne nous retirions, il apostropha les lions à haute voix, selon l'usage des indigènes : « Chef, nous allons passer »; et, d'un seul bond, les fauves furent sur pied; ils nous regardèrent fixement quelques secondes et s'en allèrent à un pas souple, majestueux s'il en fut, s'arrêtant de temps en temps pour se retourner et continuer leur chemin; nous suivîmes longtemps la troupe de fauves dans l'éloignement, jusqu'au moment où elle disparut.

Quand on ne les a pas vus, on ne peut se faire une idée de la beauté de ces animaux chez eux; le vieux avait hérissé un instant sa crinière brune, au moment où il avait entendu la voix humaine, puis il l'avait laissé retomber sur son cou où on la distinguait à peine ainsi; toute la famille était d'un fauve très clair presque blanc, n'ayant de noir que le bout de la queue.

Longtemps je me reprochai ce moment de poltronnerie; mais il était dû en partie à l'incertitude de mon tir; je n'avais pas encore confiance dans mon coup de fusil; d'un autre côté c'était la première fois que je me trouvais, sans barreaux entre nous, face à face avec le lion,... que dis-je? face à face avec un groupe de cinq de ces animaux dangereux.

Je fis plus tard d'autres rencontres du même genre, mais elles ne me produisirent plus le même effet.

Quelques minutes après le départ des lions, je me consolai de mes remords en blessant mortellement un éland mâle de forte taille; quoique dangereusement atteint, il suivit encore sa troupe près de dix minutes et s'affaissa enfin; une femelle resta à quelque distance de lui m'offrant un coup admirable : je la manquai. Je n'entendis pas la balle porter, et les recherches ne firent découvrir aucune trace de sang. La bête n'avait d'ailleurs fait aucun de ces mouvements que l'on remarque chez un animal frappé par un projectile (1).

(1) Les uns se cabrent ou se soulèvent seulement du devant; d'autres pirouettent sur eux-mêmes, sont jetés à terre culbutés ou perdent un instant

L'éland était trop gros pour être transporté entier; il fallut le découper comme je l'ai indiqué afin de le transporter au camp.

Je manquai, vers deux heures, un kob. Décidément la chance avait tourné : au tir, comme au billard, on a ses jours.

Je tuai pourtant un sanglier et un guib qui terminèrent cette journée que j'ai marquée d'une croix d'or : un bubale, trois zèbres, un éland, un sanglier et un guib, total sept pièces, dont cinq grandes, le tout de six heures du matin à trois heures de l'après-midi. Rare aubaine !

Je rentrai au camp pour surveiller le dépeçage qui marchait activement depuis le matin; pour que toute cette viande ne fût pas perdue, il fallait la sécher, et la journée du lendemain était nécessaire. Je fis donc monter les tentes afin d'y mettre la viande pour la nuit.

Pour conserver la viande, on la sale d'abord et on la fait ensuite sécher au soleil; à la rigueur, à défaut de sel, la dernière opération peut suffire. La viande ainsi préparée est dite boucanée. Les Anglais lui donnent le nom de *beltong,* ce qui est plus approprié au mode de préparation, le boucanage consistant à la fumer.

Si nous avions du soleil, nous faisions du beltong; en cas de pluie, afin que la viande ne fût pas perdue, on la boucanait à l'aide de grands feux.

Pour la première opération, on découpe la chair en lanières ayant à peu près quatre centimètres d'épaisseur et une longueur d'environ 1^m,50. On prend ensuite du sel et on en passe la main légèrement enduite sur toutes les faces des lanières; il n'est pas nécessaire d'en mettre beaucoup. Le sel a pour

l'équilibre. Les animaux qui ont le cœur traversé partent souvent le nez en l'air sans voir où ils vont; d'autres, au contraire, mettent la tête entre les jambes, à un galop saccadé, précipité. D'autres fois, les animaux s'arrêtent à chaque instant, baissant la tête comme pour rendre : ils sont généralement atteints aux intestins, au foie et à l'estomac, ce qui provoque des vomissements; etc., etc.

but de faire sortir les parties aqueuses de la chair, qui se dessèche par conséquent plus vite, et aussi d'éloigner les mouches (*calliphora vomitaria*). Ces insectes qui abondent dès que l'odeur du sang les attire ne déposent jamais leurs œufs sur les viandes salées. On dispose ensuite, en les orientant nord-sud, de façon qu'elles soient bien face au soleil, pendant toute la journée, des branches placées horizontalement sur deux piquets à fourche où les lanières sont posées par le milieu, les deux moitiés pendant de chaque côté de la branche. Un de ces séchoirs porte habituellement de vingt-cinq à trente lanières.

Au bout d'une heure, il se forme sur la partie exposée au soleil, une pellicule lisse plus foncée. On retourne les bandes de viande tantôt d'un côté, tantôt de l'autre, afin que le séchage soit bien complet, et, après une journée de bon soleil, la viande est prête à être mise de côté. Si l'on n'a pas fait usage de sel, il faut généralement 24 heures de plus.

Si, au contraire, le temps est pluvieux ou couvert et que la viande soit exposée à se gâter, on a recours à un autre mode de préparation. On va récolter dans la forêt des quantités de bois sec; on construit, avec des branches vertes, des grils horizontaux soutenus par quelques fourches, à deux pieds du sol (c'est ce qu'on appelle des boucans) et on allume dessous de grands feux. Les lanières de viande sont étendues sur ces grils, et une nuit de bon feu remplace le soleil absent. La viande ainsi boucanée, salée ou non, est moins agréable que le beltong, sans doute à cause du goût que lui communique la fumée.

Les bandes de viande séchées sont ensuite attachées par paquets; les premiers jours, on les porte exposées au soleil afin qu'elles ne conservent aucune humidité, puis elles sont enfermées dans des sacs.

Le beltong bien préparé est fort agréable à manger; pour les marches, j'avais l'habitude d'en mettre dans ma poche quel-

UNE BELLE JOURNÉE DE CHASSE

ques morceaux que je mâchais. C'est une nourriture très substantielle sous peu de volume. Cuit, le beltong peut faire de fort bons plats : il ne s'agit que de savoir le préparer convenablement.

Tous les débris de viande qui restent après le découpage sont la propriété des découpeurs ; ils prennent une baguette de bois, la fendent jusqu'aux deux tiers, glissent les rognures de chair dans la fente et referment celle-ci en la liant avec une fibre. Ils taillent ensuite en pointe la partie opposée de la baguette et plantent en terre, inclinées vers le foyer, ces brochettes personnelles ; on en voit généralement à tous les feux ; le même individu en a souvent plusieurs.

Si je ramène maintenant le lecteur au camp, il y verra une agitation extraordinaire. Tandis que les uns apportent du bois, d'autres installent, avec les Arabes, de nouveaux séchoirs ; d'autres encore, assis par terre, découpent avec activité l'éland que l'on vient d'apporter. Un boucan est déjà préparé pour les parties qui ne se conservent que quelques heures, telles que les foies et les cœurs, ainsi que pour la chair du sanglier qui ne vaut rien en beltong ; on m'en prépare deux cuissots que l'on rôtit lentement et qui, gardés dans du sel, me nourriront plusieurs jours. Le cuisinier épluche quelques oignons achetés à Tête, réservés aux grandes circonstances ; je vais lui montrer pour la dixième fois à faire de la cervelle au beurre noir ; celle de l'éland que j'ai fait mettre de côté et qui est particulièrement appétissante, le foie du sanglier, les rognons du guib, composeront mon dîner de ce soir. Les Arabes, qui, au début, avaient refusé de manger du gibier, défendu par leur religion, ont fini par comprendre que, en persistant, ils risquaient fort de ne rien manger du tout et ils en prennent leur large part ; aussi leur cuisinier est-il également au travail.

De mon côté, j'assiste en fumant à une opération très importante que Msiambiri fait tous les soirs sous mes yeux : le graissage de mes armes, soigneusement essuyées d'abord, et recouvertes d'une couverture afin que l'humidité de la nuit ne les atteigne pas; ma canardière couche avec moi.

A ces occupations multiples de chacun des individus, ajoutez les allées et venues des gens qui reviennent de la mare avec des marmites et des calebasses d'eau, qui apportent des brassées de feuillage pour se coucher, qui font cuire de l'*incima* ou qui la mangent avec des morceaux pris aux brochettes dont j'ai parlé. Enfin tous remuant, s'agitant, causant, gais, paraissent heureux dans notre gîte improvisé de la forêt vierge. Je suis moi-même encore plus content et plus satisfait que les autres.

Quand nous étions assez nombreux pour entretenir des feux tout autour des séchoirs, je laissais la viande y passer la nuit, mais ce soir-là c'était impossible; il y avait plus de quinze séchoirs, et nous avions six feux à peine; aussi fis-je déposer la viande dans une tente, sur une toile à voile formant tapis et nous nous installâmes autour de ce dépôt de vivres.

Si nous avions mis la chair en lieu sûr, les os, en revanche, jonchaient le campement, ce qui nous valut, la nuit, un beau concert d'hyènes attirées par les émanations qui s'en dégageaient. Affamées et impatientes, elles n'osaient s'approcher, restant en dehors du rayon des feux. Elles ricanaient, sanglotaient, gémissaient ou semblaient tout à coup éclater d'un rire qui vous déchirait l'oreille, un de ces rires de folle, bas, saccadé, méchant à la fois. Quelques-unes des leurs, plus loin, répondaient par les mêmes cris lugubres, et on eût dit l'écho de ces voix sinistres qui résonnait dans la nuit.

L'hyène, selon son sexe, sa taille, son âge, a une voix d'un ton différent; elle change aussi son cri selon les sentiments qui l'agitent, ce qui fait qu'il y en a une grande variété. Quand elle a faim et qu'elle cherche, elle pousse en marchant, à des intervalles réguliers de dix à douze secondes, un cri semblable à un sanglot; on la suit parfaitement à l'oreille dans l'obscurité. Le vieux mâle a une voix plus profonde avec quelques notes comme un rugissement. On pourrait multiplier cette énumération de particularités. Ce vilain animal ne sort qu'au milieu de la nuit. Sa réputation de lâcheté n'est pas méritée : il attaque fort bien l'homme, et le nombre est considérable des noirs qui s'étant endormis hors de leurs cases pendant les nuits chaudes sont attaqués et défigurés par des hyènes; ce carnivore nocturne prend aussi des chèvres et j'ai moi-même été victime d'un vol de ce genre.

La taille d'un très grand chien, un dos en pente sur des membres postérieurs ramassés, de grosses oreilles droites, une mâchoire d'une vigueur inouïe, un nez d'une finesse telle qu'il sent un os à un kilomètre, une grande force, une robe rayée avec une crinière ou tachetée brun sur fauve sans crinière, la tête presque noire, au poil ras, une odeur repoussante, une chair qui sent mauvais, tel est le portrait des hyènes d'Afrique (*H. capensis* et *H. vulgaris*).

Une carcasse avait été jetée à une quinzaine de mètres de nous, et toute la nuit ses os craquèrent sous les dents puissantes de ces hideux animaux. Comme un d'eux était entré dans le cercle de lumière pour prendre un fémur d'éland qui lui semblait sans doute préférable, je lui envoyai une volée de chevrotines qui fit balle et lui fracassa le crâne sans qu'il lâchât prise. Il resta là toute la nuit, et, le lendemain, personne ne voulut le toucher pour l'enlever, tant est grand le dégoût qu'il inspire; je fus presque obligé de me fâcher pour forcer les hommes à le traîner jusque dans la plaine où la veille les zèbres étaient tombés. Je fis mettre le cadavre bien à découvert afin d'appeler l'attention des vautours; en effet, le soir il ne restait plus que quelques os nettoyés et blancs.

Le lendemain, un de mes porte-fusils me dit que, si je voulais lui prêter ma canardière avec une cartouche, il m'apporterait une pintade; nous en avions vu en effet de nombreuses traces autour de la mare; nous avions entendu les cris nasillards qu'elles poussent soir et matin; mais je ne voulais pas de coups de fusil dans la journée. Je lui promis de le satisfaire le soir.

J'allai visiter l'endroit où, la veille, j'avais vu les lions, bien décidé cette fois à tenter un coup hardi; mais on conçoit aisément que j'en fus pour mes peines et que de semblables aubaines ne se rencontrent pas tous les jours. Je tirai un reedbuck (*cervicapra arundinacea*) et deux kobs pendant la journée, après avoir passé deux heures sur la piste de buffles voisins mais invisibles.

Le séchage des viandes étant achevé, à l'exception d'un des kobs, je me préparai à lever le camp le lendemain matin à l'aube. Les hommes étaient venus me dire qu'il y avait du poisson dans la mare et qu'ils voulaient le prendre pour le fumer avant de partir; comme cette opération remue la vase et rend l'eau imbuvable, je renvoyai la pêche au soir, après le repas, lorsque tout le monde aurait fait sa provision d'eau pour le lendemain matin.

A la tombée de la nuit, une détonation formidable nous apprit que le chasseur de pintades venait de juger le moment opportun soit pour se suicider, soit pour foudroyer un de ces volatiles. Quel ne fut pas mon étonnement, quelques instants après, en le voyant rentrer au camp tellement chargé d'oiseaux qu'il pliait sous le faix. Un coup de ma canardière calibre 8, avec une charge de sept onces et demie de 4, en avait abattu vingt-trois; le vol était, paraît-il, de plus d'une centaine. Les noirs étaient émerveillés de ce que l'on pouvait faire avec les fusils des blancs, étant donné qu'ils ignorent l'usage du plomb de chasse.

Aussitôt après l'achèvement des préparatifs — emballage du beltong, roulage des tentes, etc., — nous allâmes procéder à la pêche de nuit. Les indigènes opèrent de la façon suivante pour

Un joli coup de canardière.

une pièce d'eau où le fond n'est pas à plus de cinquante centimètres avec une largeur de sept ou huit mètres : à certains arbres qui restent verts toute l'année, ils coupent des branches feuillues, les amoncellent sur le bord en faisant devant eux, et dans toute la largeur, un rempart de feuillage.

Un nombre d'hommes proportionné à cette largeur se met derrière la haie improvisée et tous la poussent lentement devant eux perpendiculairement à la longueur, en ayant soin que l'eau n'arrive pas au faîte, ni que des espaces soient laissés au milieu ou sur les bords. Ce tamis improvisé qui glisse sur la vase laisse passer l'eau tout en chassant devant lui tout le poisson. Celui-ci est bientôt enfermé dans un coin où on le prend sans peine à la main ou au filet (1).

La pêche eut lieu, comme je viens de le dire, à la lueur de foyers allumés sur les bords, et les malheureux poissons allèrent finir sur le boucan chauffé par un feu vif la nuit qu'ils avaient si bien commencée. Quelques silures dépassaient quatre ou cinq kilos; ce dernier genre, à mon avis, est le meilleur des aliments fournis par les rivières; sa chair, ferme et blanche, ne contient presque pas d'arêtes.

Deux jours après notre départ de la Louïya, nous entrions dans la région montagneuse de la Maravie, après avoir encore un peu chassé sur le parcours. Ces pays avaient pour moi un attrait peu commun : pas un sentier ne les sillonnait; pas une carte, même ancienne, ne donnait signe de leur existence; et ils étaient là, ignorés de l'homme, développant librement leur végétation luxuriante, coulant leurs ondes limpides et donnant asile à la grande faune que le chasseur n'avait pas encore inquiétée. Tantôt c'étaient des ravines et des précipices, des torrents qui bondissaient sur un lit rocailleux couvert de mousse, tantôt des pelouses ondulées au pied de collines et couvertes

---

(1) Les indigènes font des filets en fibre de bouazi (plante indigène) ayant la forme de nos filets à papillons.

comme elles d'un pelage fauve et ras; ou bien la broussaille basse cédait la place à des bouquets de grands arbres aux frais ombrages : çà et là, quelques fleurs des montagnes, mi-cachées dans l'herbe jaunie, rappelaient les bluets et les boutons d'or dans nos moissons d'automne.

Calebasse à boire, haches du pays, lances,
baguettes à faire du feu.

CHAPITRE VII.

Voyage d'Oundi. — Arrivée au mont Mbazi. — Combat contre les indigènes. — Les Mafsitis — Pluies diluviennes. — Les rivières changées en torrents. — Prisonniers dans le pays. — Après l'abondance, pénurie absolue. — Famine. — Iguanes, rats, porcs-épics, lézards, termites, chenilles et miel. — Le petit oiseau « Guide à miel ». — Les abeilles sauvages et leurs habitations. — Triste fin d'année. — Mon premier rhinocéros. — Découverte d'un cadavre dans les broussailles. — Deux reedbucks d'un seul coup. — La famine reprend. — Passage de rivières sur un morceau d'écorce. — Souffrances et retour à Tchiouta.

C'était une bien mauvaise inspiration que j'avais eue de me rendre dans la Maravie à cette époque, et je conserverai toujours un triste souvenir de ce pays. Je faillis y mourir de faim, et, ce qui est encore pire, je fus en danger constant d'y être égorgé. Commencé sous de mauvais auspices, notre séjour dans cette région ne fut qu'une suite de misères. Dès le jour de notre arrivée, nous tombâmes au milieu de deux partis aux prises, et chacun d'eux s'imagina que nous venions porter secours à l'autre. Les uns nous gratifièrent d'une grêle de sagaies, de flèches et de casse-têtes, et les autres nous envoyèrent une volée de balles. Après avoir essayé en vain de parlementer, nous ripostâmes et le sang coula de part et d'autre ; il y eut de mon côté un Arabe tué et plusieurs blessés, et de l'autre dix-sept hommes tués ou blessés.

A la suite de cette escarmouche, on s'expliqua ; mais si, par la suite, on nous laissa de côté ou si, du moins, on en eut l'air, les partis ennemis continuèrent à s'entretuer. Oundi, le chef du pays, était en lutte avec son voisin Mpézéni. Toutes les nuits on égorgeait des femmes et des enfants sur la montagne où nous étions campés : à cent mètres à peine au dessus de nous, nous entendions des cris déchirants, des exclamations, des coups de fusil, et nous ne pouvions rien pour les malheureuses victimes. Sortir de notre neutralité eût été la mort certaine, car nous n'étions que quatorze, une partie des hommes étant retournés à Tchiouta (1), et c'est par centaines que l'on comptait les assaillants.

Une nuit même, c'est à nous qu'on en voulut, et l'attaque ne fut différée que grâce à notre attitude décidée. Les Angonis (gens de Mpézéni) n'avaient d'autre but en nous attaquant que de s'emparer des quelques marchandises et des armes que nous avions. Ces gens-là, en effet, vivent de rapines et de vols, ce qui leur a fait donner par les peuplades environnantes le surnom de Mafsitis (démons).

Nous étions constamment sur le qui-vive, menant une existence très pénible, lorsque, vers le milieu d'octobre, avant que j'eusse terminé mon exploration du pays, commencèrent des pluies abondantes, torrentielles; si on ajoute à cela des discussions journalières avec le chef Oundi, la difficulté de trouver des vivres et les Mafsitis, on se fera une idée de notre situation.

Le seul village où il y eût quelques cultures était sur le mont Mbazi, où nous avions campé à dessein. Les vivres de réserve ne pouvaient qu'aider à l'alimentation, et il fallait chaque jour du maïs, des patates, du sorgho, pour la nourriture des Arabes et des indigènes : on ne pouvait transporter des provisions de ce genre pour longtemps. Mais partout où il y a des villages, on peut acheter facilement quelque chose à manger, à moins de disette complète, ce qui fut le cas à quelque temps de là.

Tout alla encore jusqu'au jour où mes vivres de réserve fu-

(1) J'avais envoyé à Tchiouta deux Arabes avec ces hommes me chercher du renfort.

rent épuisés; il fallut alors songer à rebrousser chemin. Les pluies ne discontinuaient pas; il n'y avait pas un animal sur les montagnes et, pour chasser, il fallait aller fort loin. Je ne pouvais quitter le camp pendant la nuit, de peur des pillards qui auraient profité de mon absence, et il m'était impossible d'emmener tout mon monde dans les bois sans moyens d'alimentation. Je résolus donc de m'en retourner immédiatement à Tchiouta.

Nous nous mîmes en marche vers le fleuve Kapotché, tous très contents de quitter ce pays, quoique les indigènes nous eussent dit que nous ne pourrions pas passer de cours d'eau à gué en cette saison.

Quel ne fut pas en effet mon douloureux étonnement lorsque, arrivant sur les bords du Kapotché, au lieu du lit que nous avions passé à pied sec deux mois auparavant, je trouvai un torrent impétueux, aux rives agrandies, étendues, méconnaissables, d'une largeur de plus de cent mètres et profond de deux ou trois!

Comment passer sans embarcation avec des gens qui ne savaient pas nager, ou qui, de toute façon, auraient à abandonner tous mes objets précieux? Et puis, eussions-nous réussi à passer le Kapotché, il y avait encore la Louïya, la Luangoué et le Tchiritsé! Quatre grandes rivières!

Il ne restait qu'un parti à prendre : comme les eaux baissent notablement dès que les pluies diminuent, attendre un autre moment plus propice. Que faire jusque-là? Retourner à Oundi? C'était le plus raisonnable. Le renfort et les provisions que j'avais envoyé chercher allaient nous manquer aussi, puisque le même obstacle arrêterait ceux qui viendraient vers nous : nous avions bien à Tchiouta un petit bateau en toile à voile, mais il n'eût pas résisté une minute avec un courant de cette violence, et je doutais qu'on pût avoir l'idée de l'employer.

Alors commença une existence de misère. Je courais les bois du matin au soir, nourrissant mon monde de ce que je pouvais tuer. Le seul Arabe qui me restât gardait le camp. J'avais bien essayé de donner des fusils aux hommes et de les envoyer à la chasse de leur côté, mais ils me brûlaient des munitions inutilement et, en cas d'attaque, je tenais à garder quelques cartouches Martini. J'étais donc seul et je continuai à chasser ainsi. Le soir, au lieu de me reposer, je montais la garde, car les Mafsitis poursuivaient leurs sanglantes opérations, et chaque nuit il y avait mort d'homme.

Telles furent les conditions dans lesquelles, d'amateur, je devins chasseur par nécessité; les jours où je ne tuais rien, on se couchait sans manger. J'avais quatorze personnes à nourrir, moi compris. Aussi tous les stratagèmes me furent-ils bons : avec Msiambiri, je posai tous les matins des lacets à pintades faits avec des fibres d'une espèce d'aloès; je fis des pièges pour les petits animaux; je garnis des branches de glu; je fabriquai des filets et des nasses pour pêcher dans un petit ruisseau qui coulait près du camp et je construisis des ratières indigènes qui fournirent leur part à notre ordinaire. Je dressai les hommes à attraper des grenouilles qu'il y avait dans une mare unique, et je les mangeai jusqu'à la dernière. A défaut de grand gibier, je tuais tout ce que je voyais; j'apportais au camp des tourterelles, des pigeons sauvages, des perdrix, des pintades, des petits oiseaux, des agoutis, des hérissons, des porcs-épics, au hasard de la rencontre. Il semblerait que tous les moyens que j'ai employés dussent donner beaucoup, et pourtant, si je n'abattais pas de grosse pièce, on faisait des repas excessivement maigres.

Parmi les antilopes que je tuai à cette époque (je passerai sous silence celles que le lecteur connaît : élands, kobs, koudous, guibs, etc.), je rencontrai une nouvelle variété rouanne, ayant les cornes rondes, recourbées en arrière, la taille d'un fort kob, le garrot très élevé, le devant de la tête taché de blanc. C'est la *roan antilope* des Anglais (*hippotragus leucopheus*).

Très difficile à approcher, fuyant avec une grande rapidité, elle donne beaucoup de peine au chasseur; elle fréquente les endroits découverts et habite des régions bien délimitées, car en quittant la Maravie je ne l'ai plus jamais vue : elle est d'ailleurs inconnue dans l'Est de ce pays.

Je tuai cinq de ces antilopes pendant mon séjour là-bas. Je ne trouvais pas le gibier bien abondant; je marchais des journées entières pour tirer un coup de fusil ou deux. En visant, je me faisais cette réflexion que, si je manquais, il me faudrait attendre pour manger une autre fois où je serais plus adroit.

Il faut que je dise au lecteur, puisque dans ce livre il fait complètement connaissance avec tous les détails de mon existence, que, pendant les longues heures de marche indispensables aux chasses où rien ne vient faire diversion, ni la vue d'une empreinte ni celle d'un animal, pendant ces distances qu'il faut parcourir pour que votre bonne étoile vous mette à l'endroit favorable, je m'absorbais toujours, tout en marchant, dans des réflexions quelconques.

Or, c'est lorsqu'on est dans la privation que l'esprit se plaît à engendrer des idées gargantuesques : je ne rêvais que biftecks aux pommes, tandis que je marchais la pluie sur le dos et le ventre creux, fouillant du regard l'éternelle et monotone broussaille. Pendant les journées où j'arpentais les bois à Oundi, pendant que je m'en allais à travers ce pays sauvage, aussi peu giboyeux que peu hospitalier, mes réflexions me reportaient toujours malgré moi vers les plaisirs de l'estomac; j'avais beau chercher à les éloigner, mes idées me ramenaient à table dans quelque bon restaurant de Paris : après un potage fumant dont l'arome m'avait réjoui d'avance, s'avançait un garçon correct m'apportant invariablement un chateaubriand aux pommes soufflées avec une salade de chicorée frisée, blanche et tendre; chaque bouchée découpée soigneusement augmentait mon supplice, et, dès que j'avais fini, le potage recommençait, et le même éternel menu se déroulait devant mes yeux hallucinés. Cette obsession me prenait surtout lorsque j'avais grand'-faim; elle me quitta dès que ces mois de privations furent passés.

Tout en rêvant biftecks, je n'avais souvent rien à me

Tête d'antilope roan (*hippotragus leucopheus.*)

mettre sous la dent; l'Arabe riait; on plaisantait un peu, mais chacun faisait au fond les mêmes réflexions. La mauvaise chance prenait plaisir à s'acharner contre nous; il fut des jours où les tourterelles, les pigeons, les pintades et tous les autres animaux semblaient, d'un commun accord, avoir déserté la contrée, où les antilopes étaient rentrées sous terre, où les rats eux-mêmes qui venaient régulièrement à nos pièges semblaient les dédaigner.

Les indigènes étaient aussi mal partagés que nous; les pauvres gens mouraient littéralement de faim; les femmes ramassaient des graminées sauvages pour les piler en une farine noire et amère, les hommes couraient les bois en quête de miel; de temps à autre ils faisaient la chasse aux termites. Nous les imitâmes, d'ailleurs, et je vais dire comment on procède.

Le termite (*Termes bellicosus*) est un insecte dans le genre d'une grosse fourmi : il en a les mœurs. On l'a classé dans l'ordre des névroptères, quoiqu'il ne porte des ailes que pendant quelques instants. Il construit des habitations en terre argileuse, qu'il pétrit avec sa salive et à laquelle il donne une dureté extraordinaire. Ces nids, que j'appellerai termitières, abritent des milliers d'individus ; ils affectent généralement la forme conique ; j'en ai vu qui atteignaient jusqu'à quatre mètres de hauteur ; couverts de végétation et souvent placés à l'ombre, entre des grands arbres, ils sont une ressource providentielle pour le chasseur : en plaine surtout, ils l'aident à se dissimuler lorsqu'il poursuit du gibier et le cachent beaucoup mieux qu'un arbre ; s'il veut voir de loin, ils lui fournissent un observatoire fort commode. Ils font plus que cacher le chasseur, ils le nourrissent aussi.

Il y a trois sortes bien distinctes de termites : 1° les mâles et les femelles, 2° les soldats, 3° les ouvriers.

Les mâles et les femelles quittent la termitière aussitôt que les premières pluies ont trempé le sol. La nature leur donne alors des ailes pendant quelques minutes ; ils quittent le nid et se répandent dans les airs par milliers, mais, dès qu'ils touchent de nouveau le sol, leurs ailes tombent pour toujours. Il n'y a qu'une femelle par habitation ; elle a vite peuplé celle-ci, si on songe qu'elle pond une moyenne de quinze mille œufs par vingt-quatre heures ; sur ce chiffre, un tiers se compose généralement de mâles et de femelles, le reste de soldats et d'ouvriers.

Les soldats ont une tête énorme douée de fortes mandibules qui les rendent très redoutables. Présents partout à la fois, ils protègent l'habitation et le travail des ouvriers. Ces derniers, sans défense aucune et les plus petits de l'espèce, possèdent la propriété de sécréter un liquide agglutinant avec lequel ils pétrissent la terre. Ils portent le mortier ainsi obtenu à l'endroit où il y a des travaux en cours d'exécution.

Les termites se nourrissent exclusivement de végétaux (1). Ils ne rongent que le bois mort ou les parties desséchées d'un arbre; ils rendent en Afrique de très grands services en débarrassant les broussailles de toutes les branches, et

Termitière et cryptogames.

même des arbres tombés qui seraient fort gênants, sans eux, pour la circulation.

S'ils rendent des services à la nature, ils sont quelquefois un véritable fléau pour le voyageur; si vous n'avez pas remarqué leur présence à l'endroit où vous campez, une seule nuit leur suffit pour faire disparaître la natte sur laquelle vous avez étendu votre couverture, ou le fond d'une de vos caisses, ou la se-

---

(1) Ou de matières tout à fait assimilables à des végétaux et ayant perdu leur véritable caractère, telles que le cuir tanné, la soie, etc.

melle de vos chaussures, et en général toutes les parties restées en contact avec la terre, tentes, cordages, manches d'outils, etc.

Aussi, quand on craint les termites, faut-il mettre sous chaque colis, pour le protéger, deux morceaux de bois qui l'isolent du sol (1). On a à prendre dans la jungle mille précautions de ce genre.

Revenons maintenant au rôle utile du termite comme aliment. Le soir d'un jour de pluie, on amoncelle autour de la termitière du bois mort et des végétaux desséchés qu'on a mis à l'abri à cet effet, et on les fait brûler tandis qu'on se munit de grosses branches feuillues ou de faisceaux d'herbes formant comme des balais.

Dès que la chaleur se fait sentir après l'humidité, elle détermine et hâte la migration des mâles et des femelles, migration qui a lieu presque tous les jours pendant les pluies; les insectes s'envolent en nuages, se brûlent les ailes au dessus des flammes, tombent en dehors du cercle de feu et sont balayés en tas sur un terrain nettoyé d'avance; quelques-uns passent-ils indemnes au-dessus du feu, on les abat avec des coups de ces balais improvisés dont j'ai parlé. On les met ensuite dans des paniers hauts dont ils ne peuvent sortir et on continue jusqu'à ce que la migration soit terminée pour ce jour-là. On récolte ainsi de dix à quinze kilos d'insectes, on éteint le feu et on s'en va procéder à la cuisson.

Les termites sans ailes ont à peu près deux centimètres de longueur. Ils sont excessivement blancs, gras et dodus. On prend une poêle ou une marmite plate, on la met sur le feu et on les fait rôtir à sec en les remuant absolument comme des grains de café. Dès qu'ils en ont pris la couleur mordorée, on

(1) Il y aussi une espèce de fourmi noire haute sur pattes qui est très friande du caoutchouc; la plaque de cette matière que j'avais sous la crosse de mes carabines attirait de fort loin des fourmilières entières, et, pour en éviter la destruction, je posais ma crosse sur une écuelle d'eau.

les met de côté dans des récipients bien bouchés et ils peuvent se conserver fort longtemps.

La façon de les manger diffère beaucoup; les uns les mettent à recuire avec de l'eau et du sel; d'autres, et je suis de ceux-là, les mangent secs sans préparation aucune en ajoutant tout simplement un peu de sel. Quant au goût, je souhaite à ceux qui auront faim de ne jamais avoir rien à manger de plus mauvais. Le termite rôti ressemble un peu à la crevette, avec un parfum agréable de torréfaction et de sel.

C'est assez curieux de voir à toutes les distances, par les nuits obscures, et souvent par la pluie, les feux des chasseurs de termites. A demi-éclairés, levant leurs balais au dessus des flammes, ils font l'effet de démons qui seraient aux prises devant une fournaise.

Figurait aussi sur le menu de nos réunions gastronomiques une chenille que l'on nomme « *toa* ». Elle est rayée de jaune et porte sur l'abdomen une corne droite et dure. Cuite, elle ressemble assez à de la gomme élastique, et je ne saurais recommander aux gourmets ce hors d'œuvre sans grand goût.

L'iguane est un mets très fin mais très rare : il est supérieur au lapin. Le gros lézard, rôti avec la peau, a une chair blanche sans beaucoup de saveur. Le rat, très connu en Europe, fait, comme on sait, d'excellents ragoûts, si vous avez la bonne fortune de posséder des condiments tels que laurier, madère, oignons, saindoux, etc.; mais nous, depuis des semaines, nous n'avions même plus de sel!

Tout se mangeait donc grillé et fade. C'est une bien grosse privation que de manquer de sel pour un Européen qui a été accoutumé à en avoir. Les noirs mêmes l'estiment à haut prix, et, avec une poignée de sel, j'ai toujours obtenu plus qu'avec une valeur vingt fois plus grande en autres marchandises.

Mais à Oundi, ni sel, ni poivre, ni piment, ni rien, absolument rien. De la chair crue, du feu et de l'eau; des antilopes, des oiseaux, des agoutis, des hérissons, des rats, des iguanes, des lézards, des caméléons, des termites, des chenilles et, comme dessert, quelquefois du miel.

Ce dessert lui non plus ne se découvrait pas sans peine. L'abeille d'Afrique se loge dans des anfractuosités de rocher et, plus souvent, dans des trous qui se rencontrent sur les grands végétaux, en particulier sur le baobab. L'œil du noir, œil exercé qui ne laisse rien échapper, remarque bientôt la présence des abeilles par le va-et-vient des insectes. Ces derniers, à peine plus petits que ceux d'Europe, leur ressemblent en tous points, à part leur mode d'habitation. La difficulté est d'abord d'atteindre la ruche et ensuite de s'approprier le miel. On y arrive en plantant dans les nombreux trous de l'arbre des chevilles sur lesquelles on grimpe graduellement. Un feu de paille a bientôt chassé et étourdi les hyménoptères qui abandonnent la place; on agrandit alors à la hache l'entrée de leur logis, de façon à pouvoir y enfoncer le bras. Si l'arbre est mince et inaccessible, on l'abat complètement pour aller plus vite (1).

Souvent, hélas! après des heures de travail, on ne trouve que des cellules à sec ou plusieurs larves.

Il existe dans ces régions un petit oiseau bien connu du chasseur : c'est le guide à miel, « *honey-guide* » des Anglais (*cuculus indicator*). Dès qu'il rencontre l'homme, il le suit de branche en branche, attirant son attention par des petits cris saccadés où il témoigne fort bien son impatience ou sa joie. Dès qu'il voit qu'on l'a remarqué, il s'éloigne à tire d'aile et attend que vous approchiez pour repartir encore; il vous conduit ainsi généralement à l'endroit où se trouve une ruche et attend patiemment la fin de votre opération pour venir lui-

(1) Les abeilles logent aussi sous terre : l'orifice de la ruche consiste alors en un petit trou bien régulier, dans un endroit dépourvu de végétation.

même prendre son repas qui consiste souvent en larves, en cadavres d'abeilles brûlées, quelquefois en un peu de miel que les chasseurs lui laissent en paiement.

D'autres fois (Livingstone cite ce cas avec doute, mais je l'ai vérifié), il vous mène, non à une ruche, mais au repaire de quelque animal dangereux. A moins pourtant que le hasard ne soit la seule cause de ces rencontres sur le chemin où il vous précède, n'ayant d'autre but qu'une ruche des environs. Msiambiri, en suivant le *nsaïé* (c'est le nom indigène de l'oiseau), débusqua un jour une hyène; un autre de mes hommes rencontra ainsi le repaire d'un lion.

Le plumage de ce joli petit guide, que je n'ai jamais vu que de loin, m'a paru mélangé de noir et de gris. Je n'ai pas voulu tirer sur un oiseau qui, en plus d'une occasion, nous a aidés à soulager notre faim : je ne puis donc le décrire plus en détail (1).

En plus des abeilles, on trouve aussi dans la forêt de petites mouches à miel; comme elles ne sont pas armées, on prend leurs provisions sans se gêner; c'est moins du miel proprement dit qu'une pâte douce mélangée de poussière de bois. L'insecte est noir et ressemble en tous points à une mouche, sauf qu'il a une trompe très prononcée et que sa taille est beaucoup plus exiguë. Cette mouche à miel que les indigènes appellent *msoumboudza* est excessivement ennuyeuse pour l'homme; toujours en quête d'interstices ou d'ouvertures semblables aux trous où elle trouve sans doute à se nourrir sur les végétaux, elle pénètre, avec persistance et jusqu'à ce qu'on la tue, dans les yeux, le nez, les oreilles, la bouche; la fumée seule réussit à la faire fuir.

Il existe une autre variété de mouche à miel un peu plus grosse que la précédente : les noirs la nomment *Mp'assi*.

(1) Comme on le verra plus loin, d'autres oiseaux encore jouent un rôle important dans l'existence du chasseur.

Telles étaient nos différentes ressources alimentaires vers la fin de l'année 1891, lorsque, prisonniers dans un pays de misère, nous attendions qu'une cessation des pluies permît au niveau des rivières de baisser et nous laissât rejoindre le reste de l'expédition.

Toutefois, comme je l'ai dit, si nombreuses que fussent nos sources de nourriture, elles manquaient souvent toutes à la fois. C'est ainsi que le 30 et le 31 décembre, nous ne prîmes pas la peine de manger, et pour cause. Le dernier jour de l'année, j'avais été visiter le village indigène avec le dessein bien arrêté de fouiller les habitations et de m'approprier par la force tout comestible que je pourrais apercevoir. Mais j'étais revenu de ma promenade gros Jean comme devant.

Une pluie torrentielle... des avalanches d'eau descendant des montagnes... dans la vallée, un vrai déluge. Sur le coin où nous campions, le petit ruisseau, grossi outre mesure, menaçait d'emporter nos tentes : que faire dans la brousse par un temps pareil? Les animaux eux-mêmes se cachent, lorsque le sol devient un lac, l'atmosphère un brouillard, alors que l'ouïe et l'odorat leur sont devenus inutiles.

Ce fut une soirée bien triste que je passai, la carabine prête, veillant dans ma tente par une nuit noire, à la lueur d'une petite lanterne, craignant les Mafsitis que ce temps rendait toujours entreprenants. Le ventre vide depuis trente heures, je faisais des réflexions plus ou moins philosophiques, l'œil sur le cadran de mon chronomètre, tandis que cette année 1891 agonisait dans le roulement du torrent voisin, le crépitement de la pluie et les cris des veilleurs sur la montagne.

Le lendemain matin, l'aube nous montra son ciel découvert : un soleil, qui promettait d'être resplendissant, se reflétait déjà dans les gouttes pendues aux feuilles ; à la place du vieil an, mort dans les blasphèmes, l'année nouvelle apparaissait avec un sourire, pleine de promesses; aussi, malgré mon jeûne forcé, pris-je gaîment mes fusils et j'emmenai mes hommes dans les bois tenter encore la chance rebelle.

Un beau temps qui succède à la pluie suggère je ne sais quelles idées riantes : je voyais déjà les rivières guéables, notre départ prochain, et, pour ce jour-là, presque la certitude de trouver du gibier.

Jusqu'à neuf heures pourtant, nous ne fîmes que patauger dans une boue grasse, dont chacun de nos pieds emportait des paquets, ce qui gênait considérablement notre marche. Nous venions de nous asseoir sur un tronc renversé afin de nous décrotter pour la dixième fois, lorsqu'un des hommes, en cherchant un morceau de bois, vit une piste fraîche de rhinocéros; l'animal avait passé il n'y avait que quelques minutes, à en juger par les empreintes, et, sans perdre un instant, nous fûmes sur ses traces.

Un grand quart d'heure après, au milieu d'une clairière ombragée, nous aperçûmes le rhinocéros de dos, nous montrant son énorme croupe et occupé à fouiller le sol auprès d'un buisson. Nous approcher sans bruit et le tourner pour voir son épaule fut l'affaire de quelques minutes; arrivé à trente mètres, bien dissimulé, je pris mon calibre 8 et m'arc-boutant sur mes jambes, afin de résister à son recul violent, je visai longuement, cherchant de l'œil le cœur, sur la position duquel j'étais incertain; enfin, prenant mon parti, je pressai doucement la détente..... Une détonation formidable, un soufflet accentué, une main meurtrie, furent mes premières impressions, tandis que je faisais un bond de côté afin de sortir de ma fumée, ce qu'il ne faut jamais négliger de faire avec les animaux dangereux (1).

(1) L'animal charge généralement l'endroit où il voit la fumée : celle-ci met quelquefois longtemps à se dissiper en forêt et dérobe au chasseur la vue de son ennemi. Aussitôt le coup tiré, sans perdre une seconde, comme si le choc vous faisait pirouetter, il faut changer de place et faire quelques mètres à droite ou

Le rhinocéros était à terre, mais il vivait encore, il se débattait et allait se remettre sur pied quand, prenant mon calibre 12, je lui envoyai au même endroit deux balles dont l'une le traversa de part en part et s'arrêta sous la peau du côté opposé. Il retomba, ses membres se raidirent, il entr'ouvrit la bouche, leva la queue, puis reprit une pose naturelle et ne bougea plus.

Je laisse à penser ma triple joie : trouver à manger, avoir fait une belle chasse et tué mon premier rhinocéros! Celui-ci était très vieux et énorme; son garrot atteignait $1^m,71$, sa longueur $3^m,32$ du nez à la naissance de la queue; son volume était en proportion. On sait que, après l'éléphant, ce pachyderme est le plus gros qui existe. Ses cornes mesuraient, la première $0^m,63$ et la seconde $0^m,41$ (1). J'estime son poids à 2,000 kilogrammes.

Je trouvai le rhinocéros fort laid, plus encore que l'hippopotame, ce qui n'est pas peu dire : sa tête est difforme, son front petit et fuyant, ses oreilles pendantes; sa peau épaisse est glabre, dépourvue de plis, couverte de verrues et de boue à moitié desséchée. Son œil petit a l'air fort méchant; sa lèvre supérieure, avançant en pointe, peut saisir facilement des herbes et des racines. Il aime à se vautrer dans la vase et ne sort que la nuit ou le matin de très bonne heure; il craint le soleil et se retire, pendant les heures chaudes de la journée, dans des broussailles impénétrables à tout autre que lui. Sa vue est faible, son ouïe aussi, mais son odorat est d'une finesse extrême.

Il est le seul animal qui attaque l'homme sans y être provoqué; l'odeur humaine, qui met tous les animaux en fuite, depuis la petite antilope jusqu'à l'éléphant, fait au contraire accourir le rhinocéros aussi vite que ses jambes peuvent le porter; il

à gauche, toujours sous le vent. Ce qui précède est d'une grande importance : avec l'éléphant, une seconde de retard peut vous coûter la vie.

(1) Le rhinocéros africain a deux cornes sur le nez (*Rhinoceros bicornis*). On ne rencontre l'*unicornis* qu'en Asie.

MON PREMIER RHINOCÉROS.

faut se tenir sur ses gardes et s'arranger de façon à ne plus être senti; il s'en retourne alors comme il était venu. Sa taille, la rapidité de sa course, sa méchanceté et sa stupidité en font un animal on ne peut plus dangereux à rencontrer.

J'avais eu la chance d'avoir le vent en ma faveur et de frapper au bon endroit, sans quoi j'étais presque certain d'être chargé; j'y avais échappé ce jour-là; mais, comme on verra plus loin, une fois n'est pas coutume.

Aussitôt que le rhinocéros eut cessé de vivre, je dépêchai un homme au camp afin d'amener tout le monde sur place.

Pendant ce temps, Msiambiri cherchait quelques feuilles sèches et un peu de paille pour allumer du feu, ce qui était fort difficile à trouver. Enfin, un arbre creux, dans les anfractuosités duquel la pluie n'avait pu pénétrer, nous offrit quelques feuilles mortes. Un feu vif brilla bientôt, pendant que j'essayais en vain avec mon couteau de tailler un morceau de viande sur la bête. N'en pouvant venir à bout, je cherchai à ouvrir la bouche du rhinocéros pour couper la langue, mais la raideur cadavérique rendit cette opération difficile. Enfin, à l'aide d'une grosse branche servant de levier, j'entr'ouvris les mâchoires que je maintins ouvertes au moyen d'un bâton transversal. Dans cette posture, le rhinocéros avait l'air de crier ou de vouloir dévorer quelqu'un. Je saisis la langue, la tranchai, la grattai un peu, car l'animal avait la bouche pleine de morceaux de racines, et la jetai sur la braise où elle ne tarda pas à cuire; mais je n'eus pas la force d'attendre la fin : j'avais trop besoin de nourriture. Je coupai autant de parts qu'il y avait d'hommes (nous étions trois), et cet à-compte sur notre repas ne fut pas long à disparaître. Mais les compagnons ne s'étaient pas fait prier pour venir; au bout de deux heures, nous les apercevions déjà au loin sur le versant d'une colline : les pauvres diables faisaient de grandes enjambées, ayant l'air très pressés de nous rejoindre.

Dès qu'ils arrivèrent, ils jetèrent leurs charges sur le sol et s'élancèrent à l'assaut du rhinocéros; le dépeçage commença rapide, sans un mot, comme fait par des gens qui n'ont pas un instant à perdre. En même temps, des feux s'allumaient et chacun mit son morceau sur le gril. Je rôtissais de mon côté de volumineuses tranches du cœur, seule partie qui soit mangeable chez les animaux de chair coriace.

Pour profiter du soleil, on établit des séchoirs sur lesquels du beltong s'étala bientôt, sans sel, il est vrai, mais néanmoins précieux.

Les gens du village vinrent bientôt mendier de la nourriture; mais mes hommes faillirent leur faire un mauvais parti; de mon côté, la colère m'emporta jusqu'à les menacer de faire feu s'ils revenaient nous ennuyer. Nous leur en voulions de leurs refus continuels de nous vendre ou de nous prêter des vivres. Les pauvres gens étaient pourtant aussi à plaindre que nous : pris de pitié, je décidai que le lendemain matin je leur distribuerais un peu de la peau du rhinocéros, ce dont ils parurent enchantés.

Vous croyez peut-être que je voulais leur faire une mauvaise plaisanterie en leur octroyant du cuir épais de quatre centimètres, dont 20 centimètres carrés pesaient 1 kilogramme. Détrompez-vous. Cuit pendant quelques jours, cet aliment est parfaitement mangeable; aussi mes hommes ne voulurent-ils pas m'en laisser donner trop, craignant le retour des jours de famine, où nous serions peut-être bien heureux d'en posséder (1).

On fit donc sécher une partie du cuir comme la viande, et nous mîmes en réserve une quinzaine de charges de beltong, soit environ 300 kilogrammes, le séchage enlevant à peu près les deux tiers du poids. Le reste, dont il faut retrancher les os, avait été ou mangé ou donné.

Comme on voit, il n'y en eut pas pour longtemps. Je tuai

---

(1) Presque tous les indigènes mangent la peau des animaux, surtout lorsqu'elle est glabre ou à poil très ras, telle que celle de l'hippopotame, du rhinocéros, du zèbre, du buffle, etc.

Je découvre un cadavre encore chaud.

encore de temps en temps quelques pièces, mais le gibier était fort loin et on s'exposait en rentrant la nuit à des rencontres avec les pillards qui rôdaient aux environs, se préparant ainsi de tout près à leurs attaques de nuit.

Les Mafsitis se faisaient encore plus audacieux depuis que nous avions abandonné la montagne pour aller vivre dans les bois. Ils se jetaient en plein jour sur les gens d'Oundi qui cultivaient leurs champs, les tuant ou les faisant prisonniers, ou subissant un sort analogue suivant les résultats de la lutte. Ils se poursuivaient mutuellement dans les bois, se battant, se blessant ou se tuant partout où ils se rencontraient. J'avais donc à craindre, soit de les rencontrer moi-même en grand nombre pendant mes promenades, soit d'apprendre à mon retour qu'ils avaient pillé mon camp.

Un matin, sur la piste d'un kob, j'aperçus des traces de sang qui m'étonnèrent : je n'avais ni vu ni, par conséquent, blessé l'animal; en regardant de plus près je vis une empreinte humaine se dessinant sous celle de la bête; elle était donc antérieure à son passage, et pourtant ce sang n'avait été répandu que depuis une demi-heure à peine. Cette énigme me fut expliquée quelques minutes après : en passant le long d'un fourré, je vis un homme étendu la figure contre terre, une profonde blessure au côté, dans une mare de sang; il était encore chaud, mais déjà mort. Je le soulevai pour voir sa figure; c'était un homme d'Oundi; frappé d'un coup mortel avec une sagaie, il s'était enfui et était tombé en cet endroit. Le kob avait passé au pas le long du cadavre et avait pris la fuite dès qu'il l'avait senti.

J'envoyai un homme dire au roi qu'un de ses sujets gisait dans la brousse, mais il me fit répondre que cela lui était bien égal. Afin d'empêcher les vautours de toucher au corps, je l'avais fait couvrir de feuillage le matin, et je repassai le soir afin de le faire enterrer : il n'avait, paraît-il, pas de famille.

Nos provisions diminuaient rapidement et l'homme que j'envoyais régulièrement constater à la rivière l'état des eaux me répondait invariablement qu'elles n'avaient pas baissé, ou tout au moins d'une quantité appréciable. Les pluies continuaient, plus légères le jour, très fortes le soir.

Je fis, à cette époque, un coup double... unique dans mes souvenirs : deux reedbucks d'une seule balle. Les ayant aperçus de loin qui se dirigeaient vers une nappe d'eau ou marécage bordé de grandes herbes et, d'un côté seulement,

Tête de Klipspringer
(*oreotragus saltator*.)

par une petite forêt assez touffue, je m'étais dissimulé derrière les herbes, avec des précautions infinies; j'avais traversé le bois en diagonale et m'étais approché à portée sans qu'ils eussent soupçon de ma présence. N'étant pas pressé, je repris haleine pendant que l'un d'eux buvait; au moment où je l'ajustais, je vis l'autre qui s'avançait dans l'eau également et je pensai que peut-être le même projectile pourrait leur servir à tous deux. J'attendis qu'ils fussent bien de niveau et alignés. Je pressai alors la détente. La balle passa à travers le premier, éclata en sortant, entra chez l'autre, et le tua également ; ils ne firent pas un pas. Le reedbuck est une antilope de la taille d'un âne à peu près, mais beaucoup plus mince et étroite de corps. Voilà ce qu'on appelle, je crois, ne pas gaspiller des munitions :

Tête de reedbuck.

je dois dire que j'ai eu la chance de ne jamais être à court de cartouches.

Malgré tous mes efforts, je ne réussis pas à écarter la faim de notre camp; elle se montra encore vers la fin de janvier au moment où nous espérions pouvoir passer la rivière à gué. Les pièges, les stratagèmes étaient toujours insuffisants, et il faut en avoir fait l'expérience pour savoir ce que quinze bouches peuvent consommer d'aliments en une journée. Je n'ai jamais vu de gens affligés d'un appétit pareil : apportais-je un klipspringer ou oréotrague (1) de la taille d'un chevreau, il y en avait juste pour un repas.

J'abrègerai ce récit de nos misères, en disant que nous continuâmes à vivre ainsi jusqu'au jour où, las de cette existence, je me souvins qu'autrefois, sur la côte occidentale d'Afrique, sur les bords du Volta, j'avais vu les indigènes construire des pirogues d'un seul morceau d'écorce. Je voulus essayer d'en faire autant et tentai de fabriquer deux embarcations de ce genre. J'y réussis, et nous pûmes enfin traverser les rivières; sans vivres, n'ayant pour subsister dans les bois que des cryptogames, du miel, ou, à l'occasion, du gibier, nous mîmes presque vingt jours pour revenir. En entrant dans la région montagneuse de Tchiouta, le gibier manquait, et, quand Hanner nous revit, il y avait soixante-dix heures que nous n'avions rien mangé, marchant toujours dans l'eau jusqu'aux chevilles, sous une pluie battante, après trois mois de famine, de dangers et de privations (2).

(1) *Nanotragus oreotragus.* (*Oreotragus saltator.*)
(2) Nous avions disputé aux vautours, en route, les débris complètement pourris d'un éléphant. Malgré mes exhortations trois hommes ne purent résister au désir de manger de cette charogne. L'un d'eux mourut en chemin, les autres en arrivant à Tchiouta; tous montrèrent les mêmes symptômes d'empoisonnement.

CHAPITRE VIII.

Temps meilleurs. — Retour à Makanga. — Excursion au Nord, chez les Azimbas. — Campement de chasse. — Affût au lion. — Singes et phacochères vivants. — Gaétan et Fanchonnette. — Mon record. — Les oiseaux insectivores. — Le koudou et les loups africains ou cynhyènes. — Mœurs des antilopes. — Chat-tigre sur un arbre. — A l'affût. — Loutres. — Les bruits nocturnes. — Chasse aux buffles. — Buffle blessé. — Léopards tués à l'affût.

Quelques jours après mon retour à Tchiouta, je fis reprendre à l'expédition le chemin du pays des Atchécoundas, afin d'y refaire un peu ma santé. Les privations, les aliments aussi peu substantiels que variés, m'avaient fatigué et je n'étais pas fâché de revenir dans un pays où le gibier était abondant et où, même sans chasser, on trouvait à manger son soûl.

Le pays des Atchécoundas était, sans contredit, à cette époque, l'endroit le plus agréable à habiter pour un voyageur, pourvu qu'il ne craignît pas, bien entendu, les noirs traîtres et méchants qui en forment la population. A part cet inconvénient, tout était réuni pour nous procurer un séjour agréable : une altitude moyenne de 450 mètres, un air relativement sain, des forêts bien peuplées en animaux sauvages, des villages où l'on trouvait en abondance ce dont on avait besoin (1).

Je chassai pendant deux mois environ, faisant des excur-

---

(1) Aujourd'hui, tout cela a bien changé; le roi Tchanetta est mort; son remplaçant a lassé par sa tyrannie jusqu'au dernier de ses sujets. Les cultures périclitent, les animaux sont pourchassés, éparpillés par des indigènes maladroits, et, à certains moments, la famine commence à se montrer.

sions cynégétiques et géographiques en même temps, courant d'une extrémité du pays à l'autre. Comme les animaux que j'ai abattus sont déjà connus du lecteur, s'il a pris la peine de me suivre jusqu'à présent, je ne citerai que pour mémoire buffles, élands, kobs, guibs, reedbucks, phacochères, etc., et j'arriverai immédiatement à une partie de chasse de quelques jours que je fis après la saison des grosses pluies au nord de Makanga, dans une région abrupte et sauvage, loin de toute population, et dont les sites admirables resteront toujours gravés dans ma mémoire.

Nous avions traversé, avant d'y pénétrer, une immense plaine rase, parsemée d'une maigre végétation à laquelle les indigènes donnent le nom de Damba-Lanitché. Au pied du mont Foulankoungo qui limite cette plaine au N.-E., nous avions aperçu des empreintes de gibier, dont la direction menait à l'endroit dont j'ai parlé, et dont le nombre nous décida à camper quelques jours.

En plus du fidèle Msiambiri et des porte-fusils, j'avais avec moi des chasseurs que le roi de Makanga m'avait recommandés comme très experts à la lecture des pistes.

Nous étions à peu près dans les mêmes conditions topographiques qu'à la Louïya, lors de notre voyage en Maravie; nous avions trouvé une mare d'eau isolée où les animaux sauvages se désaltéraient, mais il y en avait une seconde à trois kilomètres de là, aussi fréquentée. Que faire? Impossible d'être auprès des deux à la fois. Je résolus donc de poster du monde à l'une jour et nuit, afin d'empêcher les animaux de s'en approcher, tandis que je me tiendrais aux environs de l'autre.

Je détachai trois de mes hommes, avec mission de demeurer sur le bord de la mare, d'y crier, d'y faire du bruit, de tirer au besoin des coups de fusil, pour éloigner les hôtes de ces lieux, désireux de se désaltérer.

Il paraît que, dès leur arrivée, ils aperçurent des traces récentes de lion. N'osant pas passer la nuit à terre, ils construisirent dans un arbre une plate-forme très ingénieuse où ils s'installèrent commodément chaque soir.

De mon côté, je gardais chaque nuit les abords de l'eau; mais, depuis ma dernière aventure, tout en laissant toujours la place du lion, j'avais soin de coucher du côté opposé; je désirais vivement faire sa rencontre en plein jour, mais ne me souciais pas du tout de sa visite pendant mon sommeil.

La première nuit pourtant, le grand fauve nous manifesta son haut mécontentement, sa colère même, de notre installation dans ses domaines. Ses rugissements firent trembler le sol pendant deux ou trois heures, puis ils allèrent en s'éloignant jusqu'au moment où tout rentra dans le silence. Le lendemain, comme la journée n'avait pas été fructueuse (je n'avais tué qu'une femelle de koudou (1) et un sanglier) et que je ne m'étais pas fatigué, je me disposai à passer la nuit à l'affût dans l'espoir de voir arriver le lion.

Je comptais sur la lune qui se levait à dix heures pour me tenir compagnie presque jusqu'au matin. Les abords de l'eau étaient nus et sur la blancheur du sol j'espérais apercevoir mon visiteur. Je me plaçai dans un taillis à huit mètres du bord, adossé à un arbre; Msiambiri s'installa à côté de moi, mais il ne tarda pas à s'endormir profondément. Le reste des hommes était campé à une centaine de mètres plus loin et, en me penchant, j'apercevais de derrière mon arbre les feux mi-éteints.

J'avais, quelques minutes auparavant, entendu un coup de fusil; mes sentinelles de l'autre côté l'avaient sans doute tiré. Je me demandais sur quel animal ce pouvait être? A la cinquième pipe, je commençais à me dire qu'il valait décidément mieux dormir roulé dans sa couverture que de rester ainsi

---

(1) Elle est plus petite que le mâle et ne porte point de cornes.

dans l'humidité (1). Au même instant, comme pour me répondre que je n'étais pas seul, le lion se mit à rugir à une distance qui eût pu paraître inquiétante. Poussant Msiambiri du coude, je continuai à écouter la voix puissante de ce nocturne promeneur, espérant qu'il se rapprocherait encore davantage. Une heure se passa ainsi, puis subitement je n'entendis plus rien. Était-il parti ou venait-il boire silencieusement?.....

Tout à coup Msiambiri me toucha le coude en me montrant, le bras allongé, le coin d'un fourré en face, où l'ombre d'un gros arbre interceptait les rayons de la lune. « Regardez », me dit-il à voix basse. — « Je ne vois rien, » répondis-je... — « Moi non plus maintenant, mais il y a quelque chose là.. tenez, voyez à côté de ce morceau de pierre... par terre... son ombre ».

En effet, la couleur de l'animal était tellement semblable à celle du sol, que la seule chose qui décelât sa présence était l'ombre noire qui le suivait; ce devait être le lion sans aucun doute. On voyait sa longue queue, sa tête grosse et ronde... il s'arrêtait, redressait sa taille pour écouter et continuait son chemin vers l'eau, se trouvant à ce moment à une vingtaine de mètres de moi, sur un terrain légèrement en pente.

Ni mon compagnon ni moi ne pûmes distinguer l'animal, malgré la lune. J'eus à me faire ce raisonnement : la lune est à droite; d'après sa hauteur et la ligne qui dessine l'échine de la bête sur le sol, celle-ci doit se trouver à telle place. En effet, une ligne droite, tirée de l'ombre du dos à la lune, devait passer exactement au dessus de la bête? En regardant fixement, ce point, d'abord imaginaire, devint plus distinct, car la bête se rapprochait; à douze mètres environ, avec une vue excellente, on la voyait, mais tout juste.

J'avais ma canardière, chargée comme d'habitude de gros-

---

(1) En mars, avril, mai, la rosée est si abondante qu'elle ressemble à une pluie fine.

ses chevrotines; mon canon était parfaitement visible, mais le point de mire m'échappait. Néanmoins, comme il n'y avait pas de temps à perdre, je visai lentement, avec soin, et je pressai la détente..... Un grondement sourd, des rugissements étouffés se firent entendre, tandis que l'animal se traînait le nez contre terre. Je lui envoyai immédiatement un second coup de peur qu'il ne m'échappât et il resta cette fois sans mouvement. Au bout d'une demi-heure, voyant qu'il était insensible aux projectiles de toutes sortes, pierres, branches, que nous lui lancions, je m'aventurai hors de mon affût et je constatai que je n'avais pas tué un lion, comme je l'avais espéré, mais bien une panthère ou léopard. Le premier coup lui avait brisé la poitrine et les pattes de devant, le deuxième, tiré par derrière, avait cassé l'épine dorsale et troué le crâne. L'effet de ma canardière à quelques mètres était décidément foudroyant.

Quoique désappointé, je considérai que ma nuit n'était pas perdue et j'allai me reposer de mes exploits, après avoir posté deux hommes pour empêcher l'approche de la mare.

Le lendemain, j'appris que le coup de fusil que j'avais entendu pendant la nuit, à l'autre abreuvoir, avait été tiré sur un éléphant! Je faillis me frapper la tête contre un arbre de désespoir! Je m'arrachai les cheveux! Oui, un éléphant était venu boire, et mes hommes l'avaient manqué, ou, tout au moins, l'avaient laissé partir. J'allai voir ses traces : hélas! ce fut ma seule consolation; il était inutile de le suivre; effrayé par le coup de feu, atteint peut-être, il avait dû faire pendant la nuit une cinquantaine de kilomètres. Je n'attendais que la rencontre d'une piste fraîche pour me mettre à chasser l'éléphant, mais ce jour-là il eût été fou de tenter de le rejoindre.

Depuis deux jours que nous les empêchions de boire, les animaux commençaient à avoir très soif; aussi, dès le matin, remarquai-je dans notre rayon un mouvement inaccoutumé et je courus me poster à l'endroit même où j'avais passé la nuit, en ajoutant à cet abri des branchages et des feuilles afin de me dissimuler complètement.

Cela n'eut aucun succès; quelques singes seuls m'honorèrent de leur visite et me firent passer un moment amusant. Il y avait là plusieurs familles de cynocéphales babouins. Un couple surtout, dont l'enfant faisait le récalcitrant, était particulièrement comique ; la mère, à plusieurs reprises, avait repoussé son rejeton qui voulait se cramponner à elle ; le père intervint, se jeta sur son fils et le mordit tellement fort que le petit cria plus d'un quart d'heure et alla se tapir tout penaud à quelques mètres. Après avoir bu, la bande resta à l'ombre tout près de l'eau, ayant ses vigies sur les arbres. Tous me voyaient fort bien ce jour-là, mais ils comprirent sans doute que ce n'était pas à eux que j'en voulais. Une femelle de guib arriva sur ces entrefaites, au petit pas, regardant et écoutant autour d'elle de ses grands yeux et de ses grandes oreilles. Les singes ne se dérangèrent pas ; elle n'eut pas peur d'eux non plus.

Tout à coup la troupe déguerpit. L'antilope, après être restée seule une minute, sentit ce quelque chose que les quadrumanes avaient sans doute vu, et s'esquiva rapide et légère. C'était deux de mes hommes qui m'apportaient une capture qu'ils venaient de faire : deux jeunes cynocéphales qui semblaient n'avoir que quelques mois, à en juger par leur taille, et qu'ils avaient attrapés à la course.

Il faut que j'enlève ici quelques illusions à ceux qui croient que, chez certains animaux, l'amour maternel l'emporte sur l'instinct de la conservation. J'en prendrai un exemple chez l'espèce de singes dont je viens de parler. La femelle porte son petit sur la poitrine, où celui-ci se fixe seul en mettant ses mains et ses pieds autour de la taille de sa mère ; la guenon a donc toute sa liberté de mouvements. En plaine ou dans des endroits où les arbres sont clairsemés et peu élevés, le singe ne peut pas lutter de vitesse avec un homme agile. La guenon qui y est poursuivie fuit un instant avec son rejeton ; mais, dès qu'elle perd du terrain et est serrée de près, elle s'empresse de s'en débarrasser pour fuir plus à l'aise; le petit, jeté ainsi, se sauve sur un arbre où il est facile de s'en rendre maître.

Mes hommes avaient opéré de la sorte. Ils s'étaient mis quatre à la poursuite de deux femelles, et les petits avaient été capturés sans peine ; c'est d'ailleurs de cette façon que l'on se procure presque tous les singes vivants.

Les deux jeunes captifs furent attachés au pied de ma tente et ne cessèrent d'attirer par leurs cris tous les singes des environs, au nombre desquels devaient se trouver leurs mères. Ce fut un concert de cris aigus ou rauques selon l'âge, d'aboiements et d'imprécations à notre adresse dans la langue simiesque; on dut tirer des coups de fusil pour s'en débarrasser.

Nos deux nouveaux pensionnaires furent baptisés des noms de Gaëtan et Fanchonnette; le premier se traduisait par Gaetano en portugais, mais le second fut toujours prononcé Tchoneti par mes hommes.

Ils furent gâtés par tout le monde; on faisait des gorges chaudes de leurs moindres gestes; loin de les taquiner, on leur donnait plutôt trop à manger. Huit jours après, Gaëtan se mettait debout et buvait à un gobelet en le tenant de ses deux mains, tandis que Fanchonnette fumait la pipe, en éteignait le foyer et mangeait le tabac. Les noirs leur avaient taillé des vêtements comme ceux que portent les mulâtres portugais et ne leur donnaient plus que les titres de *mzoungo* et de *dona* (monsieur et madame)...

Ces deux singes ayant été pris très jeunes furent très vite apprivoisés; au bout de trois mois, on ne les attachait plus et ils nous suivaient dans nos marches, courant autour de nous comme des chiens et grimpant sur les épaules des porteurs lorsqu'ils étaient fatigués...

Mais revenons au jour de leur capture. Un de mes hommes,

nommé Gavetta, prit également deux petits phacochères vivants. Lui seul, à ma connaissance, était capable d'un pareil tour de force, car les phacochères, petits ou gros, courent avec une grande rapidité. Ce garçon était d'une telle légèreté et d'une telle vitesse à la course qu'il m'attrapa même plus tard de jeunes antilopes.

Après le départ des singes, je restai plusieurs heures à l'affût; mon buisson était-il trop près de l'eau ou les animaux m'avaient-ils vu? C'est ce que je ne saurais dire. Je changeai de cachette et allai me poster à quarante mètres environ de la mare, dans un endroit qui me parut plus favorable. Heureuse inspiration, car, à peine installé, je pus voir arriver en face de moi une harde d'élands précédée du plus gros mâle que j'aie jamais aperçu. Je gardai l'immobilité d'un rocher, tandis que leurs yeux perçants exploraient les environs.

Ils s'avancèrent bientôt vers la mare et le vieil éland se plaça tellement mal que je ne pus tirer, le voyant de face.

J'attendis donc qu'il eût fini de boire, certain qu'il ne sortirait pas à reculons, mais bien en tournant à droite ou à gauche, et se montrerait ainsi de côté; en effet, il tourna lentement et je visai au cœur, aussi sûr de mon coup que si je l'avais déjà tué. Tout en l'ajustant, je choisissais, du coin de l'œil, une femelle bien placée pour recevoir mon second coup; et, lorsque les deux détonations se suivirent, à deux secondes d'intervalle, je pus voir mes deux élands quitter la harde et s'en aller au petit trot, indice certain d'une grave blessure. Je rechargeai aussitôt et, les ayant filés (1) un instant à travers les arbres, je leur envoyai encore à chacun un projectile dont la répercussion m'apprit qu'il avait atteint le but.

J'ai déjà décrit les symptômes de la blessure au cœur; ils se re-

---

(1) *Filer*, terme de chasse à tir : suivre une pièce en la visant pendant qu'elle s'éloigne.

produisirent exactement chez mon éland mâle lequel tomba tout à coup comme une masse à environ cent mètres de moi. La femelle, atteinte au foie, les intestins hachés, s'arrêtait pour rendre, lorsque ma deuxième balle au garrot la jeta à terre. J'envoyai le coup de sifflet spécial qui indiquait aux hommes de venir en nombre et, une demi-heure après, les élands défaits s'en allaient au camp par quartiers.

Gaëtan et Fanchonnette.

A propos des élands, je dois signaler encore ici un oiseau noirâtre, aux ongles acérés, au bec pointu, qui se nourrit des parasites spéciaux au buffle, au rhinocéros, au sanglier et aussi à l'éland lorsque ce dernier, devenu vieux, a perdu tout son poil, est alors gris et glabre comme le buffle (1).

(1) Ce petit oiseau appartient à deux espèces que l'on voit toujours ensemble

La peau épaisse des gros animaux que je viens d'énumérer, se couvre de parasites fort semblables, comme forme, aux ixodes (1) des chiens et qui sont fort recherchés de ces oiseaux; ceux-ci rendent aux quadrupèdes de véritables services en les en débarrassant. A l'aide de leurs ongles, ils s'accrochent dans toutes les positions au cuir de la bête, ayant tout à fait l'air, dans cette posture, du pic collé au tronc d'un arbre. Loin de les chasser, ceux auxquels ils sont utiles les laissent se poser où ils veulent, sans s'en occuper, et il n'est pas rare de voir marcher un éland ou un sanglier avec une vingtaine de ces oiseaux sur leur dos, attachés à leurs flancs ou voltigeant au-dessus de leurs têtes dans les branches des arbres voisins.

Dans ce cas, la vue de cette variété de pics, ou leur cri particulier, est pour le chasseur un indice presque certain de la présence de l'une ou l'autre des bêtes dont il s'agit. Ses cris, par contre, ont l'inconvénient, il est vrai, de donner l'éveil à l'animal s'il ignore l'approche du chasseur; le buffle entre autres, qui a l'oreille dure, est souvent sauvé par ses petits compagnons; aussi ne les quitte-t-il jamais de l'œil. Souvent, à l'affût, alors que le gibier ne m'apercevait pas, les oiseaux m'ayant vu en voltigeant au-dessus de ma tête le faisaient fuir par leurs cris; mais quelquefois c'était trop tard.

Ce fut le cas, le soir du même jour, pour un vieux phacochère : pendant sa fuite, une balle le rattrapa et lui brisa la jambe, une autre l'acheva, et les pics s'envolèrent pour ne plus revenir.

Le lendemain fut la mémorable journée où j'établis mon record de onze pièces tuées en vingt-quatre heures. Je dois dire que ce fut la seule fois que cela m'arriva et j'ai toujours

---

(*Bouphaga africana* et *Textor erythrorhynchus*); une troisième variété qui loge dans des troncs d'arbres (*Tockus erythrorhynchus*) se rencontre également.

(1) *Ixodes ricinus*, appelé vulgairement « tique ». Ceux dont il s'agit sont de même forme, mais multicolores sur le dos.

été habitué à considérer comme un résultat très satisfaisant de tuer deux ou trois bêtes du lever au coucher du soleil, et comme un résultat moyen d'en tuer une.

Mon record comptait trois élands, deux zèbres, un kob, trois reedbucks, un guib et un koudou. J'étais placé ce jour-là dans des circonstances tout à fait exceptionnelles; des deux mares d'eau qui existaient dans la région, l'une était gardée et je me tenais à l'autre; les animaux n'avaient pas bu pendant plus de trois jours; depuis notre arrivée, il n'avait pas plu, ce qui leur enlevait même le moyen de se désaltérer en suçant l'eau des feuilles (1), et le soleil de plus avait été assez violent.

Si l'on songe que deux seulement de ces animaux tombèrent raides morts, et que chacun des autres demanda une poursuite plus ou moins longue, on comprendra que j'aie eu besoin de me reposer après ces exploits.

En lisant ces récits, n'allez pas croire que ces pays soient tellement giboyeux qu'il suffise de se promener à travers bois pour tuer quelque chose : ce serait une grave erreur. Un voyageur qui n'est pas chasseur pourra parcourir la région pendant des années sans jamais apercevoir autre chose que des traces d'animaux. Il faut au contraire s'entêter à leur recherche et suivre leur piste souvent pendant des heures entières pour arriver à les apercevoir; il faut prendre toutes les précautions dont j'ai parlé, ne pas faire de bruit, avoir bon vent, etc., toutes choses dont le voyageur indifférent ne se préoccupe pas. Je le répète : sauf ces occasions exceptionnelles où le manque d'eau réunit en un seul point des quantités de gibier, il faut de longues marches et beaucoup de sueur pour capturer une moyenne d'une ou deux antilopes.

Puisque je parle de chasseur, je dois en faire connaître un au lecteur : le loup africain ou cynhyène, qui poursuit les animaux

---

(1) C'est ce qu'on appelle *érucir*, en terme de vénerie.

en plein jour, donne au spectateur occasionnel l'illusion d'une chasse à courre sans autre équipage que la meute. Les grands fauves sont aussi des chasseurs, mais leurs exploits restent ignorés par l'homme, tandis que la cynhyène lui fait concurrence et vit même à ses dépens.

Le loup africain est d'une couleur gris noirâtre, avec quelques taches feu au bas ventre et quelquefois sur les flancs ; son poil est long, sa queue en panache, ses oreilles grandes et droites, sa tête en tout semblable à celle du loup ou du gros chien, aussi bien anatomiquement qu'au point de vue de l'expression. Sa taille est celle d'un grand braque, et il aboie comme lui. La seule différence qu'il ait avec le chien, différence peu appréciable d'ailleurs, est que ce dernier a quatre doigts aux membres postérieurs et cinq aux membres antérieurs, tandis que le loup dont il s'agit a quatre doigts aussi bien devant que derrière. Cette analogie qu'il a avec la hyène lui a fait donner le nom de chien-hyène ou cynhyène.

Ses mœurs sont très curieuses ; il vit en troupes nombreuses et force à la course les antilopes de toutes tailles ; doué d'une grande vitesse, il finit par les fatiguer et à peine sont-elles tombées épuisées qu'il les dévore en quelques minutes. A défaut de grandes pièces, il se contente de petites gazelles et au besoin de charogne.

J'en avais souvent entendu aboyer la nuit, mais je n'en avais jamais vu, lorsque je fis connaissance un jour avec eux d'une façon étrange. Ils chassaient dans la même région que moi, d'après ce que me disaient leurs empreintes, et je n'y faisais pas autrement attention. Vers le soir, après des peines inouïes, la journée ayant été sans résultat, je finis par m'approcher d'un koudou en me dissimulant derrière des ajoncs et je le blessai grièvement. Il se mit à fuir néanmoins au milieu de touffes de végétation, ce qui m'empêchait de tirer de nouveau sur lui. Jugeant par les rougeurs qu'il ne pouvait aller loin, je me mis

Le Loup africain.

à suivre la piste. Tout à coup, j'entendis assez au loin de véritables rugissements, des cris rauques comme ceux du cerf qui rait, mais plus prolongés, de vrais cris d'agonie. Je m'étonnais qu'une antilope, dont la mort est toujours silencieuse, fît un pareil vacarme. Je hâtai pourtant le pas et arrivai en quatre minutes environ à l'endroit où je pensais avoir entendu le bruit... Je me trouvai face à face avec une meute de loups qui montrèrent les dents à mon approche et s'éloignèrent néanmoins d'une vingtaine de mètres; là, ils s'arrêtèrent et, me faisant face, se mirent à aboyer. Quant au koudou, sauf la tête et les jambes, il n'en restait plus rien... Je tuai deux loups afin de me venger.

Une autre fois, vers le soir, j'étais assis à terre, allumant ma pipe et regardant à quelques pas de moi mes hommes qui attachaient une antilope avec des lianes pour la transporter au camp. Tout à coup, un kob magnifique débuche sur ma droite à toute vitesse, passant comme l'éclair entre moi et mes hommes, suivi à une dizaine de mètres par une bande de vingt loups. Je me lève, je jette ma pipe, je file le kob et je le roule d'un coup très heureux à l'extrémité postérieure de l'épine dorsale, coup qui le met hors de combat; mais à peine est-il à terre que mes hommes et moi nous accourons en poussant de tels cris que les loups abandonnent la partie et s'esquivent à la hâte. Ils m'avaient fait une fois chasser pour eux, je venais à mon tour de profiter du fruit de leurs peines : c'était ma revanche. Entre chasseurs, on se doit de ces politesses.

J'ai parlé un peu plus haut de la chasse à l'affût. Il convient, à ce propos, de citer quelques traits des mœurs des antilopes et autres bêtes. Pendant mes longues heures de station patiente dans l'immobilité, il m'a été donné maintes fois de les observer et d'étudier notamment les rapports que les différents animaux ont entre eux.

Certaines espèces fraternisent tandis que d'autres se tiennent absolument à l'écart les unes des autres.

MOEURS DES ANTILOPES.

Ainsi l'éland, le kob, le bubale, vont de compagnie, quelquefois avec le zèbre, tandis que le guib, la gazelle, sont toujours isolés ou entre eux. Il en est de même de l'antilope noire ou *harrisbuck* (*hippotragus niger*) dont je n'ai pas encore eu occasion de parler, parce que je ne l'avais pas rencontrée à l'époque de mon arrivée à Makanga; elle tient à rester seule de

Je me trouvai face à face avec une meute de loups....

son espèce et donne des coups de cornes aux autres bêtes pour les éloigner.

Il n'y a pas à en douter : le danger pour ces animaux est toujours à l'endroit où ils ont coutume de boire; on dirait qu'ils le sentent et ils semblent ne se décider à s'approcher de l'eau qu'à regret et comme poussés par le besoin.

Le lion, le léopard, l'homme les y attendent; ils sont forcés de baisser la tête, de descendre généralement en contre-bas, ce qui leur dérobe la vue des alentours; de plus, ils ne peuvent entendre convenablement pendant qu'ils ont le mufle dans l'eau et qu'ils avalent le liquide. J'ai toujours profité de ce moment pour remuer, sûr de n'être pas entendu. Tout cela constitue pour eux une période critique; aussi voit-on l'antilope surveiller les environs quelquefois pendant une heure sans se décider à boire.

C'est seulement à la dernière extrémité, et lorsque les abreuvoirs de niveau sont desséchés, que le gibier fréquente les mares ou flaques d'eau situées dans un fossé ou assez profondément enfoncées pour dérober le voisinage à sa vue, une fois qu'il y est descendu.

Les moins méfiants sont les reedbucks et les kobs; les derniers à venir sont les élands et les zèbres. Il est très curieux d'observer le manège des animaux en pareille occasion : ils viennent d'abord franchement jusqu'au bord de l'excavation, regardent longuement la végétation qui l'entoure, puis jettent les yeux de tous côtés et restent ensuite immobiles comme plongés dans leur contemplation. Après un moment, au lieu de s'avancer davantage, ce qu'on pourrait les croire disposés à faire, ils s'en retournent tranquillement comme s'ils n'avaient plus soif du tout. Ils vont rejoindre les camarades qui ne les ont pas quittés des yeux, sans doute pour leur raconter ce qu'ils ont vu. Quelquefois, une feuille qui tombe, un poisson qui saute, le moindre bruit les fait fuir comme des fous; mais ils ne font que quelques mètres et s'arrêtent, ayant l'air de se reprocher leur effroi non motivé. A la deuxième tentative, ils s'aventurent, à descendre quelques pas, et, après deux ou trois fuites comme la première, arrivent enfin au bord de l'eau. Aimant les endroits où l'eau est claire et reposée, ils s'avancent toujours de quelques pas afin d'éviter la vase qui est sur les bords; ils se mettent enfin à boire et, pour un instant, paraissent oublier tout; ils se désaltèrent longuement comme s'ils voulaient en prendre pour plusieurs jours. Ils s'arrêtent une ou deux fois, écoutent et recommencent jusqu'à ce qu'ils soient gorgés d'eau.

BANDE DE LOUPS EN CHASSE.

Le sanglier et le rhinocéros se roulent au contraire sur les bords, se couvrant de boue, se vautrant dans la vase; ils boivent ainsi, couchés le plus souvent sur le ventre. Le premier est aussi méfiant que les antilopes dans les préliminaires, tandis que l'autre y va sans préambule en marchant au vent. Le lion et le léopard vont également à l'eau sans hésiter.

Certaines bêtes restent muettes, telles le kob et le bubale; l'éland et le buffle mugissent comme le bœuf, mais plus bas : on ne peut les entendre que de très près. Le sanglier fait le bruit particulier à son congénère domestique; le reedbuck glapit d'une façon perçante lorsqu'il est effrayé : on dirait presque le cri d'un jeune chien; le guib aboie également par intervalles, d'une voix plus basse; le rhinocéros corne à la course, comme les chevaux qui ont ce défaut. Les mâles de toutes les espèces d'antilopes font entendre un certain bruit à certaines époques de l'année, au moment de l'accouplement, et les faons crient jusqu'à ce qu'ils cessent de teter. Qu'elle s'en serve ou non, aucune espèce ne manque de voix, car la souffrance et l'agonie leur arrachent des sons quelquefois retentissants. Je n'ai pas besoin de parler du cri harmonieux du singe, qui est d'ailleurs connu; le vieux cynocéphale aboie d'une voix profonde.

Le kob, le bubale, le reedbuck et même le sanglier se rencontrent généralement dans un rayon de trois ou quatre kilomètres autour de l'eau : ils ne s'en éloignent pas davantage; leur présence est un signe certain qu'il y en a aux environs, et le voyageur qui ne connaît pas le pays peut la découvrir en suivant leurs traces anciennes et récentes (1).

Le zèbre, l'éland, l'antilope noire, au contraire, s'en éloignent beaucoup et voyagent souvent une nuit entière pour aller boire et s'en retourner; aussi ne peut-on tirer de leur

---

(1) C'est ce qui a valu au kob le nom de *Waterbuck*.

présence dans une région la certitude qu'il s'y trouve un endroit où se désaltérer.

Dans les lieux que l'homme ne fréquente pas, tous ces animaux boivent de jour, généralement aux heures chaudes de la journée, à partir de dix heures du matin jusqu'à midi ou une heure. Ils vont ensuite viander (1) et reviennent au coucher du soleil. Dans ce cas, leur nuit est consacrée au repos. Si, au contraire, les populations sont voisines, ou si l'homme a coutume de les poursuivre, ils font l'inverse, se reposant pendant la chaleur du jour dans des retraites épaisses et quittant leur reposée la nuit pour aller au gagnage (2). C'est pourquoi on voit, en général, beaucoup de traces et peu de gibier. En pareil cas, il faut chasser dans les lieux découverts jusqu'à dix heures environ, continuer sous couvert et dans les endroits plus touffus jusqu'à quatre ou cinq heures, et revenir de nouveau en plaine à ce moment.

Les antilopes, quelles qu'elles soient, ne passent jamais la nuit sous bois : les grands carnassiers y auraient facilement raison d'elles; elles choisissent, au contraire, des endroits très découverts, où il y ait pourtant assez d'herbes et de petites broussailles pour les aviser de l'approche d'un ennemi, et où, au moindre bruit, elles puissent fuir aisément.

Selon les espèces, une harde se compose d'un nombre différent d'individus; chez la gazelle il peut atteindre plusieurs milliers; chez l'impala, une centaine ou deux; chez le kob, l'éland, le zèbre, une vingtaine; chez le bubale, dix à quinze (3).

Le guib, le reedbuck, le bluebuck (4), l'antilope noire, sont toujours isolés ou par couples.

---

(1) Terme de vénerie : brouter.
(2) Terme de vénerie : pâturage.
(3) Ces chiffres représentent le maximum.
(4) La plus mignonne des antilopes : j'en parlerai tout à l'heure.

De juillet à novembre, les mâles et les femelles vivent ensemble; ils se séparent ensuite et restent en hardes du même sexe où le plus âgé prend la direction; souvent il est fait exception à cette règle en faveur de l'expérience et de l'instinct. Si un animal de la bande a été blessé et s'est guéri, c'est lui qui la dirige, quels que soient son sexe et son âge : les autres lui reconnaissent un savoir qu'ils ne possèdent pas, et, en effet, il est fort difficile d'approcher d'une troupe conduite par un ancien blessé. A défaut de ce dernier, s'il y a une femelle avec son faon, le commandement lui revient, sa sollicitude pour son petit étant la meilleure des sauvegardes.

Les faons naissent généralement de février à mars, ils tettent quatre ou cinq mois.

Dès qu'un animal est blessé, il quitte aussitôt la harde, pour ces deux raisons, je pense : 1° sa blessure le met en état d'infériorité et il ne pourrait suivre ses camarades dans leur fuite; 2° ceux-ci le chassent eux-mêmes parce que le sang qu'il perd attire l'homme et le lion sur leurs traces. La preuve que l'animal se sait facile à suivre n'est-elle pas dans les mille tours et détours qu'il fait lorsqu'il perd du sang, espérant ainsi dépister ceux qui le cherchent?

Il faudrait dix volumes pour décrire les mœurs de tous les animaux qui peuplent les forêts, depuis la petite gerboise jusqu'à l'éléphant, le seul et véritable roi des animaux.

Chaque espèce a ses habitudes, sa nourriture et son gîte préférés; elle a un faible ou un défaut dont le chasseur doit tirer parti, et c'est ce que vous enseigne peu à peu une vie continuelle dans les bois. On en a vu un exemple dans la façon d'attraper des singes vivants. En voici un autre.

Une fois que nous allions nous asseoir au pied d'un arbre creux, un chat-tigre bondit hors de l'excavation et s'enfuit; mes hommes s'écrièrent : « Dépêchons-nous de le suivre, et il est à nous. » — Pourquoi? — Parce que le chat-tigre n'a pas de rapidité à la course, qu'on le force facilement, et que, s'il ne trouve pas de trou à portée, il monte sur un arbre. C'est ce qui arriva. Nous étions deux ou trois qui courions fort bien ; le chat-tigre nous eut bientôt sur les talons malgré ses détours et ses sauts à travers les taillis ; il grimpa alors à un arbre où je le tuai facilement. J'avais appris ce jour-là quelque chose de plus.

Quand on a étudié de près et qu'on connaît bien la façon d'agir de chaque animal, on arrive à trouver la manière de le capturer. J'ai inventé deux ou trois pièges, qui, tout rudimentaires qu'ils fussent, ont fait de fort bonne besogne ; j'en reparlerai plus loin.

Le métier de chasseur consiste à détruire des animaux, j'en conviens, mais il n'exclut pas l'admiration que l'on éprouve en étudiant leurs mœurs ; il m'est arrivé quelquefois même de les épargner pour cette raison. Ainsi, un matin, à l'affût, je vis arriver près de l'eau une famille de bluebucks ; on eût dit des élands vus par le gros bout d'une lorgnette. On se souvient que cette antilope, la plus mignonne de toutes, ne mesure que $0^m,26$ de hauteur et pèse à peine quatre kilos ; elle est admirablement proportionnée et laisse une petite empreinte qui est, en miniature, celle du kob. Elle a une petite paire de cornes droites longues de 6 centimètres au plus, et sa couleur est celle du reedbuck.

Or, ce jour-là, je vis arriver le mâle, la biche et le faon dont on se figurera aisément la taille d'après celle du père ; il eût tenu à l'aise sur la main ouverte.

Ces bijoux de la nature, ces gracieux petits êtres, prenaient pour s'approcher de l'eau les mêmes précautions que les grandes antilopes ; il faut dire que, s'ils n'ont pas à craindre le lion, ils ont aussi des ennemis de taille proportionnée. Je les vis boire et les admirai pendant longtemps, mais je ne tirai pas, comme bien l'on pense ; non que je les aie jugés trop petits pour dépenser une cartouche; mais parce que, à mon avis, ces jolis animaux n'ont pas été faits pour nourrir l'homme; ils sont comme ces fleurs délicates qu'on admire sans y toucher.

Le bluebuck (*cephalophus pygmeus*) habite les fourrés très épais, les taillis sombres; les indigènes lui attribuent la faculté de sauter dans les arbres

Bluebuck (*cephalophus monticola.*)

et de s'y accrocher par les cornes, mais je n'ai jamais pu vérifier cette assertion. Je n'en ai d'ailleurs aperçu qu'à deux reprises : à l'affût près de l'eau, le jour dont je viens de parler, et une autre fois pendant que je me traînais à plat ventre dans la boue et les feuilles trempées, cherchant à m'approcher de la retraite d'un rhinocéros. Je me reposais un instant, quand un bluebuck passa tout à côté de moi sans soupçonner ma présence.

En dehors des félins, il est des animaux qui se voient rarement de jour et qui peuplent les bois dès que la nuit est tombée. De ce nombre sont le fourmilier, quelques espèces de civettes, le blaireau, la loutre sur le bord des rivières, etc. Les serpents, les crapauds, que gênent le soleil et la lumière, choisissent également ce moment pour faire leurs promenades; on voit par leurs traces, le matin, qu'ils ont étendu leurs excursions fort loin. Les feux de campement ont le grand avantage de tenir tout ce monde nocturne à distance respectueuse : les crapauds forcent pourtant la consigne, à la poursuite des insectes nombreux que la lumière attire dans son rayon; ils payent de leur vie cette imprudence.

Je n'ai vu qu'une fois, de jour, sur les bords de la rivière Revougoué, où j'étais à surveiller des hippopotames, les ébats d'un couple de loutres dont on entendait le soir les hou-hou monotones; j'en tuai une, mais l'autre ne reparut plus. Le poil de l'espèce africaine est moins long, plus rude et plus gris que celui de la loutre d'Europe.

Je ne pourrais citer sans en oublier, quoique je les aie entendus continuellement, tous les bruits qui frappent l'oreille du chasseur dans le silence des nuits, alors que, immobile dans l'obscurité, il attend le fauve méfiant qui ne vient pas. Il y a le grillon dont le cri strident résonne plus ou moins loin, et, par intervalles, le *cadzidzi*, gros hibou qui vient toujours vous faire visite et auquel les indigènes, ressemblant en cela aux gens de nos campagnes, attribuent le don de porter malheur. Je ne l'ai jamais aperçu ou plutôt je ne l'ai aperçu que fort mal, lorsque, perché sur une branche nue, sa silhouette se détachait sur le ciel; il pousse des notes saccadées : hû hû hi-hi-hi. Sa curiosité satisfaite, il s'en va d'un vol lourd. Il y a des grenouilles au coassement européen, et dont les têtards, encore dépourvus de voix, sifflent comme des grillons; des loutres qui font hou-hou; un grand oiseau de proie (1) au chant diurne et nocturne à la fois, qui chante avec sa femelle le duo que voici. Madame roucoule : « Diti diti ». Monsieur répond dans le lointain, d'une voix basse : « Doutou doutou », et cela dure pendant des heures. Ces oiseaux ne se nourrissent que de colimaçons énormes qui sont particuliers au pays. L'emplacement de leur nid est trahi par les coquilles nombreuses que l'on trouve au pied des arbres.

Des chauves-souris au vol capricieux et invisible, mais qui se devinent par leur petit cri aigu, tournent autour de vous. Parfois, des hérons ou des canards en voyage passent dans le ciel, poussant dans l'éloignement une note rauque ou un cri nasillard; la tourterelle chante aussi par intervalles, mais sans régularité, quoiqu'on lui fasse la réputation d'indiquer

---

(1) Les indigènes l'appellent Nyangomba.

exactement les heures; elle ne peut malheureusement pas remplacer le coucou, ce qui serait pourtant bien commode pour les chasseurs sans montre. Enfin, le vent aussi pousse dans le feuillage des bruissements irréguliers.

Si j'ajoute à tous ces bruits, les aboiements des chacals et des loups, les cris des reedbucks et des guibs, les ricanements ou les sanglots de l'hyène, les rugissements du léopard et du lion, qui s'y mêlent de temps en temps, on aura une idée de cette musique des bois. Un vrai concert! Des animaux que je viens de citer, il est rare que plusieurs ne se fassent entendre à la fois : le silence n'est jamais tout à fait complet. Au camp, on a de plus les ronflements des dormeurs sur divers tons, un pétillement subit du feu, et, comme complément, la musique à la fois délicate et terrible des moustiques.

Mais au moment où l'aube jette sa première lueur dans le ciel, tout rentre dans le calme. Les petits oiseaux commencent leurs gazouillements. Dans les endroits habités, la voix du coq s'entend aussi à de grandes distances. Les bois reprennent leur aspect habituel, c'est-à-dire qu'ils semblent déserts, tandis qu'une tourterelle isolée chante encore, désormais seule à troubler la tranquillité...

Revenons-en maintenant à la chasse. Pendant l'année 1892, avant l'achèvement de la saison des pluies, c'est-à-dire avril, je passai encore plusieurs semaines à la poursuite des buffles. J'étais dans une région assez peu peuplée et tellement boisée qu'on avançait avec peine en se frayant un passage à travers un inextricable réseau de branches, d'arbustes et de lianes. Des buffles avaient établi leurs quartiers dans le pays et, chaque jour, connaissant leurs habitudes, je les retrouvais dans les retraites qu'ils affectionnent, aux heures chaudes de la journée.

J'en tuai ainsi une vingtaine en un mois; pendant ce laps de temps, je fus chargé plusieurs fois et risquai d'être éventré en chacune de ces occurrences. Comme j'ai déjà raconté au lecteur une de ces aventures, et qu'elles se ressemblent toutes, je lui en épargnerai le récit. C'est toujours au milieu d'une végétation épaisse, où vous l'avez suivi aux rougeurs, que l'animal vous attend, immobile et très bien dissimulé. Il se précipite sur vous à l'improviste, et il faut avoir tout son sang-froid et sa présence d'esprit pour le regarder venir.

Pour prouver que le buffle est parfaitement vulnérable au front à travers la masse cornue qui lui couvre une partie de la tête, je citerai ici un coup que j'essayai en pareille occasion. Le buffle blessé était allé se réfugier dans un fourré placé perpendiculairement au chemin qu'il venait de parcourir. Je l'entendis tout à coup renifler à quelques mètres; je m'arrêtai immobile et fis monter Msiambiri sur un arbre, afin que d'en haut il essayât d'apercevoir notre ennemi.

En effet, à peine était-il au sommet, qu'il me fit signe qu'il le voyait; avec cette adresse et ce sentiment inné de l'orientation et de la direction qui caractérisent les chasseurs indigènes, il remarqua l'animal un instant, prit des points de repère, descendit et, à l'aide d'un petit détour, me mena près d'un gros arbre d'où on devait l'apercevoir. Je risquai un œil. Juste en face de moi était le buffle qui m'attendait. Sa piste passait entre nous, et il supposait que j'allais venir en suivant les traces de son sang. Il était immobile, prêtant l'oreille, la tête placée naturellement. D'où j'étais, je ne voyais que son vaste front couvert par les cornes, son œil noir brillant, ses oreilles et quelques centimètres de son échine, à une distance de dix mètres; le reste du corps était caché par la végétation ainsi que le mufle et l'extrémité des cornes.

Je n'avais donc pas le choix; je pris mon calibre 12 à pointe d'acier et je tirai au front, sortant de ma fumée avec une précipitation facile à comprendre; mais, aucun bruit ne suivant celui de ma carabine, je revins à mon poste d'observation et constatai que le buffle n'y était plus; sur le sol, sa masse noire se devinait ; mais était-il mort? Pour plus de prudence, j'envoyai encore une balle dans l'ombre et, comme rien ne remuait, j'y allai voir, avançant insensiblement, le doigt sur la détente, le fusil près de l'épaule, l'œil et l'oreille aux aguets.

Le buffle était mort : ses cornes, son cerveau, la base du crâne étaient traversés et la balle logée dans les chairs du cou. Si l'on examine soigneusement les cornes du buffle, on verra qu'elles lui tiennent lieu d'os frontal et que la plus grosse épaisseur au dessus du cerveau n'excède pas cinq ou six centimètres.

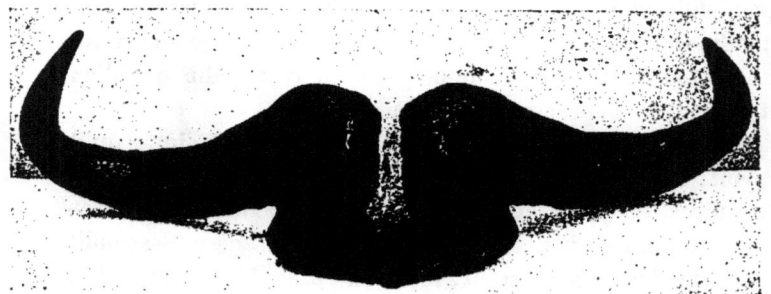

Cornes de buffle appartenant à ma collection.

Une balle doit donc facilement y pénétrer, à condition d'être tirée bien de face. Si, au contraire, l'animal a la tête levée, la surface étant frontale en oblique, il est à craindre qu'il n'y ait ricochet.

Je tuai encore deux léopards dans la même région que les buffles. Le camp étant loin, il m'arriva de laisser de la viande dans la jungle, faute de temps pour l'emporter ; le lendemain, ma viande avait disparu, comme de juste ; je trouvai des débris d'ossements sous tous les buissons et partout des traces de lions, d'hyènes et de léopards.

Voulant mettre à profit une si belle aubaine, j'apportai le lendemain une cuisse de buffle que j'attachai solidement, afin qu'elle fût dévorée sur place, et je me postai sur un arbre assez élevé, presque immédiatement au dessus, avec ma canardière chargée, comme toujours, d'une large poignée de chevrotines. La lune était magnifique, mais, malgré le soin que j'avais pris d'étêter tous les buissons voisins et même d'en abattre quelques-uns, on n'y voyait pas du tout.

Vers le milieu de la nuit, je commençais à avoir très sommeil, lorsque les hyènes me rappelèrent au sentiment du devoir. J'entendais bien craquer la viande en bas, et d'abord je crus que ces vilains animaux s'en régalaient. Toutefois, comme ils continuaient à ne pas se rapprocher de moi, je finis par comprendre qu'ils se tenaient à distance, attendant leur tour, comme ils le font lorsqu'un animal plus fort, léopard ou lion, est en train de déjeuner. Aussi me décidai-je à tirer; je savais parfaitement l'endroit où était l'appât, sans toutefois le voir. Au bruit de ma détonation, rien ne répondit. A cette distance (je pouvais être à six ou sept mètres), mon fusil devait avoir couvert la viande d'une couche régulière et serrée de projectiles.

Vers le matin, les hyènes se firent encore entendre, mais personne ne sembla plus s'approcher de l'arbre. Dès que le jour parut, je vis en bas un léopard mort, tué raide dans la position où il était lorsque j'avais tiré : dressé sur la cuisse du buffle, il mordait la viande, tandis que ses griffes y étaient encore enfoncées; il avait six chevrotines rien que dans la tête et dix-neuf sur les autres parties du corps.

Le lendemain, la même scène se renouvela, mais le léopard partit en renâclant, en rugissant de douleur, et je l'entendis s'éloigner pendant plus d'un quart d'heure.

Une autre fois, croyant encore avoir affaire au félin, j'abattis une hyène, et la nuit suivante, je tuai un deuxième léopard qui alla mourir à deux mètres de l'appât. Le lion seul me tenait toujours rigueur. Il profitait toujours de ce que j'étais absent pour

UN AFFUT DE NUIT. 181

venir manger les restes de la viande ; mais, jusqu'à présent, nous ne nous étions rencontrés qu'une fois.

Quand on cherche bien on finit par trouver, et, comme on va le voir, notre deuxième rencontre ne se fit pas attendre.

Défenses de rhinocéros de ma collection.

CHAPITRE IX.

Retour au pays des Atchécoundas. — Voyage chez Mouana-Maroungo. — A la recherche des éléphants. — Campement dans les marécages. — Nous apercevons un troupeau d'éléphants sans pouvoir les poursuivre. — Une nuit au milieu des moustiques. — Chasse aux impalas. — Vitalité des petites antilopes. — Animaux survivant à leurs blessures. — Capture d'un kob vivant. — Soins à prendre pour apprivoiser les antilopes. — Antilopes noires. — La Sitoutounga. — Les fourrés épineux. — Retraites à rhinocéros. — Rodzani, Maonda, Tambarika et Tchigallo. — Une page de mon carnet de chasse. — Le guib et ses mœurs. — Chasse à courre aux flambeaux. — Camp chargé par un rhinocéros. — Poursuite et mort de mon premier lion. — Quelques mots sur les mœurs du lion.

Ma visite dans l'Ouest terminée, je retournai au pays des Atchécoundas, avec l'intention de me diriger cette fois vers l'Est et de commencer l'exploration des territoires situés entre Makanga et la rivière Chiré. Je désirais d'abord aller au nord-ouest chez Mouana-Maroungo, pays dont le roi seul était connu de nom et où personne n'avait encore pénétré.

D'ordinaire, lorsque je posais aux indigènes mon éternelle question : « Y a-t-il des éléphants de ces côtés-ci? » ils me répondaient invariablement que l'éléphant était partout et nulle part, voulant dire par là que ses habitudes sont si irrégulières, ses marches tellement longues, ses voyages si continuels, qu'on pouvait le rencontrer à un kilomètre du village, tout comme ne le voir jamais après des mois de poursuite.

Aussi, en arrivant chez Mouana-Maroungo, m'apprêtais-je à la réponse habituelle, quand, à mon grand étonnement, le roi me répondit : « Rencontrer des éléphants? Oui... peut-être, en allant près de Tchipembéré (un chef voisin), *patchipeta* (1) *ia matopé* », ajouta-t-il (dans la vase et les ajoncs), voulant désigner de grandes plaines qui se rencontrent dans les vallées au sud de son pays, et qui constituent, pendant les pluies, de véritables marécages. Nous nous rendîmes aussitôt chez Tchipembéré, l'heureux voisin des éléphants, et nous arpentâmes son pays et les plaines en question. Quoiqu'elles fussent presque desséchées à cette époque de l'année, on y enfonçait encore fort bien et il n'était pas difficile de reconnaître notre passage : quelqu'un qui aurait eu la constance de nous suivre aurait certainement trouvé que nous avions beaucoup trop marché.

Les empreintes d'éléphants étaient loin de manquer, mais il n'y avait pas de piste fraîche, c'est-à-dire datant de la demi-journée ou tout au moins du matin.

Une troupe d'éléphants avait en effet fréquenté l'endroit à plusieurs reprises : leurs traces se retrouvaient bien à des dates différentes, mais, pour le moment, après quatre jours de promenade, nous n'avions rien appris de plus satisfaisant. Décidément, Mouana-Maroungo et Tchipembéré étaient des..... fumistes.

Nous nous étions beaucoup éloignés, fatigués et privés pour rien. J'avais eu avec d'autres animaux plusieurs occasions magnifiques dont je n'avais pas voulu profiter de peur de faire du bruit et d'effrayer les éléphants qui devaient se trouver dans le voisinage, et que je ne trouvais pas.

Le 19 mai au soir, comme il n'y avait point d'eau à la ronde, sauf un trou au milieu du marécage, nous nous décidâmes à

---

(1) On appelle *tchipéta* ou *tséréka* de grosses herbes très épaisses et dures qui résistent aux flammes et qui continuent à hérisser le sol après que le feu a passé.

camper à une cinquantaine de mètres de là, dans un endroit un peu moins humide. Les rosées étant très abondantes, je fis dresser un toit de tente au milieu du marécage, tandis qu'il faisait encore jour, afin que les moustiques me trouvassent préparé à les recevoir avec une bonne moustiquaire bien fermée.

Au moment où l'on achevait ces préparatifs et où les hommes allaient partir pour trouver du combustible, ce qui constituait un voyage de plus de deux heures, je contemplais vers l'ouest le soleil qui allait disparaître derrière les collines de l'horizon, envoyant ses reflets rougeâtres sur l'immense plaine où nous nous trouvions. J'avais le vent de dos, une petite brise dont j'augurais bien si elle durait, car elle nous chasserait les moustiques. Je regardais le vague, l'éloignement, plongé dans je ne sais plus quelles pensées, quand, tout à coup, j'entendis derrière moi une exclamation qui m'arrêta le cœur et la respiration, un seul mot qui me fit une impression prodigieuse : *Ndjovo! ndjovo!* (l'éléphant! l'éléphant!) cria Rodzani, un de mes chasseurs, et tout le monde suivit la direction de son doigt..... Entre nous et les collines dont je viens de parler, sept colosses, sept énormes masses grises, à plus de quinze cents mètres de nous, marchaient lentement à la file indienne allant du nord au sud.

Je sautai sur mon casque, sur mon fusil, mais Msiambiri me dit tristement : « *Mzoungo* (Monsieur) que voulez-vous faire? la nuit arrive, il n'y a pas de lune et ces éléphants vont nous sentir dans un instant; nous n'avons pas même le temps de nous enfuir pour leur enlever notre vent. »

Msiambiri avait raison!.. En tête marchait un gros mâle qui levait sa trompe à chaque instant. A l'aide de ma lorgnette, j'apercevais ses grandes oreilles qu'il balançait d'avant en arrière. Le jour baissait de plus en plus; mais je vis tout à coup les éléphants s'arrêter brusquement, faire face à notre direction, lever leurs trompes au dessus de leurs têtes et avancer leurs

J'APERÇOIS POUR LA PREMIÈRE FOIS UNE TROUPE D'ÉLÉPHANTS.

oreilles..... puis, ils firent volte-face, le dernier devint le premier et, au pas de course, ils s'éloignèrent rapidement disparaissant dans le crépuscule : ils nous avaient sentis.

Je laisse à penser l'impression que j'éprouvai en face de cette mauvaise chance qui s'acharnait après moi. Après quatre jours de marches fatigantes, les éléphants m'apparaissaient à la nuit tombante, par un temps mi-couvert, et, qui plus est, j'étais placé de façon à leur laisser prendre mon vent immédiatement ! Quel beau résultat ! Cela valait-il la peine de m'être privé de chasser depuis quatre jours, d'avoir à peine dormi, à peine mangé ?

Dès que les gigantesques pachydermes eurent disparu, la brise cessa comme par enchantement. Cette ignoble brise ! Elle voulait bien mettre les éléphants en fuite, mais continuer en même temps à nous débarrasser des moustiques eût été une trop grande faveur. Et les moustiques arrivèrent par centaines, par milliers, par nuages épais ! Personne ne dormit au camp ; les hommes ne purent rester en place qu'en s'entourant de grands feux de paille qui demandaient des allées et venues continuelles et tout le monde pour les alimenter. Autour de ma moustiquaire, il y avait une telle quantité d'insectes que leurs bourdonnements à l'unisson donnaient l'illusion de lointaines fanfares de chasse.

J'avais vu beaucoup de moustiques dans ma vie. Je me rappelle surtout, entre autres, une nuit terrible passée autrefois sur le Whémé (1), où mes compagnons et moi, sans fermer l'œil, passâmes la nuit debout, nous promenant à grands pas et nous donnant sur le corps des claques retentissantes. Mais c'était à peine comparable à ce que nous souffrîmes au milieu de ces marécages ; malgré les feux, les hommes ne purent bientôt plus résister aux terribles insectes ; ils firent des torches de paille et

---

(1) Fleuve de la côte occidentale d'Afrique formant la limite ouest du Dahomey.

allèrent se baigner au trou d'eau voisin à la lueur des flambeaux, afin de soulager la douleur causée par ces milliers de piqûres.

Quant à moi, je m'endormis vers le matin et me réveillai peu après la figure et le front boursouflés. Par des petits trous imperceptibles échappés par mégarde à un raccommodage soigneux, des quantités de moustiques étaient entrés dans ma moustiquaire; mais, gonflés de mon sang, ils ne pouvaient sortir ou ne retrouvaient pas les ouvertures par lesquelles ils avaient pénétré; j'attendis le jour et les tuai jusqu'au dernier. Quand j'eus fini, à voir mes mains pleines de sang, on eût dit que je venais d'égorger une antilope.

Mais le dicton « à la guerre comme à la guerre » peut s'appliquer à la chasse; tous ces petits tracas, ces vicissitudes sont inséparables de l'existence du chasseur : c'est le complément inévitable de la vie dans les bois. Je ne m'en plains pas.

Aujourd'hui, je considère la rencontre de l'animal cherché comme dépendant de circonstances en dehors de votre volonté, ce qui peut également s'appeler chance ou hasard; il faut néanmoins aider à ce hasard de toutes ses forces, être patient, calme, et surtout infatigable. Mais, à cette époque, j'étais beaucoup moins blasé sur ces émotions et je considérais comme un malheur irréparable ma rencontre manquée avec des éléphants : je ne cessai, pendant des journées, des semaines, de me répéter que j'étais excessivement malheureux et que la déveine s'acharnait après moi.

Pour me consoler de cette mésaventure, je me mis à poursuivre sans relâche une harde d'impalas que j'avais aperçue plusieurs fois et je me servis du stratagème que j'ai déjà décrit, qui consiste à les affoler par une poursuite acharnée.

L'impala est l'antilope dont le poil est le plus doux et la couleur la plus délicate; elle a le ventre blanc et le reste du corps d'une couleur qui tient entre le fauve clair et le café au lait.

Éclairé d'une certaine façon, son poil soyeux a des reflets rougeâtres.

Le mâle, seul a des cornes qui sont d'une forme très élégante. Sauf qu'elle a la tête un peu forte par rapport au corps, l'impala est plutôt élancée et gracieuse.

Chez elle, comme chez toutes les antilopes, j'ai constaté une force de vitalité extraordinaire. Un jour, une de mes balles atteignit le ventre d'une d'elles ; le projectile, en éclatant, ouvrit complètement l'abdomen et les intestins s'en échappèrent avec beaucoup de sang. Pendant plusieurs heures, nous ne suivîmes que des rougeurs, puis, nous trouvâmes, accrochés aux branches et aux épines, des débris de boyaux sanguinolents que l'animal s'était arrachés dans sa fuite.

Mes hommes les ramassaient au fur et à mesure et, après les avoir vidés, les roulaient, Msiambiri disant avec raison que, si nous perdions l'animal, nous aurions au moins un plat de tripes. La pauvre bête devait souffrir atrocement, mais elle ne tomba pas ; malgré ses blessures, elle continua à fuir, le ventre vidé, les veines à sec : elle finit par s'arrêter près de trois heures et demie après avoir été blessée. N'ayant plus la force de marcher, elle se cacha en se mettant contre une branche grosse et basse qui partait presque horizontalement de terre ; elle était si bien dissimulée qu'on ne lui voyait que les quatre pieds à une vingtaine de mètres sous bois ; j'eus un grand détour à faire pour pouvoir l'achever.

Je pourrais citer des centaines de ces exemples de vitalité, surtout chez les petites antilopes. Horriblement mutilées par un projectile qui tue raide les plus gros animaux, elles trouvent souvent la force de vous échapper ou de vous forcer à des poursuites dont elles ne valent pas la peine. Une bête de grande taille est presque hors de combat lorsqu'elle a une jambe cassée ; dans ces conditions, un éland, un buffle, sont perdus. Les petites ont l'air de n'en courir que mieux : j'ai vu une femelle de guib avec un membre de devant cassé, fuir avec une telle rapidité que je crus l'avoir manquée; mais au bout de cinquante mètres, elle tomba, fit plusieurs tours sur elle-même emportée par l'impulsion, se releva et partit de plus belle pour retomber encore.

Les antilopes survivent souvent à leurs blessures; j'ai vu dans des districts où je n'étais jamais venu, des animaux blessés par d'autres chasseurs et qui conduisaient une harde. On les reconnaissait généralement à leur air méfiant, à leur démarche différente des autres, à une légère boiterie, à une empreinte déformée, etc., etc. Pendant une de mes chasses à l'affût, je blessai un jour à la jambe un kob qui s'enfuit avec les autres et ne laissa pas de traces de sang. Deux ou trois jours après, je vis arriver le kob, boitant péniblement, ayant le membre enflé et douloureux et ne pouvant avancer qu'avec la plus grande difficulté; j'envoyai aussitôt des hommes qui n'eurent pas de peine à le capturer et je le fis transporter au camp. On le coucha sur l'herbe, je pansai sa jambe malade qui pouvait encore guérir et je le laissai à distance, attaché à un arbre. Tel fut son effroi de voir des hommes autour de lui, de sentir leur odeur si redoutée, qu'il était couvert de sueur et qu'il mourut deux heures après. Les animaux adultes s'habituent rarement à l'homme, tandis que, pris jeunes, ils s'apprivoisent avec la plus grande facilité. J'ai eu pendant plus d'un mois un jeune bluebuck, auquel une femme d'un village voisin venait donner à teter deux fois par jour, moyennant un salaire très élevé. Il commençait à connaître tout le monde, à venir quand on l'appelait. J'avais un grand feutre que je mettais dès que le soleil était descendu et qui restait sur une petite caisse dans un coin de ma tente; il sautait sur la cassette et se couchait dans le chapeau. Il haïssait évidemment Gaétan et Fanchonnette et les évitait avec le plus grand soin. L'ayant laissé dans un village, pendant une absence, j'appris à mon retour qu'il était mort; les enfants avaient dû s'en amuser.

Les antilopes ne peuvent vivre que si on ne les touche pas; rien ne leur est plus désagréable que d'être prises, d'être palpées, d'être tirées par une jambe, d'être manipulées sans soin, et cela a pour effet de les faire dépérir. Plus tard, quand elles sont grandes, une légère caresse de la main sur la tête ou sur le dos suffit. C'est ce qui explique l'état généralement prospère des animaux que l'on garde dans les jardins d'acclimatation : ils sont en dehors de la portée des passants.

Quant aux singes, Gaétan m'ayant mordu un jour violemment à la cuisse, il fallut la prière de mes hommes pour m'empêcher de lui faire lier connaissance avec ma carabine; je le poursuivis néanmoins à coups de pierres sur l'arbre où il s'était réfugié et je n'eus de repos que je ne l'en eusse fait tomber. J'en fis ensuite don à Hanner qui fut mordu également et se vengea à coups de pied. S'il y avait eu disette, je les aurais mangés, mais je me contentai d'en faire cadeau au chef du village de Mtchèna, où ils sont encore. Je les ai revus peu de temps avant mon départ et j'ai eu de la peine à les reconnaître, tellement leur taille avait augmenté; eux m'ont paru, au contraire, fort bien me reconnaître, et Gaétan en me voyant s'est mis à crier comme si on l'écorchait vif.

Ma garde-robe commençait à devenir très succincte au moment où je chassais les impalas; aussi essayai-je de mettre à profit leur joli pelage pour me confectionner une veste solide.

Je fis d'abord assouplir et tanner leur cuir à la façon indigène, je décousis ensuite un vieux gilet qui me servit de patron, j'ajoutai des manches en toile à voile et j'eus une veste tellement solide que je n'ai jamais pu l'user; je la possède encore.

Après avoir poursuivi les impalas pendant quelques jours et en avoir mangé une quinzaine, je quittai les plaines pour rentrer sous bois; j'y rencontrai des traces nombreuses d'antilopes noires. L'antilope noire (1) dont j'ai déjà donné une idée en parlant des mœurs des animaux, est une espèce tout à fait distincte des autres et avec laquelle la rouanne dont j'ai parlé (*hippotragus leucopheus*) est la seule qui ait quelque ressemblance comme formes.

Celle dont il s'agit ici n'est noire que lorsqu'elle arrive au terme de sa croissance et de son développement. A vrai dire, son poil est plutôt brun très foncé. Elle a des taches blanches au ventre et sur le chanfrein, et ses cornes, posées presque sur les yeux, se recourbent gracieusement en arrière. Elles touchent le dos pour peu que la bête soit vieille, lorsqu'elle lève la tête. Avant l'âge mur, elle est d'un brun d'autant plus clair qu'elle est plus jeune : c'est pour cela qu'il y a des harrisbucks de toutes les teintes, depuis le rouge bai jusqu'au noir presque parfait.

Les cornes poussent d'abord droites : elles ne se recourbent en arrière qu'à partir de trente centimètres environ.

L'antilope noire affectionne tout particulièrement les bois sombres; elle ne se montre à découvert que le soir après le coucher du soleil, ou le matin avant son lever. Ses fumées sont plus allongées que celles des autres ruminants de son espèce et ses pinces plus écartées. La taille d'un mâle adulte, supérieure à celle d'un kob ou d'un bubale, se rapproche de celle du koudou. Ses membres antérieurs semblent plus longs que les autres à cause de l'élévation extrême du cou et du garrot qui sont bordés d'une crinière et donnent à l'échine une pente marquée vers la croupe.

A propos des diversités de couleur du pelage chez les animaux de même espèce, j'ai entendu bien des discussions tendant à faire supposer qu'il en existait plusieurs variétés. Or, l'expérience et une observation continuelle m'ont appris

---

(1) *Hippotragus niger*. Les Anglais la nomment « harrisbuck ».

qu'il n'y a qu'une seule variété de chacune des antilopes que j'ai citées : si leur pelage diffère, c'est pour des causes diverses, dont les principales sont l'âge et le milieu habité.

Je parlais à l'instant des antilopes dites noires, dont la couleur varie du bai au châtain presque noir. Le kob offre la particularité contraire : son poil devient plus clair et plus court au fur et à mesure qu'il vieillit. Le jeune faon est marron foncé,

Antilope noire (*hippotragus niger*).

tandis que le vieux mâle est gris clair; le premier a le poil tellement long qu'on croirait à une espèce différente, le second l'a tout ras.

L'éland, mâle et femelle, perd avec l'âge sa couleur jaune et les raies transversales de son dos; son poil tombe, et la peau devenue plus visible lui donne une teinte gris clair, puis gris foncé; certains vieux taureaux sont bleu ardoise, et cette particularité les fait distinguer aisément au milieu du troupeau.

Le bubale passe par des transformations analogues, mais la

différence du jaune entre un jeune et un vieux sujet est moins grande.

Le koudou perd également ses stries dorsales; mais, comme il est toujours grisâtre, il change peu; son poil seul devient plus rare.

Ces indices de couleur, la dimension et l'usure des cornes et du pied font connaître l'âge d'une antilope.

J'ai découvert vers le milieu de 1892, dans un seul district limité à quelques lieues carrées, une espèce d'antilope très rare, dont M. Selous parle dans ses ouvrages (1) et dont il n'a vu qu'un seul spécimen : la *sitoutounga,* comme il l'appelle, d'après les indigènes du haut Zambèze.

Cette espèce a ceci de curieux que le mâle et la femelle adultes ne sont pas de même couleur. Celle-ci a la teinte du reedbuck, mais avec une taille plus élevée, tandis que le mâle est de couleur gris foncé presque noir, lorsqu'il est vieux; jeune, il est comme le koudou.

Il ressemble beaucoup à ce dernier : même forme de tête et de cornes; mêmes marques blanches; seulement sa taille est moins élevée.

Je n'ai tué qu'une sitoutounga mâle; mais j'ignorais ce que ma trouvaille avait de précieux. Quand je l'appris, j'avais déjà jeté ou coupé la peau, ne lui croyant pas de valeur, et je retournai sans succès dans la région où je l'avais rencontrée; je n'y tuai que des femelles. Pour une centaine de celles-ci, il y a à peine quatre ou cinq mâles. De plus, cette antilope se tient dans des fourrés inextricables d'épines, très sombres, enchevêtrés de lianes, où on risque à chaque pas de tomber sur un rhinocéros : en pareille occurrence on serait perdu, car on ne peut faire un pas sans s'écorcher et s'arrêter pour dégager ses vêtements ou sa peau; on ne marche qu'avec un sabre d'abattis

---

(1) *A Hunter's wanderings in South Africa.*

pour s'ouvrir un chemin. Avec beaucoup de patience, de peine et d'écorchures, j'arrivai à tuer quelques femelles sitoutoungas, mais c'est le mâle qui m'intéressait.

Un jour, je faillis me rencontrer dans ces jungles épaisses avec un éléphant femelle accompagnée de son petit; nous l'entendîmes distinctement, un de mes hommes et moi. Ce noir, chargé le lendemain par un rhinocéros, ne dut son salut qu'à un arbre sur lequel il monta... bravement. L'arbre était couvert d'épines énormes, courtes, aigües et recourbées. Le malheureux, dès que le danger fut passé, ne pouvant descendre, se laissa tomber sur un buisson aussi épineux que l'arbre ; il nous fallut tout un jour pour extraire les pointes restées dans sa chair ; son corps n'était qu'une plaie. Mais tout cela ne se passa qu'un an après et je ramène le lecteur en 1892, au moment où, fatigué des plaines, je chassais sous bois l'antilope noire.

Jamais je ne vis animal plus méfiant et plus difficile à approcher. Toujours sur le qui-vive, restant sous des couverts jonchés de feuilles sèches où le moindre pas est facilement perceptible, le harrisbuck nous gardait à distance. Néanmoins, en faisant avec mille précautions un pas environ toutes les minutes, je finis par arriver à portée. Je ne voyais que la croupe d'un des animaux, un des plus petits, et, ayant remarqué le chef du troupeau qui avait une paire de cornes magnifiques que je désirais m'approprier, j'attendis immobile pendant plus d'une demi-heure. Les antilopes étaient également aux écoutes, mais, comme rien ne remuait plus, elles durent penser que nous avions abandonné la partie. Le vieux mâle se montra enfin, explorant les environs et m'offrant un coup magnifique dont je profitai immédiatement : la balle le frappa avec fracas et il roula à terre, l'épine dorsale brisée. Ses cornes mesuraient 1^m,23 de longueur, sa taille 1^m,59. Rodzani qui était allé pour l'achever avec le sabre d'abattis avait failli être atteint d'un furieux coup de ces cornes.

C'était aussi un précieux auxiliaire pour moi, ce Rodzani. Il était du pays des Magandjas, à l'est de Makanga, et avait pour la chasse une passion encore plus prononcée que celle de Msiambiri. Il s'attacha à mon service beaucoup plus pour avoir le plaisir de m'accompagner à la poursuite des animaux que pour le payement qu'il recevait. Sa ténacité à la marche et surtout à rechercher les indices, quelquefois presque invisibles, d'animaux blessés, était extraordinaire. A peu près du même âge que Msiambiri, il avait de commun avec lui un appétit fabuleux en cas d'abondance; il faut ajouter que nul mieux qu'eux ne savait jeûner à l'occasion, tout en marchant sans trêve ni repos du matin au soir.

Maonda, un autre passionné, se joignit à ma petite troupe. Originaire de Tchipéta, au nord-est d'Oundi, il avait longtemps habité Makanga qu'il avait fini par quitter à cause des persécutions du roi, pour le compte duquel il avait longtemps chassé. Il ne demandait d'autre payement qu'un peu de viande.

Jamais personne ne l'avait vu sans son fusil et un sabre d'abattis que je lui avais donné, et qu'il astiquait toujours avec sollicitude. Il en entretenait le fil avec tant de soin qu'il égorgeait une antilope avec cette arme comme il eût fait avec un rasoir. Aussi le tchissinga (sabre) de Maonda était-il proverbial au camp; pour le mettre hors de lui, on n'avait qu'à faire semblant de prendre son sabre par erreur pour aller couper du bois : cela réussissait toujours.

Installé au dépeçage d'un animal, barbouillé de sang des pieds à la tête, coupant, taillant sans relâche avec son cher sabre, Maonda était dans son élément et n'eût pas cédé sa place, l'eût-on nommé roi des Magandjas.

Rodzani et Maonda n'étaient que chasseurs, ou, ce qui est plus exact, limiers; car ce ne fut que dans les grandes circonstances que je les autorisai à faire usage de mes fusils.

Mais Msiambiri occupait un poste plus important en ajoutant à ses fonctions celles de valet de chambre.

Vers le milieu de 1892, mon état-major compta deux nouveaux personnages : Tambarika et Tchigallo, jeunes indigènes Magandjas, tous deux bons chasseurs. Le premier surtout avait mérité son nom par son adresse au fusil, qualité très rare chez les noirs.

Msiambiri portait généralement mon calibre 12; Rodzani et Maonda se relayaient pour le transport de mon calibre 8; mais Maonda, Tambarika et Tchigallo avaient toujours leur appareil indigène, c'est-à-dire le fusil à baguette (1), la poire à poudre, la cartouchière à balles, plus le sac à capsules, ce qui ne les empêchait pas de se distribuer les petits colis que nous prenions avec nous : nourriture, gourdes, mkombo (calebasse à boire), haches, etc.

Pendant que nous chassions, l'expédition avançait toujours, et, en racontant mes chasses, je ne fais que le récit de ce qui se passait soit sur les flancs soit en avant de la colonne, à une distance plus ou moins grande du centre d'opérations.

Je partais toujours en avant, emmenant avec moi des guides, tandis que les Arabes ou Hanner, quand il ne chassait pas, se rendaient à l'étape convenue; je rejoignais mes gens le soir, ou bien j'envoyais à temps prévenir soit de m'attendre là, soit de continuer sur un point indiqué. Lorsque le pays n'offrait aucune ressource en gibier, je ne m'éloignais pas de la colonne. Hanner chassait aussi, mais d'une façon beaucoup moins suivie que moi; il tuait néanmoins une bonne quantité de gibier, ce qui fait que nos hommes avaient toujours un peu de viande à ajouter à leur ordinaire, tandis que nous pouvions nous délasser, nous, des éternelles conserves ou du fade et antipathique koukou. (poulet africain).

(1) D'anciens fusils de munition à capsules vendus par les Portugais pour la chasse à l'éléphant.

Je dressais lentement mes itinéraires, consacrant au moins une heure par jour aux observations barométriques et astronomiques, et je n'ai jamais omis, en relatant une de mes chasses, d'y ajouter des notes propres à augmenter ma connaissance du pays. Chaque journée a été consignée ainsi sur des carnets qui ne me quittaient jamais et dont je tire aujourd'hui tous ces souvenirs. Voici une journée prise au hasard dans mes notes, et qui donnera une idée de ma façon de procéder ; cela pourra intéresser ceux qui sont désireux de chasser en pays inconnu.

CHASSE. — CARNET N° 8. — 8-9 *Mai* 1892. — Parti 8 heures 3/4, après la pluie, temps couvert, humide, avec sept hommes. Direction S.E.-S. — Passé bois Mféfé 10ʰ 1/2. Piste éléphant de trois jours. O.-E. Chasse au buffle. Campement à Phapa (Magandja). Arrivé au pied Salambidoua (montagne). Détour S.-S.O.O. — 3ʰ 1/2 de marche. — Empreintes kobs et bubales du matin. — Traversé le Mitarara, petite rivière à sec (sa direction N.E.-S.O). — Buprestes et hyménoptères, bouteille bleue. Sable rouge. Direction S. O. — Collines de Mféfé N. E, à peine visibles. — 2ʰ : vu un koudou de loin, cornes seulement, sous un arbre. — Rampant, arrivé 80 mètres, impossible tirer à cause des branches : dit à Tambarika de faire détour et jeter pierre. — Koudou débusqué à la course à travers les broussailles, tiré mais probablement manqué. — Campé le soir O. de la montagne. — Trou d'eau O. exact du pic supérieur à une demi-heure de marche. — Attaché hamac, pluie fine. — Lion rugit pendant la nuit. — Passé sans doute près de nous : entendu son ronflement. — Piste invisible sur la pierre, — rosée abondante. — Parti avant le lever du soleil, direction O. — Gisements granit, schiste ardoisier abondant, mica en paillettes sable d'un petit ruisseau N.-S., affluent Mitarara, nom inconnu. — 7ʰ 1/2 : vu antilope noire lisière forêt basse, à travers arbustes, mis balle en plein poitrail, roulée par terre, repartie à la course, point de jambe cassée, pourrait mener fort loin, abandonnée. — Cherchons piste de buffle. — Vers 10ʰ, aperçu deux élands très loin : ont fui aussitôt. Suivi la piste plus d'une demi-heure, : trois femelles. — Sortant d'une petite ravine, levé la tête avec précaution et aperçu une d'elles à environ 100 mètres. — B-B (bonne balle), — perforation poumons, — sang projeté naseaux comme arrosoir, — suivi rougeurs, — animal est à nous ; — marché gros quart d'heure. A certain endroit sur le flanc d'une petite colline, éland fait brusque détour vers un arbre qui, seul, projetait un peu d'ombre autour de lui. — En y arrivant trouvé l'éland; — il était venu à l'ombre pour se reposer, avait rendu énormément de sang et était mort sur place, — très grande femelle, — C. T. B. (cornes très belles) garrot 1^m,57. — Deux heures de repos. — Dépeçage et déjeuner à 100 mètres plus loin, à l'ombre maigre de quelques arbres rabougris. — Retour à 1^h. — Aperçu vieille piste rhinocéros. — Point de buffle. — Tchigallo resté en arrière avec viande, Maonda allé chercher porteurs près de Mféfé; retour avec les autres par S. de Mféfé. — A 2^h 1/2 la Bouqua, ruisseau direction N.-E; arrivé Mféfé 5^h 1/2, Phapa 6 heures. — Viande arrivée 6^h 1/2. — Traversé en sortant forêt Mféfé N. petit massif de *foulas* (amandiers sauvages). — Bauhinias rabougris sur tout le parcours à cause terrain rocailleux. — Trois cartouches (cartouches brûlées).

10 *Mai*. — Parti avant l'aube, etc., etc.

Pendant mes trois ans de pérégrinations, j'ai collectionné une trentaine de ces carnets contenant les chasses, les notes de voyage, le journal, les dépenses, les observations astronomiques, les noms du personnel, etc., etc.

Je variais de mon mieux le genre des chasses, soit en fréquentant des endroits spéciaux à une espèce, soit en ne poursuivant qu'une seule variété parmi les autres; mais ce dernier moyen était rarement couronné de succès; il me suffisait de désirer des élands pour ne rencontrer que des bubales ou des kobs. Parfois, l'occasion étant trop bonne, je ne la laissais pas échapper. D'autres fois, au contraire, les élands cherchés étant proches, je m'abstenais de tirer sur les autres animaux, qui toujours, dans ce cas, m'offraient des coups de fusil admirables. C'est l'histoire des gens qui lèvent des lièvres et des perdreaux lorsqu'ils sortent avec leur canne et qui, revenus le lendemain avec un fusil, rentrent le soir à la maison sans avoir rencontré le moindre gibier. Un jour que j'avais des élands en vue, une troupe de bubales resta à nous regarder de si près qu'on eût pu les atteindre avec une pierre; mes hommes se désolaient : « Tirez, Monsieur, mais tirez donc! voyez comme ils sont près! » et je refusai à voix basse. J'eus raison d'ailleurs, car ce jour-là je fis une chasse à l'éland qui est unique dans mes souvenirs. Je la raconterai en son temps.

Il est donc très difficile de s'appliquer uniquement à la poursuite d'une espèce spéciale et de réussir à la rencontrer, à moins qu'elle n'ait une région favorite. C'est le cas du *guib*, surnommé antilope harnachée, à cause des raies blanches qui partent de son épine dorsale en descendant sur les flancs et la croupe, et qui, avec des points blancs sur les fesses, lui donnent vaguement l'air d'être couvert d'un harnais blanc.

Les indigènes l'appellent *Mbaouala*; dans certaines régions, ils attachent à son nom une légère idée de superstition, parce qu'il habite les endroits sombres et touffus dont ils font leurs cimetières. En réalité, le guib recherche tout particulièrement les endroits très abrités (1) : on le trouve partout où il y a des fourrés épais et de l'ombre. Or, les cimetières offrent toutes ces conditions, parce que les usages s'opposent à ce que le feu y pénètre jamais; les végétaux y acquièrent par conséquent un grand développement.

Auprès d'un des villages où nous campions, mes hommes signalèrent à plusieurs reprises des guibs dans les environs. Ils se tenaient dans un grand bois épais et sombre, où les hyènes faisaient rage dès que la nuit était tombée. Dans la partie la plus proche des habitations reposaient les morts du village, et leurs sépultures n'occupaient qu'un coin. Je pouvais donc parcourir les autres parties du bois sans froisser les usages indigènes qui permettent à ceux seuls qui vont enterrer un mort de passer dans un cimetière et de piétiner les tombes. Un léger tertre et des débris d'ustensiles de ménage indiquent l'emplacement de celles-ci.

Le guib mâle a la réputation de charger son agresseur tout comme un buffle, quand il est blessé; quoique je n'aie ja-

(1) Les Anglais l'ont d'ailleurs nommé *Bushbuck* (antilope de broussailles).

mais constaté le cas, il n'y a pas à en douter, puisque M. Selous lui-même, avec sa véracité et sa scrupuleuse fidélité de narrateur, en parle dans ses ouvrages.

Quoique l'antilope dont il s'agit ne soit pas beaucoup plus grosse qu'une chèvre, elle a des cornes droites et aiguës qui, toutes gracieuses qu'elles puissent être, doivent fort bien pénétrer chez l'ennemi. Mais, je le répète, je n'ai pas constaté le cas *de visu*.

L'un après l'autre, et à quelques jours d'intervalle, les quatre guibs qui avaient élu domicile dans la forêt, vinrent au camp sur les épaules de deux hommes et figurèrent au menu quotidien. Ils étaient fort sauvages et très difficiles à approcher, malgré leur existence à proximité du village.

Certain soir, vers dix heures, nous étions campés dans les bois, par un beau clair de lune, et nous allions nous coucher, lorsque ceux des hommes qui avaient l'oreille près de terre, entendirent le bruit d'une cavalcade qui se rapprochait. En un clin d'œil tout le monde fut debout, prêt à monter sur un arbre; je pris ma canardière, seul fusil sur lequel je pusse compter la nuit, et je me plaçai contre ma tente. *Pembéré! pembéré!* (rhinocéros), disaient les hommes, et la cavalcade, le bruit des branches brisées, se rapprochaient de plus en plus.

Avez-vous vu quelquefois de face, en vous penchant sur la corde, les jockeys dévaler sur vous en ligne droite? Avez-vous remarqué leur image que la perspective rend immobile ou légèrement descendante, grossir, grossir encore, en arrivant sur vous, puis vous dépasser et se rapetisser de même?

C'est ce que je vis alors : un groupe d'animaux approchait du camp à un galop fantastique. Leur ombre toujours grandissante passa comme un trait dans le rayon des feux et elle disparut dans les fourrés. C'était un guib poursuivi par une quinzaine de loups. Je fus tellement surpris de voir de petits animaux, au lieu de l'énorme masse que j'attendais, que je trouvai inutile de tirer. Dès que la troupe atteignit le taillis, j'entendis le bruit d'une chute, des branches brisées, le cri d'un loup, blessé sans doute d'un coup de corne, et nous comprîmes que le guib était tombé. Les hommes couraient déjà vers le taillis avec des tisons ardents, des poignées de paille enlevées à leur couche et allumées en courant. Alors les loups déguerpirent et nous ramassâmes le guib étranglé mais n'ayant encore que des égratignures. Bruit dans le lointain, passage dans la zone éclairée, chute de l'animal, son transport au camp, tout cela avait eu la durée de l'éclair, et je me rappellerai toujours cette course échevelée, cette vision rapide, presque fantastique, qui rappelait les chevauchées des ballades allemandes.

Les loups étaient décidément bien aimables; parents du chien, ils sont amis de l'homme, malgré leur air sauvage et rude. Ils avaient deviné que ce soir-là les conserves constituaient tout notre menu et que notre personnel n'avait pas le moindre ragoût à joindre à l'incima : après nous avoir fait assister à une chasse aux flambeaux, ils nous donnaient les honneurs du pied.

Si nous avions cru avoir affaire à un rhinocéros, c'est que cet animal est habituellement exaspéré par l'odeur de l'homme : c'est le seul, comme je l'ai déjà dit, qui coure sur lui sans y être provoqué. J'ai lu et entendu dire qu'il n'est pas rare de voir un rhinocéros arriver au milieu d'un camp, piétiner tout ce qu'il y trouve et s'en aller une fois sa rage apaisée. Quoique je n'aie pas expérimenté ce désir de saccager, j'ai néanmoins acquis la certitude absolue, après plusieurs exemples, que l'odeur de l'homme suffit pour faire accourir de très loin ce gros pachyderme.

Un de mes amis, M. D. J. Rankin, fut une nuit précipité hors de sa tente par un rhinocéros furieux qui, avec des hennissements de rage, n'abandonna le camp que lorsqu'il eut écrasé, brisé, éparpillé tout ce qui y était. Quant à mon ami et aux indigènes, tous, jeunes ou vieux, bons ou mauvais gymnastes, ils furent étonnés de se trouver sur des arbres, où la terreur seule leur avait appris à grimper. Ils eurent grand'peine à descendre, la plupart d'entre eux n'ayant jamais essayé pareil exercice.

Le noir ne peut monter à un arbre qu'en appuyant la plante des pieds contre le tronc qu'il embrasse des mains, et en s'aidant des branches; les gros végétaux lui sont donc interdits : il ne sait pas, comme nous, se servir des jambes.

Il m'arriva un jour, après une course folle derrière un lynx que nous avions débusqué par hasard, de le voir grimper d'un seul bond sur un très gros arbre. Une balle lui ayant traversé le corps, il resta mort sur une fourche élevée, et rien ne put l'en faire tomber, ni les branches, ni les pierres. Comme je voulais absolument sa peau, et qu'il était nécessaire d'aller le chercher, on coupa le plus grand arbre qu'on put porter, mais il était trop court; il me fallut envoyer au camp prendre une corde qu'on ne trouva pas; on rapporta la ceinture d'un Arabe et on la jeta avec une pierre de façon à la faire passer par dessus la première branche. On réunit ensuite les deux bouts que l'on tendit, et un noir put ainsi marcher contre l'arbre, en se hissant avec les mains. Dès que l'homme fut certain de prendre le lynx, celui-ci tomba tout seul.....

Revenons maintenant à l'époque où je tuai les guibs près du cimetière indigène. C'était au mois de juin, le plus mauvais moment, sans contredit, qu'il y ait pour la chasse : les herbes et la végétation serrées, au faîte de leur croissance, couvrent le pays d'une toison impénétrable; les végétaux, déjà jaunissants, sont encore trop verts pour brûler, mais assez secs cependant pour faire beaucoup de bruit, lorsque vous avancez à grand'peine dans leur enchevêtrement. Aussi entend-on à plus de cent mètres un homme qui marche dans les herbes, quelles que soient ses précautions; il va sans dire que la chasse devient extrêmement difficile dans ces conditions et qu'autant vaudrait se faire annoncer aux animaux à son de trompe.

Le mieux est donc de prendre patience jusqu'en juillet où une partie des herbes sont brûlées. C'est le meilleur moment : plus tard, lorsque le feu a tout rasé, on ne peut plus se dissimuler. En juillet, au contraire, il reste des touffes de végétation au milieu des espaces nus et on peut s'avancer invisible et sans bruit. Vue à vol d'oiseau, la région doit ressembler à ce moment-là à une gigantesque peau de léopard dont la végétation formerait le fond jaune et les espaces brûlés les points noirs.

J'avais donc attendu patiemment cette époque, et nos chasses avaient repris de plus belle. Les animaux étaient gras et dodus, car pendant la saison des pluies ils marchent fort peu et se cantonnent dans un rayon restreint. D'autre part, la paix dont ils venaient de jouir pendant les mois de hautes herbes les rendait moins méfiants.

De mon côté, j'étais beaucoup mieux en forme que l'été précédent. Je lisais couramment une piste, et les leçons de mes professeurs m'étaient désormais inutiles; j'avais maintenant voix consultative : on prenait mon avis. Dans les cas douteux, je faisais naître exprès des discussions sur l'âge ou le sexe d'une bête, afin de savoir, dans le cas où nous trouverions l'animal, lequel de nous se trompait.

C'est ainsi qu'un jour de juillet, j'eus l'approbation générale de mes limiers, lorsque je déclarai que deux lions mâles avaient passé quelques minutes à peine avant nous, d'un pas tranquille, à l'endroit où nous nous trouvions. Msiambiri voulut bien me décourager de les poursuivre, mais il y avait trop longtemps que je cherchais cette occasion pour la perdre lorsqu'elle se présentait enfin.

Nous nous mîmes donc à les suivre, ne marchant que sur les cendres, sans le moindre bruit et évitant tous les endroits touffus où ils avaient passé, et reprenant la piste à leur sortie. Il va sans dire que l'essentiel était de n'être ni entendu ni senti.

Il devait y avoir près d'une heure que nous marchions par un soleil torride, lorsque la couleur des végétaux devant nous nous annonça que nous approchions de l'eau. Il n'y avait aucun doute : les lions que nous suivions étaient allés boire. S'ils n'avaient pas de soupçon ni d'avance considérable, nous devions les trouver dans le voisinage de l'eau, peut-être à l'affût.

Autour de nous le plus profond silence : la nature semblait muette, accablée par la chaleur; nous rôtissions sous les rayons brûlants d'un soleil de midi et, avec ou sans lions, nous étions heureux de voir dans le lointain de l'eau et de l'ombre. Nous redoublions de précautions, suivant toujours la piste des lions, mais avançant très lentement, l'œil interrogeant les alentours avec soin; et je réponds que nos cinq paires d'yeux faisaient cette exploration en règle.

Nous arrivâmes ainsi tout près de l'eau, à environ soixante mètres du bord. Sur notre gauche un bouquet d'arbres jetait sur le sol une demi obscurité, tandis que la rivière, sur notre droite, faisait un angle aigu avec notre ligne de direction. Le sol, parsemé de touffes de végétation, laissait apercevoir des éclaircies où faisaient saillie des bosses granitiques, dos de rochers de toutes formes dont la région était couverte. La visite de chaque buisson, de chaque pierre recommença; nous ne vîmes rien, et pourtant la piste des fauves s'en allait vers la rivière. Nous fîmes quelques pas sur la droite sans avancer, de façon à mieux regarder sous le bouquet d'arbres, et aussitôt Tambarika me chuchota à l'oreille : « Les voilà! » juste au moment où mon attention était attirée par deux formes grises qu'on distinguait vaguement dans l'ombre : ce pouvait être des pierres comme celles dont le sol était jonché; pour s'en assurer, il fallait s'en approcher par derrière.

Nous manœuvrâmes de façon à passer loin vers la gauche, derrière le bouquet d'arbres, et à avancer droit sur lui, en profitant de ce qu'un espace brûlé nous permettait de marcher en nous cachant contre le reste des herbes. A cinquante mètres des arbres, nous eûmes beau tendre le cou, impossible de rien voir à cause d'une termitière qui se dressait au milieu d'une végétation serrée; nous obliquâmes légèrement à gauche, et au bout de cinq ou six pas, nous vîmes deux énormes lions couchés, l'un complètement étendu à terre, l'autre dans la position du chat qui, la patte de derrière raide et en l'air, se cherche les puces au ventre.

Impossible de tirer d'où j'étais. Je fis signe à tout le monde de rester, sauf à Msiambiri qui vint derrière moi, et je m'avançai courbé en deux; je me dressai, mais l'un des deux lions me montrait sa croupe et ses oreilles tandis que l'autre avait la tête cachée sous sa cuisse. Tous deux ne soupçonnaient nullement notre présence. Msiambiri me fit signe de me pencher et me chuchota à l'oreille que, quand je serais prêt, il casserait une branche.

Avant de donner le signal, je vérifiai l'amorce de mes cartouches, attendant que les battements de mon cœur se ralentissent, car j'éprouvais la sensation de la première fois, mais beaucoup moins forte. Je mis l'arme à l'épaule, je m'assurai que je voyais bien mon point de mire, que la distance était d'environ 55 mètres, et je choisis l'endroit où j'allais viser. Tous ces petits préparatifs étant prêts, je fis à Msiambiri le petit signe qui voulait dire : « En avant ». Je le vis armer les deux chiens de mon calibre 12, puis prendre une branche, me regarder, enfin donner un coup d'œil aux deux fauves... Le craquement du bois se fit entendre, et voici déjà les deux lions debout, l'un nous fixant bien en face, l'autre de côté à gauche, mais la tête tournée vers moi. Je visai ce dernier au cœur, puis remontai un peu au-dessus et à gauche : mon guidon ne tremblait pas... je

MON PREMIER LION.

pressai la détente... un rugissement épouvantable me répondit, tandis que je sautais hors de ma fumée.

Je vis l'un des lions à terre, couché sur le côté droit, remuant la tête, les membres postérieurs et la queue; quant à l'autre, il avait disparu.

Nous fîmes lentement le tour du bouquet d'arbres, l'œil fixé sur le grand fauve qui se débattait plus mollement, poussant des plaintes sourdes et rendant par la bouche des glaires et du sang. Je compris que ses instants étaient comptés et je lui épargnai le coup de grâce que je m'étais avancé pour lui donner; je n'étais plus qu'à dix pas de lui; j'avais en face de moi son large crâne : je le voyais de dos, couché sur le flanc, les pattes du côté opposé à moi.

Il ne bougeait presque plus, ses griffes sortaient et rentraient lentement, son flanc haletait, se gonflant par intervalles; ses membres s'allongeaient, prêts à prendre la raideur cadavérique. Seul, le bouquet de poils noirs de sa grosse queue remuait encore, faisant de petits sauts à droite et à gauche... Enfin son flanc s'arrêta, sa paupière cessa de battre, son œil fixe regarda le vide et il mourut, s'étirant dans un long et dernier murmure à peine perceptible.

Il mesurait, du bout du nez à celui de la queue, $2^m,71$; de la terre au garrot, $0^m,81$. Son empreinte du pied de devant avait $0^m,165$ de diamètre. Sa robe était d'un fauve clair entremêlé de poils gris. Chose curieuse, le lion qui avait fui, avait une légère crinière un peu plus foncée que le reste du corps; celui-ci n'en avait pas la moindre trace au cou. En revanche, le tour de ses grosses oreilles rondes, son menton, les bords de sa mâchoire inférieure étaient garnis de longs poils jaunâtres.

La balle avait brisé l'omoplate gauche, puis éclaté, en perforant le cœur et les poumons et en hachant littéralement l'omoplate opposée. C'est le coup unique pour mettre un de ces terribles animaux hors de combat. Dès qu'il a les omoplates brisées, il ne peut plus se servir des membres antérieurs ; le cœur et les poumons se trouvant dans cette région sont atteints du même coup. Mais ce coup est difficile, et on est en grand danger si on le manque (1).

Quand je contemplai l'animal énorme qui était devant moi, ses muscles puissants, son avant-bras aussi gros et vigoureux que la cuisse d'un homme, je compris ce qu'une pareille bête pouvait faire ; un seul coup d'une de ces grosses pattes eût suffi pour vous ouvrir la poitrine, pour vous mettre en pièces ; songez qu'une morsure de ces mâchoires brise la colonne vertébrale d'un buffle, laquelle a au moins cinq centimètres de diamètre ! et qu'elle lui coupe les muscles du cou, pendant que les griffes déchirent ses épaules !

Combien nous sommes faibles et frêles à côté d'animaux pareils ! Et pourtant, avec un instrument que nous avons inventé et que nous nommons carabine, avec un peu de poudre et un morceau de plomb, il suffit d'un seul coup pour enlever au grand fauve son énergie, sa force et sa vie !...

A propos du lion, au sujet de son espèce et de ses mœurs, je signalerai encore une divergence d'opinions.

Les uns croient qu'il existe en Afrique plusieurs espèces de lions qu'ils classent selon leur couleur, la présence ou l'absence de crinière, etc. D'autres assurent qu'il n'y en a qu'une seule espèce, mais que son poil et sa couleur changent selon les milieux habités, les conditions de nourriture, le climat, etc.

Tel est l'avis de M. Selous, qui peut être cité comme une autorité dans la matière, car il a tué autant de lions à lui seul que tous les Jules Gérard de l'Afrique du Sud et du Nord réu-

---

(1) Je l'avais appris dans les livres de M. Selous. Le coup à l'œil, dont on parle toujours, peut trouver place dans le roman, mais il n'est pas possible dans la réalité, à moins de circonstances tout à fait exceptionnelles et de très près. Le front fuyant, absent même, du lion lorsqu'il vous regarde de face, rend cette tentative on ne peut plus difficile et très risquée.

nis ; il a sur eux cet avantage de dire l'exacte vérité quand il raconte ses chasses, tandis que les récits des premiers contiennent des histoires à faire hausser les épaules, bonnes tout au plus à amuser les enfants, mais dont la moindre expérience démontre, sinon la fausseté, du moins l'exagération.

Je ne me permettrai pas de me poser en juge; mais j'ai tué quatre lions et bon nombre de panthères, et je dois dire que j'ai vérifié en tous points ce que dit M. Selous.

Oui, il n'y a qu'une espèce de lion, qui change d'aspect selon les régions où elle se trouve. Ainsi, dans le même district, j'en ai rencontré des fauves clairs et des fauves plus foncés ; j'en ai vu avec une crinière brune ou fauve, et d'autres sans crinière aucune, quoique vieux. J'ai vu mieux : dans la même famille, des lions de couleurs diverses.

Les crinières mêmes varient entre elles; il y a celle qui recouvre la tête et le cou, celle qui ne fait que le tour de la tête, celle qui se trouve seulement sous les mâchoires. Il y a aussi celle qui est complètement absente ! Quant aux crinières abondantes et qui recouvrent les épaules, crinières qui donnent au lion l'apparence d'un gros caniche, on ne les voit que sur les armes d'Angleterre ou dans les Jardins zoologiques. M. Selous dit avec raison que le repos continuel, une nourriture abondante, un climat froid, sont les causes directes de ce développement pileux excessif. Tous les animaux sont d'ailleurs sujets à la même règle; en Europe, les zèbres et autres quadrupèdes des pays tropicaux, échangent leur poil ras contre une épaisse toison qui les garantit du froid. La nourriture y contribue également.

Il y a aussi beaucoup à dire sur les mœurs du lion. De jour ou de nuit, s'il n'est pas provoqué, il fuit l'homme ; une exception à cette règle peut bien se produire lorsqu'une lionne a des petits qui ne sont pas en état de la suivre; elle peut alors attaquer le chasseur dans le but de les défendre, si celui-ci, inconsciemment ou non, s'approche de leur retraite; ou bien c'est un vieux lion qui a déjà été blessé auparavant et qui a contre l'homme un ancien ressentiment. Mais, en général, le lion s'éloigne devant vous; il vous cède la place, subissant lui-même cette crainte instinctive que l'être humain inspire à tous les animaux sauvages. Toutefois, s'il s'en va, il le fait avec calme, du moins tant que vous pouvez le voir : il marche à pas mesurés, se retournant de temps à autre pour vous regarder fixement et comme pour vous dire : « Je m'éloigne parce que je veux la paix, mais rappelle-toi que tu ne me fais pas peur. » Dès qu'il croit que vous ne le voyez plus, son allure s'accélère et il finit par disparaître rapidement. Souvent, il pousse, tout en s'éloignant, une sorte de renâclement bas, un rugissement sourd, comme s'il maugréait d'avoir été dérangé.

S'il est blessé, au contraire, gare à qui s'approche de sa retraite, ou qui se trouve face à face avec lui! Il ne se dérobe plus, alors : il attend et, le plus souvent, il attaque.

Lorsqu'il devient vieux, que ses dents et ses griffes s'émoussent, que ses jarrets n'ont plus d'élasticité, il lui arrive souvent de ne plus pouvoir trouver à se nourrir ; sa proie lui échappe facilement, il n'a plus tous ses moyens. Il se peut que, alors, pour ne pas mourir de faim, poussé par le besoin, il attaque l'homme par surprise, et, rien ne lui étant plus aisé que de s'en rendre maître, il devient mangeur d'hommes. C'est la nécessité qui le pousse à cette extrémité. Il va se poster d'ordinaire près du cours d'eau où les femmes d'un village vont puiser à la tombée de la nuit ou de grand matin, et il fait des victimes.

Dès qu'un mangeur d'hommes est signalé dans un district, s'il y a un Européen chasseur, on vient l'en avertir immédiatement : s'il n'y en a point, les indigènes se réunissent pour faire une battue; on parcourt la région sans trêve jusqu'à ce qu'on ait rencontré le fauve qui succombe généralement sous le nombre, criblé de balles, de flèches ou de sagaies. L'examen de ses dents et de ses griffes indique chaque fois une vieille bête ; l'animal est généralement maigre et en très mauvais état. Il est rare qu'un jeune lion devienne anthropophage dans un pays giboyeux.

Pourtant, dans certaines régions, comme à Tchiouta, par exemple, où pendant la saison des pluies le rare gibier qu'il y a dans les montagnes s'éparpille de tous côtés, étant désormais sûr d'y trouver de l'eau, les lions souffrent de la faim et viennent prendre jusque dans les villages les hommes ou, à défaut, les chiens et les poules.

Certains districts sont proverbialement dangereux pendant la saison des pluies ; les lions semblent s'obstiner à y séjourner et l'on ne peut passer la nuit sur terre, ni dans des cases, ni dans des tentes. Les indigènes y construisent alors sur des arbres des planchers-abris sur lesquels ils montent avant la tombée de la nuit, et ils y dorment avec le calme que donne une sécurité complète, pendant que les lions font rage dans les lieux habités, enfonçant les portes des huttes, démolissant les cages à poules, dans le vain espoir de trouver quelque chose à manger.

Sur la Mavoudzi, près de Tchiouta, il y avait un endroit où les fauves abondaient. Pendant que je me trouvais à Makanga, quatre hommes me furent envoyés avec quatre colis contenant, l'un, deux lanternes avec douze verres (cheminées) de rechange et, les autres, des boîtes à conserves. On avait eu grand'peine à les y décider, car ils étaient forcés de coucher à la Mavoudzi. Néanmoins, avec un salaire quadruplé et la promesses qu'on leur prêterait à chacun une carabine Martini et six cartouches, ils consentirent à tenter le voyage. En arrivant sur les bords de la rivière, à la nuit tombante, ils voulurent monter sur le plancher-abri qui était sur un arbre et où on avait l'habitude de passer la nuit ; mais les pluies continuelles et les termites avaient démoli la passerelle et ils n'avaient pas le temps de la reconstruire ; ils amoncelèrent du bois, allumèrent de grands feux, et mettant les quatre colis entre eux et les foyers, se pelotonnèrent au milieu. Des rugissements terribles ne tardèrent pas à se faire entendre et nos hommes s'apprêtèrent à faire usage des armes qu'ils avaient, quittes, à grimper sur l'arbre, au dernier moment, si besoin était.

Les lions les ayant cernés, ils firent feu de toutes pièces, brûlèrent leurs six cartouches et battirent en retraite à la hâte dans les branches du végétal protecteur. Le lendemain, au lieu des cinq ou six lions qu'ils s'attendaient à trouver sur le carreau, ils ne virent que les caisses complètement criblées de trous. Ils avaient si bien dirigé leurs armes que la plupart des balles étaient allées se loger dans les caisses-remparts! On juge de l'état dans lequel je trouvai mes verres de lampe et mes boîtes de conserves! Ce n'est pas tout. Le lendemain, à l'aube, au moment où ils passaient la Mavoudzi, leurs caisses sur la tête, l'un d'eux dit avoir aperçu un lion et les quatre caisses firent un plongeon dans la rivière d'où elles ne furent repêchées que deux heures après. Toutes les boîtes étaient blessées, et, de leurs flancs ouverts, le contenu s'était échappé.

Une pauvre boîte de thé sur laquelle je comptais avait pour sa part reçu deux balles, et l'eau avait achevé ce traitement d'un nouveau genre que je ne saurais recommander aux voyageurs pour améliorer leurs provisions.

Quelques mois plus tard, passant moi-même en cet endroit redouté, j'y fis construire en une journée une petite forteresse en grosses pièces de bois que l'on a toujours entretenue depuis et à laquelle on a donné mon nom : *Mssassa ia Nisti Foï* (le campement de M. Foà). J'y allai deux fois avec mon arsenal attendre les lions, mais ces nuits-là ils ne vinrent pas : j'ai toujours cru que c'est parce que nous étions trop nombreux.

Mon petit fort est utilisé et entretenu par tous les indigènes qui passent.

J'ai déjà expliqué pourquoi les lions sont si dangereux pendant la saison des pluies : à cette époque, le gibier dont ils se nourrissent se répand de tous côtés. C'est la soif et le manque d'eau qui attirent tous les animaux, pendant la sécheresse, aux environs d'une mare, d'un trou d'eau, d'une nappe quelconque, souvent unique dans un très grand espace de pays; les lions font alors bombance : ils chassent à l'affût de nuit et de jour, parce qu'ils sont sûrs que les animaux sont forcés d'y venir boire.

Au contraire, pendant le fort de la saison pluvieuse, les animaux n'ont plus d'endroit régulier pour se désaltérer; le lion risque donc d'attendre en vain pendant plusieurs jours auprès d'une mare ou d'une rivière. De plus, les animaux s'éparpillent dans tout le pays et, s'ils semblaient nombreux alors qu'ils étaient réunis sur la surface de trois kilomètres carrés, ils deviennent rares, répandus sur trois ou quatre cents kilomètres. De là, la faim qui pousse les lions à s'en prendre à l'homme, au chien et jusqu'aux poules.

On dit que le lion ne mange que l'animal qu'il a tué et seulement lorsqu'il est frais : c'est encore là une grosse erreur. Le lion, comme le léopard, du reste, mange fort bien la charogne : il semble même préférer la chair faite à la viande fraîche, aussi bien quand il y a abondance qu'en temps de disette.

Le buffle (ou le bétail dans certaines régions) est la nourriture préférée du lion, d'abord à cause de sa taille et aussi parce que son allure est lente. Voici comment procède généralement le grand fauve pour capturer un de ces animaux. Il l'attend la nuit à l'affût, lorsque ce dernier vient boire, ou il suit sa piste à l'odorat. Il s'approche insensiblement, sans bruit, avec ces allures souples si particulières aux félins. Il fait preuve de la plus grande patience : le buffle est-il en plaine découverte, il attendra sur la lisière sa rentrée sous bois ou il s'approchera assez pour pouvoir bondir.

Le moment venu, il s'élance sur la bête, lui tombe sur le dos et cherche à la mordre derrière la nuque, tout en se cramponnant à l'aide de ses puissantes griffes. Si le buffle n'est pas trop gros, le lion lui brise la colonne vertébrale; si, au contraire, les dimensions du cou sont supérieures à l'ouverture de sa mâchoire, il ne peut faire à son ennemi que de fortes égratignures. Il n'est pas rare de rencontrer de vieux buffles solitaires, énormes, qui témoignent par les cicatrices nombreuses de leur cou, de leur garrot et de leurs épaules, qu'ils sont sortis vainqueurs de plus d'un de ces combats. Souvent les lions chassent de compagnie et se mettent deux sur le même animal; il est rare alors que celui-ci leur échappe.

On assure que, dès que le lion a saisi l'épine dorsale de sa victime, il lui met une patte sur la tête et tire à lui afin que cette flexion à droite ou à gauche aide mieux à la rupture de l'os. Je n'ai pu vérifier cette assertion; j'ai bien vu des buffles ayant sur le chanfrein des cicatrices dues au lion, mais elles ont pu être faites par un deuxième agresseur.

A défaut de buffles et de bétail, les lions, lorsqu'ils sont dans la force de l'âge, chassent à l'éland et même aux petites antilopes. M. Selous affirme qu'il faut avoir un cheval excellent pour distancer leur poursuite.

J'estime à 600 kilos le poids brut d'un buffle adulte, sa taille étant beaucoup plus considérable que celle du bœuf, lequel pèse 400 kilos au minimum. Tout ce qu'un lion vigoureux peut faire, c'est de traîner un de ces animaux par terre sur une distance de quelques mètres.

On est donc pris d'une douce gaîté lorsqu'on lit que, en Algérie, un lion franchit d'un seul bond, avec un bœuf entre les dents, une palissade de gourbi haute de deux mètres et qu'il fait quelques kilomètres avec sa proie, tout comme un coureur avec un cigare entre les lèvres à travers les obstacles d'un cross-country!

LION ET LIONNE

Non : le lion ne peut traîner ou porter que des animaux de bien moins grande taille; la preuve en est que, dans les endroits où les lionnes gardent leurs petits et leur apportent à manger, on ne trouve que des os de petites antilopes ou de phacochères; encore la lionne ne porte-t-elle que la moitié de l'animal, car l'arrière-train traîne par terre. La hyène et le léopard traînent entre leurs jambes ou sur le côté. Très contestable aussi la faculté que le lion aurait de sauter, même sans fardeau : le lion ne parvient pas à sortir des pièges indigènes qui sont à parois verticales de deux mètres de haut à peine.

Les lions adultes de l'Afrique Centrale et Australe sont aussi grands et aussi forts que ceux d'Algérie. Pendant son dernier voyage, M. Selous en a tué un qui dépassait douze pieds du bout du nez à celui de la queue, soit une longueur de plus de deux mètres pour le corps seulement, la queue équivalant à peu près au tiers de la longueur totale. Le plus gros qui soit tombé sous ma carabine mesurait $2^m,74$ jusqu'au bout de la queue, soit $1^m,82$ jusqu'à sa naissance. Sa hauteur atteignait près de $0^m,90$ au garrot.

Nous sommes loin, comme on voit, des chétifs spécimens des jardins d'acclimatation, qui ont mal grandi, privés de liberté et d'exercice, et qui, tout imposants qu'ils paraissent, ne donnent qu'une idée imparfaite de la noblesse, de la beauté et de la puissance du lion chez lui, dans son pays sauvage, où la nature elle-même s'est faite belle pour lui servir de cadre. Qu'il soit en Algérie ou dans l'Afrique Centrale, c'est bien toujours le même redoutable animal, celui à la chasse duquel l'homme court le plus grand danger. Aussi ne doit-on s'y aventurer que lorsqu'on est sûr de soi-même, c'est-à-dire de ses nerfs, de son coup d'œil et de son fusil.

Mais n'exagérons rien, et ne le grandissons pas; il n'en a pas besoin. Restons sincères, étudions ses mœurs telles qu'elles sont et non telles qu'elles devraient être pour faire du chasseur un héros, et du fauve un animal fabuleux, tendance que je reproche à tous ceux qui écrivaient autrefois leurs chasses à l'usage des profanes, ils tenaient à les rendre palpitantes, à augmenter le mérite de leurs exploits, ce qui était inutile, et cela au détriment de la vérité. C'était fort bien à cette époque, mais aujourd'hui il se trouve des gens qui ont fait des chasses aussi valeureuses, si valeur il y a, et qui ne peuvent s'empêcher de relever dans leurs récits ces inexactitudes.

Non, messieurs, le lion ne saute pas, et, à plus forte raison, avec 400 kilogrammes entre les dents, pas plus qu'il ne se couche quand vous l'ajustez, pas plus qu'il ne vient droit sur vous si vous marchez droit à lui, à moins d'être provoqué par une blessure préalable ou d'avoir à défendre ses petits. Si le lion d'Algérie fait cela, c'est qu'il appartient sûrement à une espèce tout à fait extraordinaire.

De même, si, par le clair de lune, vous voyez votre guidon, votre point de mire et l'œil du lion, vous pouvez vous vanter d'appartenir à une race d'hommes tout à fait spéciale ayant le don de percevoir les objets invisibles.

Deux de mes carabines ont le guidon et le point de mire en diamant taillé à facettes : par le plus beau clair de lune, alors que je pouvais lire un aisément journal, il m'a été impossible d'ajuster un objet quelconque à distance : l'angle de réflexion des diamants n'étant pas le même, le deuxième était dans l'ombre, lorsque le premier brillait, et *vice versa*. On voit encore moins une mire simple, et à plus forte raison l'œil d'un animal à distance (1).

Je ne pouvais utiliser mes mires en diamant qu'étant assis le dos à un grand feu dont la flamme dépassait mon épaule ou bien avec une torche de paille allumée tenue derrière moi un

---

(1) L'œil des félins ne brille que dans l'obscurité complète et vu seulement sous un certain angle où on a rarement la chance de se trouver. De plus, l'animal remue les yeux et la tête en tous sens.

peu à droite. C'était peu pratique, comme on voit. Je parlerai plus loin d'une invention merveilleuse due à un de nos compatriotes, M. Trouvé, laquelle apporte un remède à cet inconvénient : c'est son projecteur électrique et ses mires lumineuses que j'eus le malheur de ne pas connaître assez tôt.

Il me resterait encore beaucoup à dire sur les mœurs du lion et la difficulté des chasses nocturnes, mais je reprends mon récit, me réservant d'ajouter quelques détails sur les mœurs du grand fauve, quand l'occasion s'en présentera.

La mort de mon premier lion fut une grande joie pour moi; sa peau, soigneusement roulée avec la tête adhérente, fut attachée à un bâton que Tambarika et Maouda portèrent au camp. Msiambiri gratta soigneusement toute la terre imprégnée de sang, la recouvrit, et enterra le corps du lion, afin, dit-il, que sa famille ne sût pas ce qu'il était devenu et ne vînt pas venger sa mort au camp ou au village.

Les noirs de ces régions ne tirent que sur les mangeurs d'hommes : lorsqu'ils rencontrent un autre lion, ils lui parlent, comme l'avait fait Msiambiri une fois, pour le prier de s'éloigner, ce à quoi le grand fauve consent de bonne grâce. Ils y mettent peut-être une certaine superstition et l'appellent quelquefois esprit. Mais je crois qu'ils s'abstiennent de tirer sur lui surtout parce que leurs fusils n'ont aucune précision et qu'il est fort imprudent de blesser maladroitement un lion. Si un Européen en tue un, ils sont très contents.

Je ne rencontrai plus de lion en juillet, mais je fis quotidiennement de très belles chasses. Cette époque de l'année, où la sécheresse commence, est très propice à la chasse, à cause des herbes qui vous aident à vous dissimuler et des cendres qui étouffent vos pas. Tous les jours je revenais au camp avec quelque pièce, et la viande fraîche ne manquait pas dans les marmites.

Mon intention était d'ailleurs de faire, pendant les mois de sécheresse, des provisions de beltong pour le moment des pluies, afin de ne pas être exposé, comme l'année précédente, à mourir de faim.

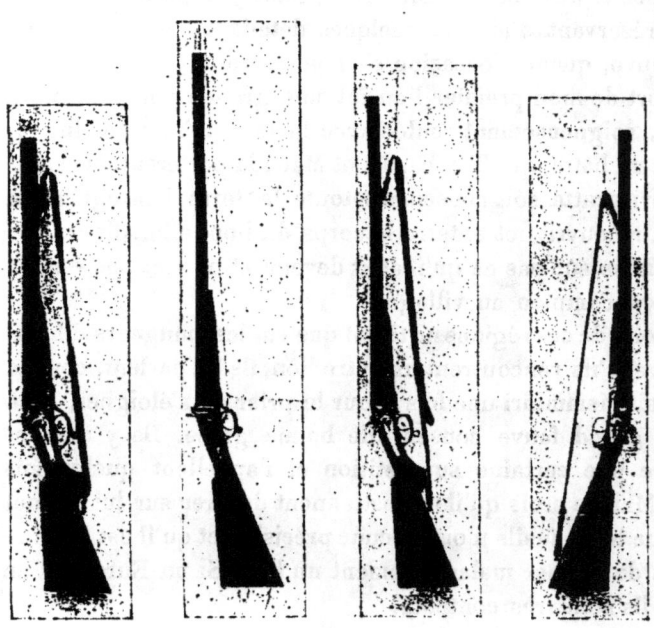

Mes fusils favoris.

CHAPITRE X

Voyage au nord-est de la Maravie. — Rapports de l'Européen et du noir. — Sur les bords du Kapotché. — Essaims de tsétsés. — Chasse à l'hippopotame. — Nageur au milieu des caïmans. — Sept mille cinq cents kilogrammes de viande. — Un mutin. — Fuite de deux cents porteurs. — A la recherche de porteurs. — Campement en forêt. — L'oréotrague. — Chasse au caïman. — Autre chasse à l'hippopotame. — Chasse à l'hyène et au buffle. — Le vautour et ses mœurs. — Arrivée de nouveaux porteurs. — Chasse au buffle. — Accident grave à l'un des hommes de l'expédition et sa mort.

Au commencement de septembre, j'étais en route pour le nord-est de la Maravie occidentale, non plus pour reprendre le chemin d'Oundi de triste mémoire, mais pour me rendre dans le pays de Mano, où j'avais à étudier les gisements aurifères existant entre Missalé et Kangourou. J'emmenais avec moi une expédition de deux cent six personnes, y compris cinq ou six Arabes. Hanner était resté pendant mon absence (qui devait être de courte durée) auprès du roi de Makanga. J'emportais avec moi des cadeaux pour conclure des traités d'amitié ou d'occupation avec les quelques roitelets que j'allais rencontrer, et je partais aussi avec des intentions tout ce qu'il y a de plus hostiles à l'égard des habitants des forêts.

J'étais passé à Tchiouta, où j'avais fait construire une maisonnette de ravitaillement. Des deux Arabes à la garde desquels je l'avais confiée, l'un était mort de la dysenterie au commencement de l'année; l'autre vivait tranquille, perdu dans ces montagnes, mais entretenant de bonnes relations avec les habitants. Mes porteurs se composaient en majorité d'indigènes qui appartenaient à la race des Azimbas. Ceux-ci, sans être de mauvaises gens, ont un grand esprit d'indépendance et sont assez difficiles à mener.

Il faut se rappeler que nous étions les premiers Européens qu'ils eussent jamais vus : jusqu'alors ils n'avaient guère obéi qu'à leurs chefs, et encore tout juste. Quelques-uns d'entre eux eussent paru de vilaines gens à tout nouveau venu; ils allaient jusqu'à la menace lorsque les Arabes exigeaient d'eux quelque chose qui ne leur plaisait pas; mais, pour leur faire courber la tête, il n'y avait qu'à bien leur montrer que leurs airs rébarbatifs et leurs flèches empoisonnées ne vous faisaient pas peur.

Il faut qu'un Européen ait un prestige considérable, et, s'il ne l'a pas, qu'il l'acquière. Pour peu qu'il se laisse intimider, c'est un homme perdu; non seulement son autorité, mais sa vie quelquefois en dépend. Autrement que ferait un blanc seul au milieu de deux cents noirs armés, soumis à la seule loi de leur fantaisie? Le noir est très clairvoyant; s'il vous fait peur, il le devine, quand même vous chercheriez à le dissimuler. Habitué à lire sur les visages énigmatiques de ses compatriotes, il apprend vite à connaître l'Européen dont la physionomie rend les moindres sensations : il l'étudie, il observe ses actes et il se fait de lui une opinion proportionnée à ses mérites : un blanc mauvais marcheur, chétif, maladroit au tir, n'exerce aucun ascendant sur lui. Il faut lui en imposer par la supériorité physique : savoir grimper sur un arbre avant lui, le fatiguer à la marche, l'étonner au tir, — ce qui n'est pas difficile, — en un mot lui prouver qu'on l'égale dans son propre pays : mieux encore, qu'on le dépasse. Il devient alors obéissant, attaché même à celui qu'il suit. J'ai rappelé plus d'un récalcitrant à lui-même, rien qu'en le regardant droit dans les yeux, sans avoir besoin d'employer la violence. Mes chasseurs m'étaient aussi dévoués que peut l'être un noir de ces pays : comme on le verra plus tard, leur dévouement n'allait pourtant pas jusqu'à leur donner de l'intrépidité au moment du danger.

Nous avions donc à ce voyage-là un personnel assez difficile à mener, et je recommandai aux Arabes de montrer de la patience pendant la route. J'eus bien raison, comme on ne tardera pas à le voir.

Les premiers jours après le départ de Tchiouta se passèrent sans incident notable. Nous arrivâmes bientôt sur les bords du Kapotché avec lequel le lecteur a déjà fait connaissance : c'est ce grand fleuve que nous avions passé à pied sec en allant à Oundi et dont les flots grossis outre mesure nous avaient gardés prisonniers dans ce pays déshérité de la nature.

Cette fois nous étions à quelques kilomètres en amont de notre passage précédent : le lit du Kapotché était presque totalement à sec, et je m'étais promis formellement de ne pas rester plus de quelques jours sur la rive droite. Quoique la saison des pluies fût encore fort loin, je ne pouvais m'empêcher de frémir en pensant à ces mois passés de l'autre côté l'année précédente.

Le lit du fleuve offrait un coup d'œil saisissant : une centaine de mètres de large, des bords escarpés et partout d'énormes cailloux arrondis, des masses gigantesques jonchant le sable blanc et fin du fond. Ces masses granitiques étaient luisantes et polies par les eaux. Je me souviens qu'elles étaient brûlantes et que la main et même les pieds des noirs ne pouvaient en supporter la chaleur. Aussi la réflexion de ces blocs, la blancheur du sable dans leurs interstices et un soleil de midi rendaient-ils le lit du Kapotché fort peu agréable. Je pensais avec délices, en le traversant, à la joie des expéditions polaires, à la douce fraicheur si nécessaire aux ours blancs, à ces blocs de glace qu'il faut scier pour trouver de l'eau! Toutes réflexions que doivent faire les hôtes de Pluton dévorés par les flammes!

Mon thermomètre marquait 77° centigrades au milieu de ce vaste entonnoir de sept ou huit mètres de profondeur! Aussi avions-nous tellement hâte d'en sortir que nous prîmes le pas de course pour arriver sur la rive gauche où nous trouvâmes — ô soulagement! — une brise délicieuse qui semblait glacée, l'ombre de grands arbres et de l'eau fraîche. Nous avions été obligés de traverser, parce qu'il n'y avait pas sur la rive gauche d'endroit propice à un campement.

Le moment de bien-être éprouvé dans ce bois fut bien vite oublié; jamais je n'avais vu autour de nous pareils essaims de tsétsés; on ne pouvait rester assis, c'était un vrai supplice. Les maudits insectes semblaient s'acharner particulièrement à nous, et chacun des deux cents hommes en avait sa large part.

Il me fut impossible de déjeuner; on était piqué aux bras, aux jambes, au cou, en vingt endroits différents à la fois. J'avais avec moi un bouc apprivoisé qui était très amusant; je l'avais pris quelques mois auparavant et l'avais habitué à me suivre, à venir s'asseoir à côté de moi, à me tenir compagnie. Il faisait mieux: il marchait devant moi dans les bois, et, lorsque j'étais trop loin, il m'attendait; les coups de fusil, qui le faisaient fuir au début, lui étaient devenus totalement indifférents; il comprenait fort bien la plaisanterie, et un noir n'avait qu'à se mettre à quatre pattes pour que mon bouc prît la position de combat.

La pauvre bête mourut sous un essaim de tsétsés, dans l'espace d'une heure : folle de piqûres, elle avait commencé par se rouler à terre, puis l'écume lui était venue aux lèvres, son ventre s'était enflé, et, quand je m'aperçus de ce qui se passait, elle était mourante.

Après avoir mangé à la hâte quelques bouchées, je fis lever le camp et tout le monde fut très heureux de déguerpir. Jamais je n'avais vu tant de tsétsés ensemble dans le même endroit. Ce devait être leur village, comme disait Maonda. Nous y laissâmes le cadavre de mon bouc, dont j'avais terminé les souffrances d'un coup de couteau.

Pourtant ce nombre extraordinaire de mouches me fit réfléchir : il indiquait la présence de grand gibier dans les environs; aussi pris-je la résolution de passer un jour dans ce district, après avoir toutefois cherché un endroit moins désagréable pour camper. Je le trouvai à un kilomètre plus loin.

Tout le long du lit du Kapotché, protégés par l'ombre et la végétation qui s'y développait, il y avait des trous contenant un peu d'eau et quantité de poissons : aussi mes hommes faisaient-ils des pêches merveilleuses. Sachant que nous passerions par des lits de rivières presque desséchées, ils se munissaient toujours en cette saison de filets en forme de poche, avec lesquels ils attrapaient jusqu'au dernier les malheureux poissons réfugiés dans ces trous.

Le diamètre de ceux-ci ne dépassait pas quatre ou cinq mètres et leur profondeur soixante centimètres. Pourtant, vers trois heures, mes hommes en découvrirent un — c'était plutôt un petit golfe du fleuve, resté plein d'eau, — où il y avait des hippopotames. Il était à 7 ou 800 mètres du camp.

On vint m'avertir en toute hâte. Laissant l'express qui ne pouvait m'être utile, je pris le calibre 8 et le calibre 12 et j'envoyai dire à tous les hommes qui se dirigeaient vers la mare de se retirer ou bien de se cacher tous.

L'endroit en question avait environ 100 mètres de large sur un peu plus de longueur; de grands arbres et des rochers surplombaient les rives et un sable fin traçait tout autour un liseré blanc; l'eau paraissait très profonde; on apercevait bien le fond sur les bords, mais au milieu il devait y avoir plusieurs mètres.

Je comptai dans la mare sept hippopotames; on ne voyait que le bout de leur nez par instants, et c'était tout. Les hommes les avaient effrayés avec leurs cris. Mais maintenant, sauf nous, on ne voyait plus personne aux abords de la mare et nous disparûmes dans la végétation; un nouvel arrivant eût cru les environs de ce petit lac complètement déserts : pas un bruit, pas une voix; des oiseaux qui chantaient dans cette oasis (1) étaient seuls désormais à en troubler le profond silence.

Pourtant tout mon monde était caché et je suis certain qu'il n'y avait plus personne au camp. Mes deux cents hommes étaient venus assister à une chasse qui promettait d'être, sinon difficile, du moins couronnée d'un succès certain. A quoi bon garder le camp? N'étions-nous pas seuls peut-être à cent kilomètres à la ronde! Il n'y avait pas un village avant trois jours et demi de marche.

J'étais installé sur un rocher à moitié couvert de végétation, avec des branches tout autour de moi, mais rien devant. J'embrassais d'un coup d'œil toute la mare. Je préparai mes cartouches à portée de ma main, Msiambiri tint mon 8 prêt, et nous attendîmes.

Au bout de quelques minutes, les animaux reprirent sans doute confiance; un crocodile vint à la surface, à quatre mètres de moi, puis un autre; ils nageaient lentement, le bout de leur nez, leurs yeux et les écailles droites de la queue seuls visibles au dessus de l'eau; puis un hippopotame se risqua à regarder dehors, prêt à plonger; mais, tout paraissant absolument désert, il fit un assez long séjour sur l'eau; après quoi il alla sans doute annoncer aux autres que l'ennemi était parti, car je les vis aussitôt paraître à la surface tous les sept, et s'assurer que personne n'était là pour les troubler.

Je n'étais nullement pressé, j'attendais que les plus gros se montrassent favorablement afin de commencer par eux.

---

(1) J'ai déjà expliqué que, même pendant la sécheresse, les abords des cours d'eau restaient toujours verts.

Enfin, à la deuxième ou troisième fois qu'il remonta, celui qui paraissait être le chef de la famille se présenta admirablement à quatres mètres environ et regardant dans le même sens que moi, c'est-à-dire me montrant sa nuque et la base de son cou.

Je visai avec soin et plaçai avec une touchante sollicitude ma balle à pointe d'acier juste à l'endroit où le crâne se joint à la colonne vertébrale. Ce coup est excellent quand on en trouve le placement et je le recommande aux chasseurs. L'hippopotame plongea, montra deux pattes énormes dans un flot d'écume et ne reparut plus. Il reposait mort, au fond.

Au bout d'un quart d'heure d'immobilité, les autres se montrèrent de nouveau, mais restant fort peu de temps et m'obligeant à tirer presque sans viser, ce qui me fit perdre plusieurs balles.

Le deuxième que je touchai sembla perdre la raison: il ne put parvenir à disparaître sous l'eau, il continua à se débattre à la surface et au moment où il passait à quinze mètres de moi, je lui envoyai une balle calibre 8 qui lui entra derrière l'épaule, traversa le corps et resta sous la peau du cou du côté opposé; il coula instantanément, comme un petit navire qu'un boulet énorme atteindrait à la flottaison. C'était la quatrième balle qu'il recevait.

Un des jeunes, qui sans doute ne voulait pas écouter les conseils sous-marins de ses parents, montra la tête d'un air provocateur et eut le crâne traversé. Il fit un saut périlleux, nous montrant tour à tour, dans un tourbillon, son cou, son dos, ses pattes et son ventre, et il alla se coucher au fond de la mare, à côté des autres, sur le lit de sable fin.

Les hippopotames ne mirent plus que le bout du nez à la surface de l'eau et du côté tout à fait opposé au nôtre. Je m'empressai donc de faire le tour de la mare et d'aller me poster en cet endroit qui surplombait le lac, attendant que les énormes animaux se laissassent deviner à la surface de l'eau. L'un d'eux s'étant présenté tout à fait de face, je crus lui envoyer un projectile dans les narines, mais la balle entra dans le chanfrein et traversa le palais et la langue, tout en donnant une forte commotion au cerveau; comme la tête se retournait dans l'eau, au lieu de plonger, je lui envoyai ma seconde balle dans le cou ou l'épaule, je crois.

Alors commença une scène des plus intéressantes, vu ma parfaite sécurité : l'hippopotame ivre de fureur, bondissant à moitié hors de l'eau avec des mugissements terribles, ses formidables crocs à découvert, cherchant de l'œil un ennemi, une barque, un objet sur lequel se ruer, se précipitant dans sa colère sur ses camarades auxquels il donnait la chasse sous l'eau. Le petit lac, tout à l'heure si tranquille, était agité par des vagues qui couraient jusque sur ses bords; à son centre, le théâtre de la lutte : des tourbillons, des remous, causés par le déplacement rapide de ces masses dans leurs luttes sous-marines, creusaient des gouffres aussitôt refermés. La bête blessée remuait à la surface, perdant son sang en abondance par l'ouverture béante de sa tête, teignant les eaux autour d'elle, effrayante à voir de colère et d'exaspération. Si une malheureuse pirogue se fût trouvée sur la petite pièce d'eau, elle eût été brisée, et ses hommes mordus, massacrés en quelques secondes.

J'étais dans l'impossibilité de tirer juste à cause des mouvements rapides et irréguliers de l'hippopotame; je n'avais fait que le blesser encore plus grièvement, malgré le désir où j'étais de terminer ses souffrances; je pris le calibre 8 avec une cartouche à éléphant. J'avais jusqu'alors usé de demi-cartouches (1) par égard pour ma joue, ma clavicule et ma

---

(1) Cartouches dont je me servais pour achever des buffles blessés et faites pour être tirées de près. J'en avais toujours trois ou quatre.

CHASSE A L'HIPPOPOTAME.

main droite; mais il n'en restait plus. Enfin, après quelques minutes d'attente, l'hippopotame nagea pendant quelques secondes droit devant lui; j'épaulai mon énorme fusil et je fis feu. Le choc fut terrible.... pour moi, comme pour l'animal : pendant qu'il coulait à pic, je roulais en arrière les jambes en l'air. J'étais mal assis sur le bord d'un tertre et j'avais oublié le recul violent de la longue cartouche. Ma main droite saignait un peu; je trouvai néanmoins cet intermède fort divertissant, et le soir, à la veillée, je vis Msiambiri raconter mon aventure en roulant lui-même par terre, une branche à la main, pour faire comprendre aux camarades comment cela s'était passé.

Défenses d'Hippopotame.

Sauf deux hippopotames que je blessai légèrement, les autres étaient morts. Au nombre de cinq, ils étaient descendus au fond de l'eau, en attendant que la dilatation des intestins les fît remonter à la surface.

La nuit tombait, il fallut rentrer au camp.

Je pensai bien à laisser des hommes en sentinelle sur les bords du lac, mais je réfléchis que c'était inutile et que les hippopotames se retrouveraient le lendemain matin. J'eus tort, car les deux blessés profitèrent de l'obscurité pour sortir et ils s'en allèrent de leur pied léger (?) à la recherche d'un site plus hospitalier. D'après les empreintes relevées le matin, ils avaient dû partir dès la nuit tombante et étaient à cette heure fort loin. Leur instinct les avait menés à un autre endroit où il y avait de l'eau. Il eût été facile de les suivre et de les retrouver, mais nous avions assez de besogne comme cela.

Le lecteur trouvera peut-être qu'il n'était guère généreux de massacrer de pauvres animaux dans une mare dont ils ne pouvaient sortir : mais une fois n'est pas coutume, et mon gibier me coûtait assez de peine à obtenir en temps ordinaire pour que je ne profitasse pas de cette aubaine. J'avais d'ailleurs besoin de m'approvisionner de beltong, comme je l'ai dit plus haut, et rien ne pouvait tomber plus à propos. Je décidai que nous camperions, jusqu'à nouvel ordre, en cet endroit, en nous rapprochant toutefois un peu de la rivière.

En conséquence, nous transportâmes tous nos bagages sur la lisière d'une forêt, à cent cinquante mètres du lac, de façon à avoir à la fois de l'ombre pour nous et du soleil pour sécher la viande. Une équipe de vingt hommes sous la conduite d'un Arabe fut chargée d'installer les séchoirs dès le lendemain matin. Quant aux boucans, ce soir-là déjà presque tous les feux en étaient surmontés, et il y avait plus de cinquante feux.

Avant l'aube, nous étions sur pieds cherchant à apercevoir sur les eaux du lac les cadavres attendus. J'eus grand'peine à empêcher les hommes de descendre sur le bord : les nombreux crocodiles que j'avais vus la veille en auraient happé quelques-uns, grâce à l'obscurité complète qui régnait encore.

Enfin le soleil se leva, nous montrant éclairées de ses premiers rayons cinq bosses rougeâtres qui émergeaient à la surface. C'étaient les hippopotames couchés sur le côté et dont on voyait le flanc à l'extérieur ; le reste du corps était sous l'eau. Autour d'eux, des caïmans au nombre de plus de cinquante, allaient et venaient, cherchant, mais en vain, à avoir leur part du festin. Le corps de l'hippopotame était sans doute trop dur pour eux, mais, comme nous le constatâmes ensuite, ils n'avaient rien laissé des oreilles ni des queues.

En attendant, nous voilà sur le rivage, à trente mètres de l'hippopotame le plus rapproché, en eau profonde et agrémentée de caïmans nombreux, sans embarcation ni cordes. Chacun de chercher dans son esprit un stratagème quelconque. J'essayai tout d'abord d'envoyer à l'aide d'un arc une sagaie portant une longue ficelle; mais la sagaie n'entra pas dans la peau, l'arc n'ayant pas assez de force. Puis ce fut une pierre lancée au bout de la ficelle et destinée à passer de l'autre côté de l'animal, moyen qui ne réussit pas davantage. J'eus bien l'idée de charger mon calibre 8 avec une sagaie, mais je n'osai tenter une pareille expérience dont le résultat eût pu être fâcheux pour mon arme. Restait la ressource de construire un radeau ou une embarcation, mais ces deux opérations demandaient plusieurs heures, et, le soleil montant rapidement dans le ciel, les hippopotames n'auraient pas tardé à se gâter.

J'eus recours aux moyens extrêmes : « Un homme, dis-je, va aller à la nage attacher la cordelette au pied des hippopotames. » A ces mots, tout le monde recula d'épouvante : « Au milieu des caïmans! » s'écria-t-on en chœur.

J'expliquai alors que le caïman est très lâche et que, s'il entend beaucoup de bruit, il a peur et s'éloigne. Dès que l'homme se mettrait à l'eau, nous pousserions des cris, nous jetterions des pierres et tous les caïmans fuiraient aussitôt à l'extrémité opposée de la mare.

Les hommes savaient que je ne mentais jamais; ils eurent confiance. Un d'eux me dit : « Je suis prêt quand tu voudras. » Aussitôt j'envoyai tout le monde ramasser de grosses pierres, avec ordre de les lancer en avant et tout autour de l'homme, de façon à faire des poufs nombreux et du bruit. Le noir se mit à l'eau, nageant vigoureusement, ayant entre les dents un nœud coulant tout préparé; aussitôt une clameur assourdissante, des cris, les hurlements de deux cents hommes réunis allèrent troubler les reptiles au fond de l'eau et glacèrent davantage, si c'est possible, le sang dans leurs veines; jamais ils n'avaient dû entendre pareil vacarme.

L'homme arriva en quelques brasses vigoureuses auprès d'une des masses flottantes, s'y cramponna d'un bras et attacha son nœud coulant autour d'une jambe d'hippopotame. Il revint ensuite sans encombre, suivi de près par le cadavre que nous tirions à terre de toutes nos forces. Ce succès enhardit des camarades; la même manœuvre fut répétée quatre fois, et, au bout d'un quart d'heure, les hippopotames étaient tous accostés au rivage, comme des vaisseaux de haut bord le long d'un quai. Jamais la forêt vierge n'avait dû retentir d'un pareil concert de voix humaines, ni pareille quantité de viande réunie frapper les yeux des indigènes (1). Des sacs de sel que j'avais avec moi allaient m'aider à préparer un beltong convenable, et, avec de l'économie, nous serions à l'abri de la disette de janvier.

L'opération subséquente consistait à rouler les hippopotames à terre, ce qui était laborieux, étant donné leur grand poids, et l'eau ne nous aidant plus. Cela fait, le dépeçage commença.

Vingt hommes environ furent mis après chaque bête, trente à faire des lanières, dix envoyés au camp pour les recevoir, les saler et les mettre à sécher; le reste transporta la viande de la plage au camp.

Quoiqu'on les surveille, quand ils dépècent un animal, les noirs ont toujours la manie de faire de petits tas de débris à leur usage personnel, destinés aux brochettes dont j'ai parlé; je n'ai jamais rien dit quand ces provisions étaient faites ostensiblement, mais chaque fois qu'on a essayé de me les cacher, soit dans les branches d'un arbre, soit sous une pierre ou ailleurs, j'en ai régulièrement privé le prétendu propriétaire.

Pendant qu'on travaillait, ce jour-là, je vis un noir, qui s'é-

---

(1) J'estime la moyenne du poids brut de ces animaux à 1.500 kilos chacun c'était donc sept tonnes et demie de viande.

tait fait remarquer pendant la route par une paresse et une mauvaise volonté rares, cacher de la viande dans un trou creusé dans le sable sous un morceau de peau d'hippopotame. Chaque fois qu'il regardait de mon côté, j'avais l'air occupé ailleurs, ce qui fait qu'il crut pouvoir continuer son manège; vers la fin de l'opération, quand je jugeai la cachette suffisamment garnie, j'allai droit à la peau d'hippopotame que je soulevai, et j'en sortis une dizaine de livres de viande que je distribuai aux camarades. Ce procédé et la colère de s'être vu joué firent sortir cet homme de la dissimulation habituelle à ses pareils, et il s'emporta jusqu'à me menacer; il n'avait pas plus tôt lâché le mot que, d'un seul coup du plat de la main en pleine figure, je l'étendis sur le sable. Je ne lui donnai cette correction que sous le premier élan qui me porta à me précipiter sur lui; puis, la réflexion et le sang-froid me revenant, je le laissai relever sans avoir l'intention de le frapper davantage. Pâle de rage, — car le noir pâlit comme nous, mais à sa manière, — il se leva, courut vers l'endroit où lui et ses camarades avaient déposé des arcs et des flèches empoisonnées, se baissa et prit un arc avec une poignée de flèches.

En moins de temps qu'il ne mit à ramasser ses armes, je compris ses intentions, je fis un saut jusqu'à un arbre voisin où pendait mon calibre 8 encore chargé, et, quand il se releva me faisant face, il me vit en garde, le regardant fixement, certain de l'impression que j'allais lui faire; il agita le bras comme pour lever l'arc, j'armai lentement un des chiens en lui disant : « Si tu ne laisses pas ton arc et tes flèches, que le Dieu des blancs me foudroie si je ne te tue pas instantanément. » J'avais l'air décidé, il se sentait sans aucun abri immédiat et il n'était guère probable que je le manquerais à 15 mètres; telles furent les réflexions qui sans doute traversèrent son esprit, car il ouvrit les doigts, laissant l'arc et les flèches tomber sur le sable. Je relevai aussitôt mon canon, je fermai les chiens et, laissant mon fusil, je lui montrai du doigt ses camarades à la besogne : « Allons, au travail, dis-je, un peu radouci : quand on travaille, je donne de la viande, mais je ne veux pas qu'on la vole, ni qu'on me menace. » Il se remit au dépeçage sans mot dire et reprit sa gaîté au bout d'un quart d'heure. Rentré au camp, il chercha même à se rendre utile, regrettant un peu ce qu'il avait fait; je savais par expérience que le noir est rarement rancunier.

Telle fut une des rares occasions où j'eus à intervenir moi-même; en général, tout marchait bien au camp.

Mais, cette fois-là, il était dit que nous n'aurions pas la paix avec les hommes : le soir, une véritable bagarre éclata entre eux, à propos de l'inégalité des morceaux de viande que leur avaient donnés en partage ceux d'entre eux que j'avais chargés de la répartition; je leur avais abandonné un hippopotame entier en plus des intestins, foies et cœurs de tous les autres. Les boucans étaient surchargés, et malgré cela il y avait un désordre considérable auquel je ne voulus pas me mêler, restant à fumer ma pipe avec calme au coin de mon feu pendant qu'on se jetait de tous côtés des morceaux à la tête avec des interpellations dans le genre de celles-ci, agrémentées pourtant de gros mots que j'oublie : « Tiens, regarde, espèce de...; regarde le morceau que j'ai, moi : c'est un os, il n'y a rien à manger, et toi tu as pris le meilleur ». — « Voyez, disait un autre, son boucan est chargé de bonne viande; nous, nous n'avons que de la peau et des doigts de pied. Tiens les voilà, tu peux les reprendre... » Et les injures de pleuvoir, et les morceaux de voler dans l'espace.

En certains endroits du camp on n'en restait pas aux paroles : quelques-uns échangeaient des coups de poing, et les autres les séparaient. Cela dura une partie de la nuit et recommença le lendemain; les mécontents s'en prirent aux Arabes, n'osant s'adresser à moi, et, sous ce mauvais prétexte, bien ou mal partagés, tous les porteurs quittèrent le camp en masse. Je croyais qu'ils reviendraient, mais je les attendis en vain. Le motif réel était, je crois, que nous marchions depuis huit jours, que le voyage menaçait d'en durer autant et qu'ils en avaient assez : ils étaient payés d'avance pour le trajet entier, ils avaient de la viande pour le voyage et même au-delà : voilà pourquoi ils nous avaient quittés..... à l'anglaise.

J'envoyai à leur poursuite, mais inutilement, et je me trouvai ainsi au milieu des bois avec mes cinq chasseurs, un cuisinier, deux domestiques et cinq arabes, plus cent quatre-vingt-douze charges diverses et vingt-neuf séchoirs pleins de viande.

Cela aurait pu en désespérer d'autres, mais cela m'était parfaitement égal, rien au monde ne me forçant à me hâter. Nous avions du temps, avec des vivres à foison, de l'eau, de l'ombre et du gibier aux environs : que pouvais-je désirer de plus ? Néanmoins, comme il fallait sortir de là un jour ou l'autre, je décidai que le lendemain deux Arabes, un de mes domestiques et Maonda, partiraient à la recherche du village de Tchidoundou dont je ne connaissais pas la position exacte, mais qui devait se trouver au N.-N.-E. de notre camp, entre le Kapotché et la Louyia. Kangourou, le chef de ce village, nous fournirait peut-être des hommes moyennant un cadeau. Je lui faisais dire également que je tenais à sa disposition une jambe d'hippopotame (1), et que je comptais me rendre chez lui dès que j'aurais des porteurs. Je remis à mes émissaires un cadeau pour Kangourou, du calicot pour s'acheter à eux-mêmes de la nourriture, dans le cas où ils auraient à prolonger leur séjour, et des vivres pour quatre jours. Jamais les Arabes ne quittaient en marche leur yatagan et leur carabine Martini.

De mon côté, je calculais que j'avais devant moi cinq ou six jours de chasse, en admettant que mes envoyés ne missent

---

(1) C'est la dîme usitée pour l'éléphant : on donne une jambe de derrière au chef du pays dans lequel un de ces animaux a été tué.

que deux jours pour aller, quarante-huit heures pour rassembler les hommes et autant pour revenir, ce qui était à peine suffisant.

Les trois autres Arabes garderaient le camp avec le cuisinier et surveilleraient le séchage pendant que mes quatre chasseurs et moi nous irions faire le tour des environs, en quête de grosses bêtes. Tous les bagages avaient été empilés au milieu des tentes et cinq hommes suffisaient largement pour en prendre soin.

Le lendemain, dès l'aube, tandis que mes émissaires s'éloignaient vers le Nord, je prenais avec mes hommes la direction opposée, avec l'intention d'aller visiter l'endroit où les tsétsés nous avaient si fort incommodés trois jours auparavant. Nous y trouvâmes des traces innombrables de buffles, vieilles d'environ trois jours, et les mêmes essaims d'insectes nous y harcelèrent.

Je cherchai en vain la cause de leur présence en cet endroit; la jungle ne présentait rien de particulier, les plantes étaient celles que nous voyions partout : j'en examinai soigneusement les feuilles dessus et dessous; le terrain était celui de toute la forêt environnante; bref, je partis sans me rendre compte de la raison pour laquelle il y avait là plus de tsétsés qu'ailleurs.

Je constatai en revanche que jamais région n'avait plus abondé en buffles (ce qui attirait sans doute les tsétsés), et, pendant plusieurs heures, nous foulâmes un sol littéralement labouré par le passage d'immenses troupeaux de ces animaux. Vers midi, je tuai deux oréotragues, antilope d'une espèce que je n'ai pas encore décrite au lecteur et qui affectionne les rochers et les endroits pierreux. C'est le chamois africain (1). Il

---

(1) *Nanotragus oreotragus*. Les Hollandais l'ont surnommée *Klipspringer* (sauteur de rochers).

se distingue par un front très large, de petites cornes droites beaucoup plus espacées que celles du duiker, un poil raide et épais qui ressemble plutôt à des piquants et qui s'arrache très aisément.

Aux heures chaudes de la journée, on aperçoit les oréotragues étendus à l'ombre, toujours sur des rochers et dans la position du sphynx. Ils sont assez paresseux à ce moment-là et vous laissent approcher sans trop de peine à une centaine de mètres avant de se déranger. Le matin et le soir, au contraire, on les voit rarement, car ils fuient et disparaissent au moindre bruit.

Voyant qu'en dehors des buffles, il n'y avait guère autre chose, je retournai au camp, la chaleur étant, pour je ne sais quelle cause, si intolérable ce jour-là qu'on ne pouvait respirer; le canon de nos fusils nous brûlait les doigts sous les ardeurs du soleil et mes hommes se plaignaient que le sol en faisait autant à leurs pieds, dans les endroits découverts. Aussi le séchage marchait-il admirablement : le beltong allait être prêt le soir même à être empaqueté.

Dès mon arrivée, je vis revenir de la mare mon cuisinier, Vatel, qui nous raconta que, étant allé pour se baigner dans un des trous voisins, il avait aperçu, en s'approchant du rivage, quantité de caïmans qui s'arrachaient les derniers lambeaux de chair restant sur les carcasses d'hippopotames laissées la veille. Comme je n'avais rien de mieux à faire, je pris mon express, quelque chose à manger, ma gourde, ma pipe, du tabac, et j'allai m'installer sur les bords de la mare, à l'ombre d'un arbre, à vingt mètres de l'eau, caché, en partie, par de la végétation.

En arrivant, j'avais aperçu une dizaine de caïmans, et notamment un ou deux très grands. Tous ces reptiles avaient glissé à l'eau aussitôt mon approche, ce qui prouve qu'ils y voient de fort loin, et, après être restés à fleur d'eau pour me voir venir, ils avaient fini par disparaître. J'en profitai pour me cacher, et quand l'un d'eux risqua de nouveau un œil à la surface, les environs paraissaient aussi déserts et aussi tranquilles qu'avant mon arrivée.

Bientôt tous les hideux reptiles émergèrent de nouveau, nageant lentement en tous sens, mais se rapprochant insensiblement de la rive. J'avais reconnu les deux à la taille supérieure et je les surveillai avec soin, tout en mangeant sans bruit; L'un d'eux, encouragé par un jeune caïman qui était déjà hors de l'eau, finit par atterrir avec les mouvements lents et hypocrites qui caractérisent ces vilains animaux. Un autre le suivit de près et ils montèrent sur la berge à l'assaut des carcasses nauséabondes. Arrivés tout près, ils se montrèrent à moi de profil, m'offrant deux coups admirables.

Le grand ouvrit la bouche pour saisir je ne sais quoi : une balle au cou le cloua raide mort ; son compagnon perdit deux secondes à tourner pour se jeter à l'eau et eut le crâne fracassé; tous les autres disparurent de nouveau. Je courus sur la rive, je pris par la patte l'un des morts qui eût pu glisser dans la mare, je le tirai un peu plus haut, le plaçant bien de profil dans la position du sommeil, et je repris ma cachette. Personne n'avait bougé au camp. Quand j'étais à l'affût, on avait ordre d'attendre mon coup de sifflet pour se montrer.

Une demi-heure s'écoula pendant laquelle je terminai mon repas et allumai ma pipe. Les caïmans apparurent de nouveau, et voyant deux de leurs camarades qui semblaient déjà à la besogne, sortirent de l'eau presque en même temps au nombre de sept ou huit. Je choisis encore deux victimes: l'un fut tué raide au cou; l'autre, tiré à la volée, eut l'épine dorsale cassée près des membres postérieurs, coup très heureux qui me permit de recharger et de l'achever, tandis qu'il se traînait péniblement en se tortillant et ayant l'air d'esquisser la danse du ventre.

Comme ces cadavres encombraient la rive, gênant le passage des autres s'ils revenaient, ou me les cachant en partie, je n'en laissai qu'un et empilai les autres en un tas à quelques mètres plus loin.

Mais les bons reptiles étaient devenus plus méfiants; il fallut plus de deux heures pour que l'un d'eux, affamé, et négligeant sans doute les précautions nécessaires, montât à moitié corps sur la berge pour se rendre compte de la situation. Encore eut-il presque aussitôt des remords, car il fit un mouvement pour rebrousser chemin; mais, hélas! la balle de l'express plus rapide que la pensée... même d'un caïman, vint lui dire un mot..... derrière l'oreille, et..... il resta avec les camarades.

N'importe : mon petit stratagème commençait à être usé; aussi quittai-je la place avec la consolation d'avoir passé mon temps à détruire des bêtes tout aussi malfaisantes, sinon plus, que les fauves des forêts. Je choisis le plus gros caïman, dont je désirais garder la peau et le crâne; il mesurait 3^m,20. Je sifflai mes hommes; ils l'attachèrent par la queue et le traînèrent jusqu'au camp au pas gymnastique. Jamais de son vivant le charmant animal n'avait tant couru, surtout à reculons.

Le jour après, une reconnaissance aux environs n'ayant amené aucune découverte notable, je pensai à ces deux hippopotames qui avaient abandonné sans égards leur malheureuse famille et avaient fui vers des régions moins dangereuses. Notre beltong étant parfaitement réussi, je désirais le garder pour mon usage et celui de Hanner, et je songeai que l'on pouvait en trouver d'autre en cherchant quelque peu du côté où les deux gros fuyards avaient dirigé leurs pas. Seulement, comme, en cas de réussite, nous aurions à camper sur place, je laissai mon camp actuel à la garde des Arabes et du cuisinier, ne prenant avec moi que les chasseurs ainsi qu'un petit bagage et quelques provisions.

Comme il faudrait être aveugle pour ne pas suivre la piste d'un hippopotame, nous n'eûmes aucune peine à nous assurer non seulement du chemin parcouru, mais encore de l'endroit exact où les animaux étaient descendus, dans une mare longue, étroite et ombragée. Nous n'y arrivâmes que vers deux heures du soir, après un parcours que j'estime à 28 ou 30 kilomètres. Comme les rives portaient des traces de sorties appartenant aux mêmes animaux et datant seulement de deux jours à peine, il était certain qu'il n'y avait que nos deux hippopotames en cet endroit. Restait à savoir si c'étaient des sorties définitives ou les excursions nocturnes habituelles à ces pachydermes. Cette dernière supposition se trouva confirmée par des empreintes retournant à l'eau et datant du jour même au matin. Les animaux étaient là.

Comme pour nous prouver que nous étions dans le vrai, la tête de l'un d'eux émergea tout à coup de l'eau et souffla bruyamment. Ne soupçonnant pas notre présence, il resta plusieurs minutes à la surface; nous étions cachés par de la végétation et nos conversations étaient faites, comme de coutume, à voix très basse, presque en chuchotant.

Le camarade ne tarda pas à se montrer aussi. Msiambiri affirma qu'il le reconnaissait pour un de ceux que nous avions blessés auparavant, assertion que je trouvai tant soit peu risquée, car, pour l'homme, rien ne ressemble autant à un hippopotame qu'un autre hippopotame. Au lieu de les tuer dans l'eau, ce qui était d'autant plus aisé que nous étions à peine à dix mètres d'eux, je décidai de les attendre le soir à leur sortie, car j'avais remarqué qu'ils avaient jusqu'alors toujours suivi le même chemin pour aller pâturer. La lune était dans son plein et je voulus essayer ce sport d'un nouveau genre. Je ne pouvais guère compter tirer sur les deux, et, il était probable, que s'ils étaient ensemble, le second retournerait à l'eau, où je pourrais le tuer le lendemain, à condition de faire bonne garde la nuit pour l'empêcher de partir.

Mes chasseurs ne comprenaient pas mon refus de profiter

UNE MARE D'EAU DANS LA FORÊT VIERGE.

de l'occasion qui s'offrait à moi de tuer facilement les deux animaux à quinze mètres. Avec leur esprit essentiellement pratique, ils ne concevaient pas ce désir de changer, de varier ma chasse, d'aller chercher la difficulté et les hasards d'une poursuite de nuit, quand j'avais le gibier pour ainsi dire à portée de la main et en plein jour. Mais, comme ils savaient que je ne faisais cas de leur avis que lorsque je le leur demandais, ils se contentèrent de se communiquer mutuellement leur étonnement, tout en s'éloignant avec moi de la mare.

Comme les hippopotames ne sortaient d'habitude qu'à la nuit tombante, je voulus faire un tour dans les environs en attendant cette heure. Après avoir marché assez longtemps et aperçu bon nombre de pistes fraîches que nous n'avions pas le temps de suivre, nous avions essayé de revenir par un détour, mais nous nous étions trouvés dans une région dont l'herbe n'avait pas été brûlée. Haute comme un homme, sèche et bruyante, entremêlée d'épines cachées, cette végétation était presque impénétrable; il y faisait de plus une température très élevée, l'air ne pouvant circuler. Supposant que ce n'était qu'un mauvais pas à traverser, nous nous y étions engagés, fendant cette masse avec peine, parant des deux mains les épines qui fouettaient notre visage et écorchaient nos jambes, levant les genoux jusqu'à la ceinture et faisant de lentes et laborieuses enjambées.

Je pensais, tout en me livrant à cet exercice, combien seraient diminuées les ressources cynégétiques d'un pareil pays, si le feu n'existait pas : en pareil cas, l'homme devrait renoncer, en Afrique, à la poursuite des bêtes sauvages. Je suis certain qu'on nous entendait venir à plus de cent mètres. Chose étrange! les animaux discernent parfaitement au bruit des herbes sèches, si c'est un de leurs pareils qui marche ou un homme. La différence est sensible et facile à établir pour l'oreille humaine, mais on s'étonne que les animaux puissent s'en apercevoir.

Le bruit que fait un buffle ou une grande antilope dans l'herbe sèche est intermittent; c'est une suite de bruissements qui s'arrêtent avec l'animal, quand il reste aux écoutes ou qu'il mange : chacun de ses pas se compte ainsi, comme ses arrêts. L'homme, au contraire, marche sans s'arrêter, à moins qu'il ne cherche à faire comme les animaux. Il m'arriva plusieurs fois d'imiter parfaitement, courbé dans l'herbe, l'échine d'un animal occupé à paître; pas à pas, avec beaucoup de patience et un bon vent, je me suis fort bien approché du gibier; mais, en revanche, que de temps perdu, que de fatigue, quelles précautions exagérées!

Plus nous avancions, moins la jungle devenait praticable : impossible d'en sortir. Le sol était criblé de pistes d'éléphants faites au moment des pluies, alors que la terre était molle, et qui, durcies maintenant, étaient dissimulées par la végétation; autant de ces trous, autant de chances de se donner une entorse. Que de fois, pendant mes années de chasse, je m'y suis tordu les pieds! Que de fois à l'improviste, en courant, j'y suis tombé de tout mon poids sur mes chevilles pliées! Jamais je n'ai rien eu, sinon, peut-être, une douleur passagère. Ah! l'excellente école pour se faire les articulations!...

Les hommes s'arrêtaient à chaque pas pour s'arracher des épines de la plante des pieds. Nous mîmes à peu près une heure pour faire un kilomètre. Enfin, nous nous retrouvâmes sur le bord du Kapotché, à une distance de notre mare que nous ne pouvions estimer. J'aurais pu mettre le feu aux herbes, mais j'avais peur que l'incendie durât trop longtemps et ne gênât ma chasse du soir en effrayant les hippopotames et les empêchant de faire leur promenade nocturne. Quoique nous eussions marché longtemps, nous ne devions pas être loin de leur résidence.

Nous prîmes par le lit à sec du fleuve, préférant encore marcher dans le sable brûlant plutôt que dans les hautes herbes, et fûmes étonnés d'arriver bientôt à destination. Comme j'avais encore une heure de jour, je mis tous mes hommes à ramasser du bois pour faire des foyers tout autour de la mare, le soir. Les hautes herbes se voyaient à portée de fusil au nord-est; j'avais bien fait de ne pas y mettre le feu, car la lueur eût été visible du bord de l'eau.

A la nuit tombante, je me postai sous le vent à deux mètres du sentier, dans un fourré, avec Maonda, qui avait dans la nuit une vue étonnante. Les autres se placèrent un peu plus loin, sur le sentier aussi, avec ordre de tirer si l'hippopotame arrivait jusqu'à eux, et nous attendîmes immobiles et silencieux. J'avais mon calibre 8 chargé avec deux cartouches à éléphant, et, à deux mètres, je crois fort que le choc devait en être considérable pour l'animal; en cas d'imprévu, je tenais aussi ma canardière prête.

Les heures passèrent au milieu des bruits divers que j'ai décrits; des animaux que nous ne pûmes reconnaître, mais que nous sûmes le lendemain être des élands, des kobs, des bubales, vinrent boire et occuper les longueurs de l'attente. Les hippopotames mugissaient à nous rendre sourds, mais ils n'avaient pas l'air de vouloir encore se mettre à table. La lune était magnifique; je voyais tout juste le sentier et une éclaircie de 4 ou 5 mètres où l'animal devait passer. Détachant une feuille de mon carnet de notes, je la passai à l'extrémité de mes canons, de façon que ce morceau de papier blanc éclairé par la lune m'aidât à viser. Derrière moi, j'avais ménagé un passage bien propre, afin de pouvoir filer avec rapidité, si besoin était. Jusqu'alors j'avais toujours entendu parler de chasses à l'hippopotame dans l'eau; mais à terre, c'était une nouvelle expérience, et peut-être me préparait-elle des surprises désagréables contre lesquelles je devais me prémunir; c'était de la prudence la plus élémentaire. En admettant que l'animal chargeât, il eût été sur mon fusil immédiatement; je répondais d'être sur pied et hors de portée en deux secondes, mais ce temps m'était insuffisant pour lui faire face avantageusement : il faut se souvenir que je m'étais posté à deux mètres, c'est-à-dire presque à bout portant, et un hippopotame moyen a au moins 2^m,80 à 3 mètres de longueur : par conséquent, rien qu'en se tournant il serait sur moi.

Je fis placer Maonda à plat ventre sur le bord de l'eau, à ma gauche, ses pieds me touchant presque ; il devait surveiller les hippopotames et, s'ils se préparaient à monter, me prévenir en remuant un de ses pieds. Comme il était complètement immobile, je crus à plusieurs reprises qu'il dormait et je le poussai pour le réveiller, mais il faisait bonne garde. Enfin son pied remua et encore... et encore... et je compris qu'il allait y avoir du nouveau. En effet, je n'eus pas plus tôt repris mon fusil qu'une masse sombre apparut à l'extrémité de l'éclaircie en même temps que les mugissements s'arrêtaient. Maonda se remit à côté de moi et m'écarta légèrement le feuillage afin que je pusse viser. L'animal semblait d'autant plus grand qu'il était plus rapproché ; il me semblait également plus élevé parce que j'étais assis à terre. Dans la demi-obscurité, cette apparition me fit une certaine impression, bien que j'eusse conscience de ne pas courir le moindre danger tant que je n'aurais pas tiré.

L'hippopotame s'avançait lourdement... Je couvrais déjà son épaule de mon papier blanc et il avança encore... Je le suivis avec mes canons... Quand il arriva bien en face de moi, je pressai la détente de droite, puis celle de gauche, je sautai sur mes pieds en lançant le fusil dans l'herbe et fis un bond vers l'issue que je m'étais préparée. M'arrêtant, je vis le brouillard de ma fumée se dissiper au clair de lune, je regardai l'endroit : le sentier était vide. — « Il est retourné à l'eau », me souffla Maonda. En effet, j'avais entendu une chute dans la mare. La partie était perdue. Immédiatement je préparai ma revanche : « Allumez les feux sur les bords et brûlez les herbes », dis-je.

Un homme présenta comme de coutume une brassée de paille que j'allumai avec une allumette prise dans ma cartouchière et bientôt six foyers flambèrent ; les autres hommes allèrent avec une torche mettre le feu à cette végétation épaisse dont j'ai parlé, en commençant au vent. Bientôt d'immenses flammes illuminèrent le ciel et l'horizon; les craquements des parties vertes qui éclataient dans le feu se succédèrent avec un bruit de fusillade; le ciel incandescent se refléta dans l'onde, et je crus assister à quelque apothéose de féerie. Il faisait si clair que la lune en était ternie et que les hippopotames durent pouvoir lire leur journal au fond de l'eau. L'un d'eux devait plutôt y écrire son testament; car, en allant voir avec des torches l'endroit où j'avais tiré sur lui, nous y vîmes du sang et les marques d'une chute. Il avait dû tomber, se relever aussitôt et retourner brusquement dans la mare.

Plus rien à faire jusqu'au matin. Mes hommes devant veiller à tour de rôle et entretenir les feux, je m'endormis sur une botte de paille, pendant que le bruit des flammes s'éloignait vers le Nord et que leur lueur rougissait encore l'horizon.

Aucun événement ne vint troubler le calme; les feux durent tenir tous les animaux à distance. Quant aux hippopotames, on les entendait souffler, mais on ne les distinguait pas : ils ne mettaient probablement que le nez dehors.

J'étais éveillé avant le point du jour, voulant terminer cette chasse et sécher mon beltong dans la journée. J'envoyai les hommes installer des séchoirs et préparer des liens; il fallait que nous pussions terminer dans la matinée, ou tout au moins au commencement de l'après-midi. Nous n'étions que cinq et je ne voulais tuer qu'un seul hippopotame ce jour-là. Je me demandais comment nous ferions pour tirer l'animal ou tout au moins l'amener à terre.

Aux premières lueurs de l'aube, nous vîmes un des hippopotames flottant à la surface, ce qui indiquait que le blessé était mort dans la nuit, peut-être aussitôt son retour dans l'eau (1).

---

(1) La première balle s'était enfoncée un peu au-dessous de l'épine dorsale et de la jointure des omoplates, faisant dans le foie un trou énorme; quelques centimètres plus haut, l'animal fût tombé sur place. Le deuxième projectile

A l'aide d'une longue branche, il fut poussé légèrement vers la rive, et enfin amené près du bord le moins escarpé. Nous dûmes renoncer à lui faire faire plus d'un tour ; il fallait donc le dépecer à moitié plongé dans l'eau, ce qui avait l'inconvénient de rendre celle-ci imbuvable. Aussi tînmes-nous conseil.

Tambarika émit une idée fort juste qui fut adoptée : l'animal étant couché sur le côté, le dos au quart plongé dans l'eau et les pieds à sec, on enlèverait les membres du dessus, ce qui le rendrait plus léger et nous permettrait de le rapprocher davantage. Nous boucherions les artères avec de l'argile mouillée afin d'empêcher l'hémorragie et pour éviter aussi de corrompre le contenu de la mare.

A cinq que nous étions, l'opération fut longue et laborieuse ; les membres énormes furent enfin détachés et les boyaux sortis de l'abdomen ; il fallut des soins infinis pour éviter de les crever et d'en répandre le contenu. La carcasse de l'hippopotame offrait alors la forme et les dimensions d'une embarcation où quatre personnes se fussent assises à l'aise ; nous n'eûmes pas grand'peine à la tirer à terre, et à trois heures toute la viande était sur les séchoirs, tandis que nous prenions notre repas à l'ombre d'un gros arbre.

Nous n'avions plus qu'à nous reposer ; dans un ou deux jours il serait temps d'aller parcourir les endroits nettoyés par le feu. A peine la terre s'est-elle refroidie que, de la racine même des herbes brûlées, de petits brins d'herbe verts se montrent : en une semaine, ils atteignent quelques centimètres de longueur. Tous les animaux herbivores en sont particulièrement friands, et, s'il y en a dans la région, on est sûr de les trouver sur les tapis de cendres broutant ces jeunes pousses l'une après l'autre.

Le lendemain, nous avions le deuxième hippopotame à découper : j'avais l'intention de le tuer le soir même afin qu'il flottât

---

avait pénétré dans le cou et manqué la colonne vertébrale, le traversant presque de part en part. C'étaient deux bonnes balles pour un tir de nuit.

dès cinq heures du matin. Vers quatre heures, pendant que j'attendais le moment opportun pour donner le coup de grâce à la pauvre bête, mes chasseurs faisant la chaîne passaient à leurs camarades sur un arbre toute la viande des séchoirs : il eût été dangereux de la laisser exposée; nous étions en petit nombre et nous étions sûrs d'attirer tous les fauves carnassiers qui se trouvaient à la ronde. Rien que les os et la carcasse nous vaudraient certainement de nombreuses visites.

Les lions, les léopards, les hyènes et les chats-tigres jugent fort bien de la quantité d'hommes qui gardent un camp. Quand on est nombreux, ils se tiennent à distance; mais, dans le cas contraire, ils sont fort ennuyeux : ils vous donnent des concerts à une proximité effrayante et rôdent tout autour de vous poussés par la faim, encouragés, rendus audacieux par leur supériorité numérique.

Le dernier survivant d'une famille éteinte reçut le coup mortel avant la tombée de la nuit : une balle à pointe d'acier lui traversa le crâne de part en part. Comme je l'ai dit, il m'en coûtait de massacrer ainsi des animaux, mais les provisions d'hiver étaient chose trop importante; la leçon de l'année précédente m'avait profité et je pensai que, lorsque les grosses pluies et les hautes herbes auraient rendu toute chasse impossible, je serais bien heureux d'avoir quelque chose à me mettre sous la dent. A Oundi, j'avais un peu trop ressemblé à la cigale ; cette fois, je ferais comme la fourmi. Rien, d'ailleurs, dans ces onze mille kilogrammes de viande fraîche ne fut gaspillé; le séchage m'en enleva déjà une bonne partie, le reste était précieux et fut conservé comme tel.

Dès le coucher du soleil, les cris éloignés des hyènes vinrent justifier mes soupçons : les restes de l'hippopotame attireraient déjà des amateurs. Je fis aussitôt amonceler tous les ossements à 25 mètres du camp sous un arbre, dans lequel je montai moi-même, espérant que quelque hôte digne de mon fusil daignerait venir au rendez-vous. Mes hommes s'étaient tous mis autour d'un grand feu, près de l'arbre qui portait la viande, et loin de me gêner, la clarté qui était presque derrière moi m'aidait au contraire à distinguer les objets.

Ma canardière sur mes genoux, j'attendais la lune qui ne se levait qu'un peu plus tard. Des rugissements éloignés de lions parvenant à mon oreille m'apprirent que ceux-ci n'avaient pas faim. Le lion ne rugit pas quand il est affamé : il se tait. Et c'est d'ailleurs facile à comprendre : lorsqu'il tonne de sa voix puissante, quel animal resterait aux alentours ? Il ferait le vide autour de lui et mourrait faute de nourriture. Quand il est repu, au contraire, il se plaît à faire retentir les échos : il entonne un chant de victoire. Il en est de même de tous les animaux chasseurs. Avez-vous jamais entendu un chat miauler quand il guette une souris ? La hyène, au contraire, qui en temps ordinaire ne se nourrit que d'os et de charognes, annonce son approche par ses gémissements et ses ricanements lugubres.

Il n'y avait pas un quart d'heure que j'étais sur l'arbre, et déjà deux ou trois d'entre elles avaient commencé à déjeuner, ce qui prouve qu'elles devaient mourir de faim ; car, d'ordinaire, elles font de nombreuses allées et venues avant de se décider à s'approcher. Je ne voyais absolument rien. En revanche, j'entendais distinctement le craquement des os, le bruit des mâchoires, le glissement des griffes sur les os, la chute de ceux-ci tombant du tas et roulant à terre, puis des bruits plus éloignés m'indiquant que les animaux les emportaient.

La lune une fois levée, j'aperçus très bien des masses gris noirâtres qui se mouvaient ; mais, sans leurs gémissements que j'entendais, j'eusse été fort embarrassé de dire si c'étaient des hyènes, des lions ou des brebis. Je compris que j'allais encore perdre mon temps, et, après deux heures d'attente, j'y renonçai ; mes hommes là-bas n'étaient pas endormis, je les voyais éclairés par les flammes. Comme il y avait bien une quinzaine de hyènes autour de moi, je songeai un instant à descendre simplement de l'arbre et à les... épater ; mais je réfléchis que des chiens, fort doux à l'ordinaire, sont de très mauvaise humeur lorsqu'ils mangent, et il se pouvait que la hyène fût de même. J'essayai alors d'allumer une allumette sur mon arbre et de les faire fuir, mais, sauf deux ou trois que la clarté frappa de face et qui s'en allèrent un peu plus loin, aucune ne bougea.

Hyène tachetée.

A la faible lueur de l'allumette, en mettant une branche entre la flamme et ma vue, j'avais fort bien distingué, pendant quelques secondes, les animaux qui mangeaient. Mettant ce renseignement à profit, j'épaulai ma canardière d'une main, le canon appuyé sur ma jambe. Je frottai une allumette de la main gauche et, lorsque la lueur fut dans son plein, je logeai mes six onces de chevrotines dans la tête d'une hyène de grande taille. Cette fois tous les animaux disparurent et je pus descendre de mon arbre en paix. La bête que j'avais tirée était énorme : seulement, au lieu de l'atteindre à la tête, comme je croyais, je l'avais frappée au garrot, à trois mètres à peine ; la charge ayant fait balle avait complètement brisé l'épine dorsale, en criblant le cou et les épaules. C'était une hyène tachetée (1).

La nuit se passa sans autre incident; le matin, je fis traîner le cadavre vers un lieu découvert afin d'en être débarrassé par les vautours, ce qui ne demande que fort peu de temps.

Ces oiseaux de proie, excessivement communs dans ces régions, appartiennent à l'espèce dite buzard-dindon, à cause de leur ressemblance avec ce dernier volatile : même taille et même nudité du cou et de la tête qui sont d'une teinte rose ou rouge. Doués d'une vue extraordinaire, ils parcourent continuellement le pays, se tenant à de grandes hauteurs, presque imperceptibles pour l'œil humain. Dès qu'ils aperçoivent un animal mort, ils commencent, dans les airs et au dessus de l'endroit où ils le voient, à décrire, quelquefois pendant plusieurs heures, un grand cercle où de nombreux camarades ne tardent pas à les joindre; ils descendent ainsi peu à peu et finalement se posent à quelques pas du cadavre (jamais sur lui) ou sur des arbres voisins. Après un autre moment d'attente, ils s'en approchent et commencent généralement par dévorer les parties molles, la langue, les yeux, etc. Quand ils sont tous à la besogne, une bête de la grosseur d'un cheval, est consommée en une heure vu leur nombre. Ils se retirent ne laissant que des os bien nettoyés que les hyènes finissent ou dispersent la nuit suivante.

Souvent, pendant la famine, les vautours indiquent ainsi au chasseur l'endroit où gît un animal et, en s'y rendant, il peut trouver encore de la chair mangeable. D'autres fois (et plusieurs cas s'en sont produits en ce qui me concerne) ils vous font découvrir une bête que vous aviez blessée, puis perdue et qui a fini par succomber à ses blessures, alors que vous aviez renoncé à la chercher davantage. En revanche, à diverses reprises, ils

---

(1) J'ai rapporté son crâne que j'ai donné au Muséum de Paris.

m'ont mangé des pièces insuffisamment dissimulées. Car, pour éviter que les vautours ne prennent un animal qu'on vient de tuer et qu'on est obligé de laisser sur le terrain, on a soin de le recouvrir de feuillage ou de paille afin de le cacher à la vue des oiseaux de proie.

La viande que les vautours ont touchée répand une odeur infecte : elle est immangeable ; il faut arriver avant eux pour pouvoir en profiter.

J'ai vu souvent ces animaux faire preuve d'une grande intelligence. Ainsi, dans les districts où je chassais régulièrement, les vautours nous suivaient fort bien du haut des nues, et, dix minutes après avoir abattu un animal, je voyais plusieurs d'entre eux descendre sur un arbre voisin, généralement élevé, d'où, immobiles, ils surveillaient tous nos mouvements. Après avoir dépecé et emporté la bête, nous laissions toujours sur le sol quelques débris dont ils profitaient ; nous n'étions pas encore éloignés que nous les voyions descendre et se promener de leur drôle d'allure à l'endroit même que nous venions de quitter. Dans le cas où nous étions ainsi surveillés, il était parfaitement inutile de dissimuler la bête et imprudent de la quitter. Il fallait toujours, au contraire, laisser un homme pour la garder.

Aussi n'avait-on qu'à mettre bien à découvert ce qu'on voulait offrir aux vautours ; c'est ce que nous fîmes ce matin-là pour l'hyène. Nous les vîmes descendre bientôt, tandis que nous dépecions notre hippopotame.

Tchigallo, envoyé à l'autre camp pour donner de nos nouvelles et m'en rapporter, m'apprit que tout allait bien là-bas : on faisait quelques pêches dans la mare. Les hyènes rôdaient chaque nuit et un troupeau de buffles avait passé la veille au soir.

De notre côté, ce soir-là, nous avions achevé notre travail et, le séchage du lendemain une fois terminé, il ne nous manquait plus que des porteurs. Cela allait devenir assez monotone, car il ne restait pas le plus petit hippopotame dans la mare.

Le lendemain, dès l'aube, j'allai faire un tour avec Msiambiri et Tambarika, avec l'intention de parcourir les espaces nouvellement brûlés et de rechercher l'endroit où les animaux allaient boire; je ne tardai pas à le découvrir, ce qui n'était pas très difficile.

Rappelez-vous que tous les animaux doivent boire pour vivre et que certains d'entre eux ne s'éloignent pas beaucoup de l'eau : on n'a qu'à choisir une piste fraîche de kob, de phacochère ou de bubale, et, soit dans l'une des directions, soit dans l'autre, on est sûr de savoir où il a bu. Il faut, bien entendu, distinguer sans hésitation une piste fraîche d'une de la veille, sans quoi on s'exposerait à refaire toutes les pérégrinations de l'animal, ce qui vous mènerait fort loin.

L'eau une fois trouvée (une petite flaque de quelques mètres à l'ombre de grands arbres), je pus me rendre compte du gibier qui y venait : une troupe de zèbres, plusieurs élands, des kobs, des phacochères et un vieux buffle solitaire avaient bu pendant la nuit. Ce dernier ne devait pas être loin, ses traces étant fraîches, et je me mis à sa poursuite; mais il marchait aussi, et ce ne fut que vers midi que je l'aperçus sous un arbre à plus de deux cents mètres. Il ne se savait pas suivi : il nous tournait le dos, chassant les mouches avec sa queue et paraissant très tranquille. S'il avait eu des oiseaux insectivores avec lui, nous aurions eu de la peine à approcher; mais, à cent mètres, je n'en voyais aucun auprès de lui; j'avançai donc encore, sans le moindre bruit, sans un froissement, ayant l'air immobile, mais faisant néanmoins du chemin. L'expérience m'avait démontré que, pour mettre le buffle hors de combat à la première balle, il faut l'atteindre à la jonction des omoplates et de l'épine dorsale. Le coup est difficile, mais il a deux avantages : un peu plus haut, on manque totalement, ce qui évite de mal blesser la bête et de la rendre furieuse; un peu plus bas, on casse les omoplates et on traverse le cœur. Si on touche juste, la bête est jetée à terre et ne peut plus se relever. J'étais arrivé à quarante mètres du buffle qu'il ne se doutait pas encore de notre présence : néan-

Gibier à l'abreuvoir.

moins, en vieux solitaire qu'il était, il se tenait debout, l'œil et l'oreille sur le qui-vive, avec cet air inquiet caractérisant les animaux qui ne comptent que sur eux-mêmes et ne peuvent se relâcher de leur vigilance ni jour ni nuit. Je substituai une balle pleine à la balle expansive de l'express, car la bête était énorme, et, après m'être reposé et bien calmé, je tirai avec soin.... En sautant de côté, je vis que j'avais obtenu le résultat désiré; la balle avait frappé au bon endroit, la bête était incapable de nuire. C'était la première fois que cela m'arrivait; jusqu'alors j'avais toujours eu à achever mes buffles et plusieurs d'entre eux m'avaient chargé furieusement.

Dès que le vieux solitaire avait mordu la poussière, Msiambiri qui portait mon grand couteau de chasse s'était précipité pour l'achever avant qu'il se relevât. J'accourais également, l'arme prête pour le cas où l'animal se serait remis sur pied; mais il ne pouvait y arriver, il se débattait, creusant la terre de ses sabots et de ses cornes. Tambarika prit une branche énorme, lui en asséna deux coups formidables sur le front, juste entre les yeux, pour l'étourdir, tandis que Msiambiri lui ouvrait la gorge.

J'étais maintenant fort embarrassé. Comment transporter tant de viande? Il n'y avait pas à hésiter : il fallait d'abord la faire sécher afin d'en diminuer le poids, puis envoyer tous mes hommes la chercher et la porter à celui des deux camps, qui serait le plus rapproché. Mais lequel était-ce? Je n'en avais pas la moindre idée. Laissant Msiambiri auprès du buffle, j'emmenai Tambarika qui devait montrer le chemin aux autres. Le hasard voulut que nous fussions à peine à une heure de marche du camp des Arabes. Je gardai un de ceux-ci pour rester avec moi près de la petite mare, tandis que le cuisinier, Tambarika et les autres chasseurs allaient rejoindre Msiambiri avec des récipients d'eau, pour passer la nuit là-bas, sécher la viande et rentrer ensemble au camp aussitôt que le beltong serait prêt, c'est-à-dire le lendemain.

J'attendais d'ailleurs, ce jour-là ou celui d'après, des nouvelles de mes émissaires. Laissant l'Arabe tout seul au camp, je suivis le sentier qu'ils avaient tracé dans les cendres et qu'ils devaient reprendre à leur retour. Je voulais aller leur faire comprendre qu'ils eussent à venir d'abord à mon camp qui était sur leur chemin, au lieu de se rendre directement à celui où j'avais laissé les Arabes.

ARRIVÉE DE NOUVEAUX PORTEURS.

Comment le leur indiquer? Je n'eus qu'à suivre leurs traces jusqu'à un certain endroit. Là, je semai des feuilles sur la terre; je mis une branche en travers et une marque coupant leur sentier; cela voulait dire : « Arrêtez-vous ici ». Puis je coupai à travers le pays nouvellement brûlé en traînant les pieds pendant les cent premiers pas. Ces marques signifiaient, en langage des bois : « Venez par ici ». Je retournai ensuite au camp, certain de les voir arriver d'un moment à l'autre.

Ces sortes d'indications sont fort en usage parmi les chasseurs ou les indigènes; c'est ainsi que ceux qui sont en avant montrent aux retardataires par où ils sont passés, au croisement de deux sentiers ou même en pleine forêt. Lorsque le sol est trop accidenté, on casse de petites branches de loin en loin toujours de la même façon, et cela indique le chemin à un œil exercé, aussi bien que les serpentins d'un rallye-paper.

Le soir même, vers quatre heures, mon domestique envoyé en avant par les Arabes arriva avec vingt hommes de Tchidoundou, annonçant le reste des porteurs pour le lendemain soir. De leur côté, mes chasseurs rentraient avec la viande de buffle. Je fis faire des charges de beltong le soir même et rentrai au grand camp le lendemain, ayant fait effacer le signal pour que ceux qui arriveraient vinssent directement par la route primitive. Dès le soir nous avions 265 porteurs prêts à marcher. Seulement ils demandaient un jour pour se reposer, ce que j'accordai.

Ayant donc encore vingt-quatre heures à passer dans ces lieux, je décidai que cinquante hommes, sous la direction d'un Arabe, retourneraient à Tchiouta pour y apporter mon beltong et le mettre en lieu sûr, dans ma maisonnette. Je trouvais inutile de le trimbaler avec moi tout le long du voyage.

Mon camp avait repris l'aspect qu'il avait la veille de la fuite des porteurs. Vers le milieu de la nuit, j'entendis dans le lointain un fracas qui dura plusieurs heures : c'était un immense troupeau de buffles qui passait, s'approchant sensiblement. Le bruit que fait une troupe d'éléphants entendue de très loin ressemble à celui des buffles entendus de près; aussi met-on un moment à discerner à qui on a affaire.

Mes nouveaux porteurs s'excitaient outre mesure : ils me demandaient de leur tuer des buffles, car le morceau de viande que je leur avais fait donner à leur arrivée était le premier qu'ils eussent vu de longtemps. Ils ne tenaient pas en place. Je leur promis que, dès qu'il ferait jour, je ferais mon possible pour leur procurer de la viande.

Quand je voulus me mettre en route, avec mes compagnons habituels, plusieurs des nouveaux venus voulurent se joindre à nous, mais je trouvai cela inutile et je refusai. Néanmoins, l'un d'eux nommé Tchissamba insista tant, déclarant qu'il était chasseur aussi, qu'il serait content de nous suivre, etc., etc., que je consentis à l'emmener avec deux de ses camarades, me disant qu'après tout ils serviraient peut-être à quelque chose.

Cet homme qui avait tant insisté pour venir, qui se faisait un plaisir de nous accompagner, qui s'était pour ainsi dire imposé à nous, devait mourir misérablement le soir même, au camp, des suites d'un accident terrible. Que l'on nie, après cela, les arrêts de la destinée !

La chasse se passa comme celles que j'ai décrites : nous suivîmes les buffles plus de trois heures. Lorsque la chaleur se fit sentir, ils s'arrêtèrent à l'ombre : nous avions devant nous une troupe de près de quarante têtes, qui s'était détachée de l'immense troupeau que nous avions entendu défiler pendant la nuit. Le premier buffle que je tirai fut tué raide d'un coup maladroit, car je le visais au garrot et c'est derrière l'oreille que la balle entra : il faut dire qu'il était de trois quarts, la croupe vers moi. Le deuxième, un gros mâle qui dépassait ses camarades de près de vingt centimètres, s'éloigna tout seul perdant beaucoup de sang.

Nous étions partis au pas gymnastique derrière le troupeau et

Vache. Buffles.
Troupeau de buffles de Cafrerie.

je pus tirer encore trois fois; la première et la troisième, je manquai; mais, la deuxième, je cassai la jambe à une femelle qui roula par terre et qui fut achevée immédiatement d'un second coup.

Le troupeau nous ayant distancés, je fis couvrir les buffles morts et me mis à la recherche du gros mâle qu'il était facile de suivre aux rougeurs. Il était entré, naturellement, sous bois, dans la broussaille épaisse, et, comme de coutume, dès ce moment, notre vie était à la merci des circonstances. Je m'étais souvent arrêté pour écouter, mais, n'ayant rien entendu, j'avançais avec la plus grande précaution. Derrière moi, très près, venait Msiambiri, comme moi l'arme prête, le doigt sur la détente, le canon en l'air. A quatre ou cinq mètres, avec un fusil à pierre, Tchissamba, le porteur qui avait tant voulu nous suivre. Les autres venaient un peu plus loin.

Tout à coup, un grand bruit se fit derrière moi : nous avions passé devant le buffle sans nous en apercevoir! L'animal sortit comme la foudre... Je me retournai et le couchai en joue, car il se présentait de profil; mais, au moment où je pressais la détente, je vis devant moi le malheureux Tchissamba que le buffle chargeait! Ne pouvant tirer de peur de tuer l'homme, j'attendis une seconde pendant laquelle il disparut..... Je tirai alors mes deux coups, le buffle tomba sur les genoux, labourant la terre de son mufle, et, pendant qu'il cherchait à se relever, Msiambiri lui déchargea les deux coups de mon calibre 12 presque à bout portant... Une des balles traversa le cou de l'animal et laboura la terre de l'autre côté, la deuxième lui brisa l'épine dorsale. Je l'achevai d'un coup derrière l'oreille.

Dès que la fumée fut dissipée, je cherchai des yeux le malheureux que j'avais cru seulement renversé par la bête furieuse... Il était là, gisant dans l'herbe, le ventre et le flanc ouverts, perdant son sang, sans connaissance, les intestins sortant par la plaie béante! Il avait reçu un coup de corne!

Je n'essayerai pas de peindre la douleur que j'éprouvai en voyant ce spectacle : il sera toujours présent à ma mémoire ; je ne puis y penser sans que les larmes me montent aux yeux.

Mais il ne fallait pas perdre de temps : deux branches furent coupées ; on y installa des traverses et des herbes, et nous portâmes le pauvre blessé jusqu'au camp. J'essayai de le rappeler à lui, d'arrêter l'hémorragie, de remettre les intestins dans le ventre et de bander la plaie, mais on ne survit pas à une pareille blessure : l'ouverture avait plus de vingt centimètres, le foie et peut-être l'estomac étaient touchés, le péritoine était déchiré, sans compter tout ce que je ne pouvais voir. Le malheureux reprit connaissance ; je lui fis avaler du rhum, le seul cordial que j'eusse dans ma pharmacie. Il mourut une heure après dans une espèce de somnolence, sans s'être rendu compte de son horrible état.

La mort de ce pauvre garçon me fit beaucoup plus de peine, à moi, qu'à ses camarades. Le soir, autour des feux, ils devisaient en riant, comme de coutume, de choses et d'autres, semblant avoir déjà oublié celui d'entre eux qu'on avait enterré au coucher du soleil.

Poires à poudre de chasseurs
indigènes.

CHAPITRE XI.

Dans les pays sauvages. — A la poursuite de l'éléphant. — Les oracles d'une araignée. — Rencontre d'éléphants; la chasse et la mort. — L'éléphant a le cœur tendre. — Dépeçage. — Concert de hyènes. — Chasse au buffle. — Rencontre subite et mort d'un lion.

Pendant la fin de l'année 1892, je fis de jolies chasses; je tuai une assez grande quantité de gibier dans les pays situés au nord de Makanga. Mais tous ces exploits n'arrivaient pas à me satisfaire : je voulais chasser l'éléphant, et jusqu'alors les circonstances n'avaient pas encore répondu à ce désir. Vingt fois j'étais arrivé trop tard sur sa piste, vingt fois j'avais appris qu'on en avait aperçu la veille de mon arrivée ou le lendemain de mon départ.

Les pluies commencèrent vers la fin d'octobre, comme l'année précédente, légères et intermittentes au début, torrentielles un mois après. C'était le vrai moment d'aller chercher l'éléphant : les noirs le chassent surtout à cette époque. Aussi me décidai-je à tenter la chance comme eux. Laissant mon expédition cantonnée à Makanga avec Hanner et prenant avec moi un très léger bagage, je me dirigeai vers le nord de ce pays, accompagné de ma fidèle troupe de chasseurs, ayant l'intention de profiter de ma présence dans ces parages, pour noter soigneusement les ramifications montagneuses qui le couvrent, ainsi que les sources de plusieurs cours d'eau qui charrient de l'or et qui, partis de la région sous forme de petits ruisseaux, vont, devenus grands fleuves, se jeter dans le Zambèze. C'est le cas de la Louyia et du Kapotché.

Il faut avoir mené la vie de chasseur d'éléphant pour pouvoir se faire une idée de l'existence que nous menâmes pendant trois mois. A cette époque de l'année, qui représente l'été sur le calendrier renversé de l'hémisphère austral, le soleil, quand il se montre, est d'une chaleur intolérable : toute la forêt est en feuilles ; le moindre buisson, le plus petit massif étend ses ramifications vertes de tous côtés ; on se fraye avec peine un passage à travers l'épaisseur de la végétation. Le tout est presque toujours très mouillé, le matin surtout ou après la pluie, et chaque arbre vous arrose, dès qu'on le frôle, d'une averse rafraîchissante ; c'est un bain continuel quand il ne pleut pas. Au contraire, en cas de pluie, on reçoit philosophiquement l'ondée sur le dos pendant quelquefois plusieurs heures ; il pleut sous les arbres comme ailleurs. Le soir, tout le bois mort étant trempé, on ne peut faire de feu ni sécher ses effets, et on mène, c'est le cas de le dire, une existence de poisson. Le grand avantage d'être nu comme les noirs, c'est que l'eau ne fait que glisser sur la peau en la rafraîchissant, et le premier rayon de soleil vous sèche presque immédiatement ; aussi gardais-je les jambes et les bras nus ; souvent même, j'ôtais ma chemise. Je n'ai d'ailleurs plus eu à prendre cette peine quand les trois que j'avais emportées ont été complètement mises en pièces. J'étais ainsi aussi vite sec que les noirs, tandis que rien n'est plus dangereux que de garder sur le corps pendant plusieurs heures des vêtements trempés...

Mais revenons au début de la saison, lorsque nous commençâmes à chasser l'éléphant aussi assidûment que les professionnels. Nous installions le camp dans un endroit bien silencieux, bien calme, près d'une rivière, d'une nappe d'eau, d'une mare quelconque ; on le dissimulait à l'aide de feuillage, non à cause des animaux, mais à cause des hommes : d'autres chasseurs passant en cet endroit et découvrant notre bagage ne se fussent fait aucun scrupule de prendre ce qu'il leur fallait ou peut-être le tout, car personne ne restait au camp ; les quelques hommes que j'avais, en dehors des chasseurs, venaient avec nous (il n'y en avait que cinq) portant dans des petits paquets tout ce qu'il fallait pour le cas où la poursuite des éléphants durerait plusieurs jours. J'avais pour mon compte, par exemple, une marmite roulée dans un hamac, une couverture (ce qui constituait d'ailleurs toute ma literie), cinq kilogrammes de riz, du sel, une petite pharmacie de poche, des allumettes, du tabac et une petite gourde de cognac ; les hommes, deux ou trois petites outres pleines de farine et une marmite dans un filet. Venaient ensuite, dans la main de chacun, les objets que le lecteur connaît déjà : haches indigènes pour couper les os, couteaux à viande, sabre d'abattis, mkombo ou calebasse à boire, baguettes à feu, quelquefois une sagaie, etc. Dans la cachette à laquelle je donne le nom de camp, on ne laissait que les vivres de réserve, mes deux chemises et ma paire de souliers de rechange, des cartouches et le sel à beltong. Ce n'est pas beaucoup, si l'on veut, mais cela était précieux.

Et l'on errait ainsi dans la jungle des journées entières, sous la pluie ou les éclaircies de soleil, regardant la terre, toujours la terre, cherchant les empreintes indicatrices. Il y avait certainement des éléphants dans la région ; mais c'était toujours la veille qu'ils avaient passé ! Nous revenions au camp le soir, retrouvant notre route au milieu de cette forêt inextricable, grâce à l'instinct merveilleux qu'ont les noirs de la direction suivie, harassés de fatigue, ayant fait au bas mot depuis le matin une quarantaine de kilomètres. Dans les environs du camp, on recueillait en tas tout le bois mort et on le garantissait ingénieusement de la pluie au moyen de toitures d'herbes ; mais il fallait dissimuler ces dépôts comme le reste, car ils révélaient clairement notre présence.

Je ne me décourageais pas; j'avais résolu d'être patient. Chaque matin, je repartais gaîment à travers les bois : l'herbe mouillée par la pluie ou par la rosée, qui est si abondante en cette saison qu'elle se distingue à peine de la pluie elle-même, les ondées distribuées par les arbustes, les épines, les guêpes qui abondaient et qui vous piquaient cruellement chaque fois que, par mégarde, vous frôliez leurs nombreux nids dans le feuillage, le soleil qui ne nous délivrait des bains que pour mieux nous rôtir, tout me laissait indifférent. Les noirs, moins résolus que moi, trouvaient cette existence rude. Ils n'osaient se plaindre, d'ailleurs, mais leur visage avait perdu sa gaîté habituelle. Quant à moi, tandis que d'un pas devenu automatique j'arpentais les forêts, l'esprit ailleurs, je rêvais de chasses à l'éléphant couronnées de succès. « Malgré tout, me disais-je, il faudra bien qu'un jour je finisse par en rencontrer; le calme et la persévérance sont toujours couronnés de succès ».

Il y avait environ quinze jours que nous sillonnions le pays en tous sens, quinze jours que le soleil nous trouvait en marche à son lever, nous laissant le soir à son départ encore en route, à la recherche du géant des forêts (1). Nous avions bien rencontré quelques autres animaux; mais, comme un coup de fusil s'entend de loin, je n'avais pas tiré. Nous ne mangions donc que notre riz et notre farine bouillis avec un peu de sel, dont la provision avait déjà deux fois été renouvelée.

Enfin, un matin, Msiambiri s'arrêta tout à coup en me disant

---

(1) Il faut se rendre compte que, dans les pays dont il s'agit, et par rapport à leur étendue, les éléphants étaient devenus fort rares; il y en avait bien encore quelques-uns, mais, traqués continuellement, ils menaient une existence nomade, ne s'arrêtant que pour manger ou dormir quelques heures. Il fallait donc parcourir le pays jusqu'à ce que le hasard nous mît face à face avec eux, et, même à ce moment, que de fatigues encore en perspective!

que nous allions enfin savoir si oui ou non nous verrions les éléphants, et il me montra à terre un trou circulaire, grand comme un bracelet, situé dans un endroit découvert. Sur mes questions, mes hommes m'expliquèrent que cette excavation était le logement d'une énorme araignée, très rare, appelée « *Bouï* », qui est la providence des chasseurs d'éléphant, car elle leur dit toujours la vérité. Prédit-elle que la chasse sera infructueuse, ils rentrent au village sans retard. Pour obtenir l'oracle, on prend de l'eau, on en verse tout doucement dans le trou et on attend : si la bête, habituellement invisible, montre ses pattes et rentre aussitôt, cela veut dire : « Non ». Si, au contraire, elle sort entièrement du trou et quelquefois même se promène un instant dehors, c'est : « Oui ».

J'étais moi-même enchanté d'être fixé par le perspicace arachnide sur l'issue de mes pérégrinations fatigantes. Nous nous mîmes en cercle à une certaine distance du trou ; au milieu, Maonda, le plus ancien, s'accroupit tout près et commença l'évocation : « Bouï, lui dit-il, voilà trois semaines que nous allons dans les bois, de la nuit jusqu'à la nuit : nous n'avons plus de pieds et nous n'avons pas vu l'ivoire ; dis-nous, faut-il retourner au village ? Dans ce cas, rentre vite dans ta maison. Si nous devons avoir de l'ivoire et de la viande, sors te promener au jour ».

Et il versa un peu d'eau de ma gourde dans le trou : quatre pattes velues, réunies comme les doigts d'une main de singe, se montrèrent aussitôt près de l'orifice ; nous nous écartâmes de quelques pas, en silence, les yeux fixés sur l'insecte. Après un instant d'hésitation, une énorme araignée velue, de la taille d'un œuf de pigeon, jaunâtre, sortit à la course, fit quarante centimètres en droite ligne, s'arrêta indécise et, brusquement, faisant volte-face, rentra chez elle à la charge, comme quelqu'un qui s'aperçoit subitement qu'il a oublié son parapluie par un temps douteux.

De joie les hommes sautèrent en l'air, la fatigue fut oubliée, la gaîté apparut sur tous les visages et, de mon côté, il me sembla que le vent de l'insuccès avait cessé de souffler; la forêt dont j'étais las me parut riante, mon vêtement sec (il pleuvait), mon estomac parfaitement garni, la chasse une bien belle chose. Par une coïncidence inexplicable, les nuages s'entr'ouvrirent en ce moment, et Phébus vint nous caresser, comme pour effacer de ses rayons les traces du passé et ouvrir l'ère nouvelle. En tous cas, me disais-je, cette brave araignée nous aura toujours procuré un peu d'agrément; nous en avons eu pour notre argent, ce qui n'est pas le cas, dit-on, à la foire au pain d'épices.

On se coucha ce soir-là aussi bredouille que d'habitude, avec quarante kilomètres de plus sur la conscience; mais les hommes étaient tout à fait enchantés. Dieu me pardonne! ils devisaient déjà sur la confection du beltong, sur la succulence de telle ou telle partie de l'éléphant! Les uns tenaient pour la langue, d'autres pour les rognons; on se serait cru au camp de l'abondance. La foi est une belle chose, et, si contagieux sont certains sentiments entre les hommes, que je m'étendis ce soir-là dans mon hamac, en me demandant moi-même : « Maintenant que le premier éléphant est tué, où et quand rencontrerai-je le deuxième? »

Et pourtant, il ne faut pas se moquer de l'oracle; la bonne araignée avait raison. Deux jours après, à sept heures du matin, nous tombâmes en arrêt devant des empreintes d'éléphants datant d'un instant à peine. Il y en avait trois : deux mâles, dont un très gros, et une femelle. Ils allaient doucement, mangeant en chemin, comme en témoignaient les débris d'écorce, de branches et de feuilles fraîches trouvés sur la piste, et, au dire des hommes, nous devions certainement les voir.

Vous connaissez ces énormes rouleaux compresseurs que des

machines promènent sur les routes pour écraser le ballast. Figurez-vous qu'un de ces cylindres ait passé dans la forêt vierge : des herbes couchées pour toujours, des branches énormes brisées, des arbres déracinés, des arbustes jonchant le sol, une traînée de près de deux mètres de large où vous marchez aussi à l'aise que sur une route départementale, telle est la piste d'un troupeau d'éléphants. En évitant les ornières que les pieds de ces animaux creusent dans le sol, on peut donc avancer fort commodément dans leur sillage, et, naturellement, on y fait trois fois plus de chemin qu'en se frayant un passage dans la jungle. Le vent était bon, nous allions très bon train. Vers une heure, nous vîmes des fumées que mes hommes, en les tâtant du pied, trouvèrent encore chaudes. A notre droite et à notre gauche, la jungle était excessivement dense. Un certain fruit, particulier à ces régions, que les indigènes appellent *matondo*, semblait particulièrement abondant; comme l'éléphant en est friand, nous pensâmes que les animaux y faisaient une halte, et le bruit que nous entendîmes vint justifier cette hypothèse.

L'éléphant qui mange fait beaucoup de bruit; il brise des branches énormes dont les craquements se répercutent loin dans la forêt : pour rapprocher les fruits qui sont hors de sa portée, il casse leur support, car, n'ayant qu'un organe de préhension, il ne pourrait, comme nous, tenir la branche courbée et en même temps manger les fruits.

Dès que nous entendîmes le bruit, je laissai derrière moi les quelques porteurs et m'avançai avec mes chasseurs. Je pris mon calibre 8 et Msiambiri fut chargé de se tenir immédiatement derrière moi; dès que j'étendrais la main, il devait me passer mon 12 à pointe d'acier.

En entrant dans la forêt, les éléphants s'étaient séparés et avaient décrit trois pistes à peu près parallèles, à quelque distance l'une de l'autre. Nous suivîmes le plus gros et nous

ABREUVOIR A ÉLÉPHANTS DANS LA FORÊT VIERGE.

pûmes le voir quelques minutes après à cinquante mètres environ, nous tournant presque le dos. Le vent nous força à passer à sa droite. Le second se montrait un peu plus loin et à gauche : je ne savais pas où était le troisième.

Nous quittâmes la piste, nous dissimulant derrière la végétation, ce qui n'était nullement difficile. A quarante mètres, je m'arrêtai, mais mes hommes me dirent que je pouvais approcher encore, ce que je fis; à quinze mètres à peine de la bête, je vis pour la première fois l'éléphant distinctement : sa taille paraissait considérable, ses immenses oreilles étaient en mouvement, et il avançait lentement, mangeant quelque chose qui se trouvait à hauteur de sa tête : sa trompe s'étendait en avant toute droite, puis se roulait de nouveau et portait dans sa bouche des poignées de feuillage. Deux grosses défenses blanches tranchaient sur la couleur sombre de la tête.

Je le voyais de côté, mais un arbre était entre nous, et j'eus à changer de place. Ce déplacement me permit de voir le troisième éléphant, un peu à notre droite, immobile derrière un massif, à trente mètres à peine. Je décidai que je donnerais le premier coup au plus gros et que je tâcherais ensuite d'atteindre l'autre, pendant que mes hommes achèveraient le premier. Msiambiri viendrait avec moi.

Après quelques secondes de réflexion, je lâchai mon énorme projectile sur la bête qui était devant moi, en visant soigneusement au cœur; en même temps, je me précipitai dans la direction de l'autre qui était déjà en mouvement, mais ne s'était pas encore mis en route : il s'arrêtait, hésitant, attendant sans doute le vieux; il me présenta son flanc et, de mon calibre 8 déjà rechargé, un second coup partit à vingt-cinq mètres environ; je fis quelques pas de retraite, mis le pied dans une ornière, m'étendis de tout mon long, me relevai d'un bond, vis que l'éléphant était encore à portée, visai et tirai encore un coup sur lui, tandis qu'une véritable fusillade éclatait à côté de moi et que des exclamations m'apprenaient que le premier était par terre. Quant au second, il marchait lentement, s'arrêtant un instant pour repartir encore ; je courais parallèlement à lui à quinze ou vingt mètres, cherchant une éclaircie d'où pouvoir tirer encore ; elle se présenta enfin et je lui envoyai un troisième projectile : il s'arrêta net, secoua ses oreilles, leva la trompe en l'air et, s'affaissant d'abord du derrière, tomba enfin sur le côté avec un fracas de branches et d'arbustes brisés : il était mort.

Le premier que j'avais tiré avait fait à peine quelques pas lentement et s'était affaissé au moment où, pour hâter sa fin, mes chasseurs lui avaient envoyé à sept ou huit mètres une décharge générale. Ma balle avait traversé le cœur de part en part. Le deuxième avait reçu deux balles sur trois ; le premier projectile était entré dans le milieu des poumons, le troisième avait touché les poumons et le cœur. Quant au second coup, j'avais dû manquer ! Cela paraît difficile, et je vois le lecteur sourire à l'idée que l'on peut manquer un éléphant à vingt-cinq mètres ; mais, dans l'agglomération, l'enchevêtrement des végétaux, sous l'empire d'une agitation comme celle que cette chasse donne à l'homme le plus calme, rien n'est, au contraire, plus aisé. On porte un fusil excessivement lourd (1), on parcourt au pas de course un terrain accidenté, on se contorsionne pour éviter dans sa course les branches, les lianes et les épines, et on a ce sentiment continuel (qu'il faut avoir garde d'oublier) qu'on est exposé à un péril imminent ; car, je l'expliquerai tout à l'heure, je tiens la chasse à l'éléphant pour la plus dangereuse qui soit au monde, et c'est l'avis de M. Selous.

J'avais tué le vieux mâle et la femelle. Tels furent les résultats de ma première chasse à l'éléphant, chasse qui ne dura que quelques heures après vingt jours de marche sous la pluie.

---

(1) Mon calibre 8 chargé pèse 18 livres et demie.

L'ÉLÉPHANT A LE CŒUR TENDRE.

Les deux bêtes gisaient au milieu des bois, et pas le moindre village à proximité. Pourtant, comme l'un des porteurs disait en connaître un à cinquante kilomètres environ, je lui confiai un fusil à baguette et l'envoyai, accompagné d'un de ses camarades, chercher du monde, car je ne voulais pas que cette viande fût perdue. En attendant, suivant les conseils du célèbre chasseur anglais, je fis ouvrir la poitrine, opération qui ne fut pas courte, et je retirai les cœurs des énormes pachydermes. J'y goûtai dès que nous eûmes réussi à allumer du feu, ce qui demanda plus d'une heure de recherches dans les troncs creux, interstices et autres cavités où quelques débris végétaux étaient restés à l'abri de la pluie.

Dès que les deux géants avaient été à terre, les hommes leur avaient coupé la queue, puis ils en avaient arraché les poils qu'ils mirent autour de mon poignet et à la poignée du fusil qui avait tué les animaux. Je n'ai pas eu occasion jusqu'ici de mentionner l'usage de couper la queue des animaux aussitôt après qu'ils sont abattus. Cet usage est général pour tous. Chaque fois que je tuais des antilopes, nous rentrions au camp avec leurs queues que les chasseurs se mettaient à la ceinture : comme elles diffèrent toutes, aussi bien que les animaux dont elles proviennent, il suffisait de nous voir pour savoir exactement ce que nous avions tué. Mais c'est pour l'éléphant seul que l'on garde un poil en souvenir de cette victoire (1). Ces poils ont l'apparence et la raideur d'une petite baleine.

Le jour où notre peine fut couronnée de succès, la pluie ne discontinuait pas depuis le matin ; nous étions fort embarrassés ; dix hommes étaient tout à fait insuffisants. Je les mis néanmoins à dépecer une jambe d'éléphant, à chercher du bois mort, à préparer des boucans, à construire des abris pour la pluie. Je fis ouvrir le ventre de la femelle et sortir les intestins afin que

(1) J'ai toujours depuis ces bracelets, qui me rappellent les plus beaux moments de mon existence de chasseur.

la viande ne se gâtât pas trop vite et durât jusqu'à l'arrivée des hommes. Mais, comme les deux cadavres étaient à près de cent mètres l'un de l'autre, je décidai que nous nous partagerions en deux campements afin de protéger la viande contre les hyènes et les lions, jusqu'au lendemain.

On arriva tant bien que mal à allumer deux maigres foyers, qu'il fallut garantir de la pluie à l'aide de boucans couverts d'herbes. J'avais placé un appentis de même nature au dessus de mon hamac, mais je dormis dans l'eau, bercé par l'un des plus beaux concerts de hyènes que j'aie entendus, à en juger par le nombre des exécutants. Personne ne put dormir, la pluie était trop abondante. D'ordinaire nous établissions nos campements sous de grands végétaux ou bouquets de végétaux, nous y construisions une toiture bien faite et nous nous mettions ainsi complètement à l'abri. Mais, ce jour-là, les hasards de la chasse nous obligeaient à dormir pour ainsi dire en plein air, dans une végétation épaisse mais basse, sans un arbre touffu, et sans que nous eussions eu le temps de nous élever un abri sérieux.

Le lendemain, dans l'après-midi, juste après vingt-quatre heures d'attente, tous les habitants du village arrivèrent, le chef en tête, ce dernier réclamant sa jambe et sa dent, *o dente da terra*, comme disent les Portugais.

Les usages indigènes veulent que, lorsqu'un chasseur noir tue un éléphant, il donne au chef du territoire sur lequel il l'a abattu, la défense qui touche terre, c'est-à-dire celle du côté de laquelle l'éléphant est tombé.

Je répondis au chef que j'étais blanc et non indigène, que je consentais bien à lui donner une jambe, mais que, en ce qui concernait la dent, l'usage des blancs était de les garder toutes. Il demanda alors, au lieu de cette défense, un peu de calicot. Je lui promis de lui en donner dès mon retour, s'il voulait l'envoyer prendre, ce qui fut entendu.

Pour le moment, je lui expliquai que je désirais qu'on transportât le camp à cent cinquante mètres plus loin, sous un bouquet de grands arbres où nous installerions des séchoirs : lui et ses hommes me couperaient tout mon beltong, et, quand nous aurions pris ce que nous voulions, ils seraient maîtres du reste et pourraient l'emporter chez eux.

Le dépeçage commença aussitôt et, au bout de trois heures, comme les hommes étaient plus de soixante, les énormes carcasses étaient à moitié déchiquetées. La nuit fut meilleure, quoique les hyènes soient encore venues nous faire visite, et, le lendemain, il ne restait plus des deux éléphants que des fragments de squelettes, les côtes nettoyées, semblables à de grandes grilles roses, et quelques os épars.

Il fallut ensuite enlever les défenses, opération longue et délicate qui consiste à découper d'abord à la hache toute la partie de la mâchoire qui enchâsse la dent : celle-ci détachée, on la débarrasse, à petits coups, en ayant soin de ne pas entamer l'ivoire, de toute la partie osseuse qui y adhère.

Les défenses du mâle pesaient $22^k,700$ et $23^k,850$; celles de la femelle, $6^k,800$ et $6^k,100$. Le premier mesurait $3^m,59$ du sol à l'échine et une de ses oreilles étendue à terre suffisait pour cacher un homme. La femelle, plus vieille, n'avait que $3^m,05$.

Je pris pour moi un paquet de beltong, mes hommes en firent autant ; le reste fut donné aux gens du village qui partirent le lendemain. La viande de l'éléphant est très coriace ; sauf le cœur, qui était fort tendre, je n'ai rien trouvé de mangeable ; le pied et la trompe sont tout muscles, et, par conséquent, donnent, lorsqu'ils sont cuits, une gélatine qui a quelque analogie avec le pied de bœuf, mais il faut une moyenne de trente heures de cuisson avant que la dent humaine en ait raison.

Après le départ des habitants du village, nous restâmes tranquillement au campement. Nous avions pour cela trois raisons : la viande n'était pas sèche malgré les boucans entretenus jour et nuit; il pleuvait à torrents et nous avions besoin de quelques jours de repos; enfin le chef qui nous avait rendu visite m'avait engagé à venir chez lui, me promettant de me faire tuer des éléphants dans une région qu'il connaissait. J'avais décidé d'y aller après une semaine de repos. Il m'avait offert des hommes pour aller chercher le calicot que je lui avais promis, et j'avais accepté, voulant profiter de cette occasion pour faire demander à Hanner quelque chose à manger et des effets, car mes deux paires de souliers étaient dans un état pitoyable et mes vêtements avaient en grande partie disparu; mon casque seul était encore solide quoique tout éraflé par les épines. Comme il devait falloir au moins dix ou douze jours de voyage pour aller trouver Hanner et revenir, nous attendîmes sur place le retour de mes messagers qui devaient ramener avec eux un Arabe et des hommes de Makanga, pour m'apporter des vivres et me débarrasser de l'ivoire dont je ne savais que faire.

Néanmoins, quoiqu'au repos, nous faisions notre petite promenade quotidienne, afin de nous assurer si dans les environs aucune piste fraîche n'avait apparu depuis la veille. Dans cette saison, on aperçoit très rarement les animaux dans la jungle; il faut ajouter que la vue n'y porte en général qu'à quelques mètres, que l'on fait du bruit, que le vent change continuellement et souffle successivement des quatre points cardinaux pendant la même journée. La seule chose que je vis, trois ou quatre jours après le départ de nos envoyés, fut la piste fraîche d'un lion qui rôdait autour du camp, affamé sans doute et attiré par l'odeur des débris de viande. J'attendis le fauve la nuit suivante, mais il ne vint pas ou du moins il échappa à mon attention. Il est excessivement difficile, pendant la saison des pluies et dans les grandes herbes fraîches, de distinguer la date de l'empreinte d'un animal comparativement léger. Le jour après, quoique j'eusse d'abord décidé de ne pas tirer de coup de fusil, ayant aperçu une petite troupe de sept ou huit buffles dans un état d'embonpoint magnifique, je résolus de me procurer si possible, un morceau de viande un peu plus convenable que mon beltong d'éléphant. Cette chasse m'ayant donné l'oc-

Zèbre.

casion d'un des plus jolis coups de fusil que j'aie jamais faits, je vais la raconter rapidement.

Nous étions sur un terrain excessivement accidenté : partout des ravines, des collines, des bosses et des trous. A peine vîmes-nous les buffles que nous résolûmes d'employer un autre système que celui que j'ai décrit jusqu'à présent : il s'agissait de les poursuivre rapidement jusqu'à ce que, perdant haleine, ils s'arrêtassent d'eux-mêmes épuisés ; nous comptions, en un mot, les forcer à la course. J'ajoute que cet exercice n'est guère possible que pour des chasseurs d'éléphants, ayant surtout à faire à des animaux très gras, car il représente un effort, un *struggle*, comme disent nos voisins, considérable.

Nous nous élançons au pas gymnastique derrière les buffles et dans leur propre piste ; les voici, fuyant lourdement à un petit galop essoufflé, qui s'engagent à un certain moment dans une vallée longée par des collines, ou plutôt par une seule éminence parallèle. Grimpant sur l'éminence, nous nous mettons à courir parallèlement aux ruminants, nous en haut et eux en bas. Il y avait ainsi plus de vingt minutes que la course durait, quand tout à coup, devant les buffles, un véritable rempart se dressa qui menait à notre niveau. Ils étaient dans un cul-de-sac et furent obligés de gravir le rempart à un pas lent et pénible. J'avais espéré jusqu'alors qu'ils finiraient par s'arrêter essoufflés, nous regardant bêtement comme ils le font lorsqu'ils sont exténués ; mais cette montée au pas revenait au même pour moi, puisqu'elle me permettait de viser avec calme.

Tandis que les premiers buffles étaient déjà à la crête, j'en choisis un des plus gras qui grimpait péniblement à vingt-cinq mètres de moi; l'ajustant juste au garrot, à la jointure de l'épine dorsale et des omoplates, je pressai la détente : le coup retentit d'une façon formidable dans ces vallons ; le buffle s'affaissa, tourna sur lui-même et roula au bas du talus comme un formidable lièvre. En arrivant en bas, il était mort. Cette chute de quinze mètres avait achevé de briser son épine dorsale, et le choc de l'arrivée lui avait sans doute donné le coup de grâce.

Ce matin-là, j'étais parti pour ma promenade seulement avec Msiambiri et Maonda. Le premier, pendant la course, s'était enfoncé profondément une épine dans le pied et il était resté à l'endroit de l'accident, essayant, avec son couteau, d'extraire le piquant. Je laissai donc Maonda auprès du buffle, ayant toujours peur que les loups ou les vautours ne me fissent quelque mauvaise farce, et je me dirigeai seul vers le camp dont j'apercevais la fumée au dessus des arbres, à peu près à un kilomètre de là. Je coupai droit sur ce point de direction, à travers la jungle, regardant à droite, à gauche et devant, plutôt par habitude que par intention. J'avais mon express sur mon épaule droite, comme je le portais d'habitude, presque en équilibre, la bandoulière me passant sous le bras et la main appuyée sur la lanière... Je ne sais à quoi je pensais au juste, mais à un certain moment mes yeux fixèrent un objet, qui me sembla être un souvenir, puis un rêve, mais qui devint brusquement la réalité : j'avais un lion énorme devant moi, à quinze mètres au plus, me regardant dans une position aussi surprise que devait l'être la mienne : au détour de deux buissons, nous nous étions trouvés face à face à l'improviste. Je m'arrêtai... Il s'arrêta. Je ne sais si son cœur battait ; mais, pour le mien, j'en réponds : crainte, saisissement, que sais-je? Tout cela en une seconde ! Je le fixai tout en descendant lentement mon fusil qui se mit en joue presque à mon insu ; mes chiens s'armèrent sans bruit, assourdis par la gâchette... Le lion, après une seconde à peine d'arrêt, continua son chemin dans un sens oblique, au lieu de retourner sur ses pas comme je le supposais ; il bifurqua à sa gauche, me présentant son flanc entier, et s'en alla d'un pas majestueux, tout en me regardant de temps en temps. Je suivais ses mouvements depuis qu'il avait tourné... Je tenais son épaule au bout de mon fusil... Oh! que j'avais peur de le manquer, sachant qu'il pouvait m'en coûter la vie... et... feu ! Un nuage de fumée épaisse dans la pluie fine, un râle, un bruit de feuilles, tandis que je sautais de côté derrière un buisson où je rechargeai rapidement... puis plus rien... une tourterelle qui chantait, la fumée bleuâtre du camp montant lentement au dessus des arbres, le silence autour de moi. Le lion me cherchait-il? Était-il là prêt à sauter sur moi ? Devais-je remuer ou rester coi ? Enfin je mis mes canons en avant, mes doigts sur les gâchettes et je me penchai légèrement... je ne vis rien. J'avançai encore, et, ayant fait quelques pas, j'aperçus un creux dans les herbes, à l'endroit où j'avais tiré sur la bête ; l'animal y était couché ; mais était-il mort ou accroupi ? Là était tout le danger... Enfin, je tournai autour des buissons, l'œil fixé sur le creux... A travers les herbes écartées, j'apercevais toujours l'animal couché sur le flanc, immobile, la tête du côté opposé à moi... Je m'enhardis et jetai une branche ; rien ne remua. Il n'y avait plus à hésiter : je m'approchai, et il me fut donné de contempler la plus belle bête que j'aie jamais vue. Le lion était raide mort. Sa gueule entr'ouverte, ses pattes énormes, sa taille considérable, témoignaient de sa force et de sa puissance. Il mesurait 2^m,74 du bout du nez à celui de la queue. Il avait le poil rude et épais, mais point de crinière. Ses dents et ses griffes, légèrement usées au bout, indiquaient un âge déjà respectable.

Je pris mon sifflet et lançai le signal habituel pour appeler du renfort ou pour qu'on vînt chercher du gibier. Comme on avait entendu le coup de fusil du camp, j'étais sûr qu'on allait venir sans retard. En effet, j'aperçus Tambarika et Rodzani arrivant à la course. Pour jouir de leur surprise, je m'éloignai de l'endroit où gisait le lion, de façon à ce qu'ils ne vissent pas pourquoi je les appelais. A leurs questions naturelles, je répondis que j'avais tué un *mbararé* (oréotrague), et je vis sur leur physionomie un peu de désillusion ; ils comptaient sur une grosse pièce. D'après mes indications, ils se dirigèrent vers le fourré où je les suivis pour jouir de leur surprise. Après un premier mouvement de frayeur, ils tombèrent en admiration devant la bête splendide que le hasard m'avait permis de rencontrer. S'étant accroupis près d'elle, ils palpèrent pendant longtemps ses pattes, son poil et son corps entier, puis l'emportèrent à grand'peine jusqu'au camp attachée à une branche d'arbre. Je m'en allai, me frottant les mains, fort content et satisfait : voilà bien comment j'aimais me reposer de la chasse à l'éléphant.

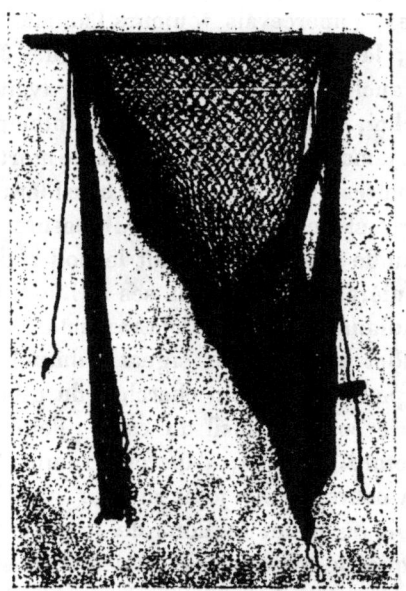

Filets de pêche indigènes.

CHAPITRE XII.

Chasse à l'éléphant. — Les chasseurs de Tête. — Gâteaux de miel. — Dix-sept jours de poursuite. — Une charge désespérée. — Les femelles sans défenses. — Quelques mots sur les mœurs de l'éléphant. — Distance parcourue en 17 jours. — Chasse aux nsoualas. — Un serpent mal disposé. — Poursuite d'un lion. — Lion blessé. — Lutte avec la bête. — Fuite de tous mes porteurs. — Arrivée au Zambèze. — Punition de Tchigallo et de Canivetti. — Un revenant qui débarque à Tête. — Rencontre d'un compatriote. — Le projecteur électrique de G. Trouvé. — Dernière chasse à l'éléphant. — Encore une charge. — Une charge quotidienne de deux rhinocéros. — Une attaque de fourmis noires. — Mort d'un rhinocéros. — Un hippopotame énorme. — Mon dernier lion. — Une dernière chasse au buffle. — Retour en France.

Dès que la petite expédition envoyée à Hanner fut de retour m'apportant des effets, des chaussures et des vivres, je voulus mettre à exécution mon projet de rendre visite au chef qui m'avait promis de me montrer une région où les éléphants étaient nombreux. Mes chasseurs furent bien quelque peu désappointés en voyant que, loin de me contenter des résultats de ma première chasse, je voulais recommencer sur nouveaux frais; mais ils en prirent vite leur parti, et, après une ou deux longues étapes, nous nous trouvâmes sous le toit hospitalier des gens auxquels quelques jours auparavant j'avais fourni de la viande.

Une petite expédition destinée à m'accompagner fut aussitôt

formée, et je ne consentis à être escorté de cette troupe qu'à la condition qu'elle pourvoirait à ses propres besoins et ne demanderait aucune compensation si la chasse était malheureuse. En revanche, en cas de succès, une fois que mes chasseurs et moi serions servis, chacun des hommes serait libre de prendre autant de viande qu'il en pourrait porter (1).

Je rencontrai dans cette région (N.-O. de Makanga) des chasseurs d'éléphants qui étaient à la solde de négociants portugais de Têté. Je remarquai qu'ils en prenaient fort à leur aise, vivant dans les villages, hébergés par les habitants, ou faisant avec eux un véritable commerce de viande de buffle qu'ils se procuraient en se servant de la poudre qui leur avait été remise par leurs patrons pour chasser exclusivement l'éléphant. Ils passaient ainsi cinq ou six mois dans la jungle et retournaient ensuite à Têté racontant qu'ils n'avaient pas été heureux à la chasse. En revanche, s'ils ne rapportaient pas d'ivoire, ils ne montraient pas davantage les munitions, ni les tissus et les autres marchandises que leurs trop crédules maîtres leur avaient confiés à leur départ. Quelques-uns sont venus me proposer des défenses qu'il était de leur devoir de remettre à ceux qui les employaient. En général, ces chasseurs indigènes font de fort mauvaise besogne; ils tirent mal, criblent souvent un éléphant de leurs balles de fer dans des endroits peu sensibles, coûtent cher et rapportent peu. C'est ainsi que des négociants de Têté, qui auraient pu être riches, sont ruinés aujourd'hui, et que les éléphants ont totale-

---

(1) Il est à remarquer que, quand les noirs portent de la viande pour leur propre compte, ils en prennent des charges considérables, sans avoir à souffrir d'aucun des nombreux inconvénients exclusivement réservés à la viande qui appartient au blanc, tels que : poids considérable, séchage insuffisant, difficulté des chemins, soif, chaleur, morceaux immangeables, peau, os, etc. Dans le premier cas, 40 kilos ne les effraient pas, tandis que, pour le compte des autres, ils en soulèvent à peine 20 avec des efforts et des gémissements.

ment déserté la région, ou ne la traversent qu'à la course, comme aynt hâte de se trouver dehors (1).

Une bande de ces chasseurs de Tête avait été sur nos talons presque pendant une semaine; on les rencontrait tous les jours, ou on les entrevoyait à travers la végétation. C'est même ce qui m'avait décidé à me rendre plus à l'est et à accepter l'offre du chef dont il s'agit, son territoire étant totalement hors de la zone fréquentée par les *niakoumbaroumé* (2) de Tête, ce qui faisait une chance de plus pour y rencontrer quelques éléphants.

Après quelques jours de voyage, il fut décidé que nous camperions en pleine forêt, dans une région qui se trouve exactement à l'est-nord-est de Mouana-Maroungo, à deux jours du territoire du chef Tchipembéré, chez lequel, on se le rappelle peut-être, j'avais en vain cherché des éléphants quelques mois auparavant.

Pour battre le pays sérieusement, nous comptions laisser un campement central à la garde des hommes, au nombre d'une trentaine, et rayonner tour à tour dans toutes les directions, emportant avec nous des vivres pour passer deux ou trois jours dehors.

La petite marche quotidienne recommença avec les mêmes agréments. Si le lecteur a oublié la pluie, il convient de lui rappeler que le ciel ne cessa ni un jour ni une nuit de répandre sur nous son ondée bienfaisante. Les guêpes étaient aussi féroces que dans les autres régions, nous gratifiant chacun de cuisantes piqûres plusieurs fois par jour; le gibier se montrait aussi facile, maintenant que j'étais résolu à ne pas tirer dessus, qu'il prenait soin de se dissimuler en temps ordinaire. A plu-

(1) Chacun des éléphants que j'ai tués avait, entre cuir et chair, dans les différentes parties du corps, un plus ou moins grand nombre de balles en fer des chasseurs indigènes : j'en ai trouvé de cinq à seize. Un Polonais qui chassait un peu avant mon arrivée dans le pays, M. Pesencski, a tué un éléphant sous la peau duquel il en a trouvé cent onze!

(2) Chasseur habile, maître chasseur. Dans certains districts, on m'appelait *Mzoungo-niakoumbaroumé* (blanc chasseur).

VÉGÉTATION TROPICALE.

sieurs reprises, nous nous étions trouvés à soixante ou quatre-vingts mètres d'antilopes qui nous regardaient curieusement sans fuir, avec je ne sais quoi de moqueur qui semblait dire : « Impossible de tirer, hein! C'est bien ennuyeux, pas vrai? Au revoir! » et elles disparaissaient sans hâte, elles qui, d'ordinaire, s'enfuyaient avec fracas, dans une course folle.

Le troisième ou quatrième jour, je ne sais plus au juste, nous trouvâmes une ruche et fîmes en deux heures la plus belle récolte de miel que j'aie jamais vu faire : trois gourdes, quatre calebasses à eau, deux marmites en furent remplies. Lorsque les larves d'abeilles sont en bas âge et ont l'apparence de gros vers blancs, le gâteau formé par ces larves, la cire fraîche et le miel constitue un mets délicieux : on dirait de la pâtisserie. Les larves ont un goût prononcé d'amande, la cire fait l'illusion de pâte et le miel forme la confiture. Tout cela s'accorde fort bien et je crois que la mère Nature a voulu que le chasseur en quête de dessert ou même de premier plat mangeât tout cela ensemble. Comme toutes les douceurs, celle-ci est un peu écœurante à hautes doses ; au deuxième kilogramme qu'on en absorbe on demande à varier. Mais il m'est arrivé, et pour cause, d'en faire mon unique nourriture pendant plusieurs jours. (*Nota* : Avant de manger les larves, s'assurer qu'elles ne sont pas déjà à l'état d'insectes parfaits, car ces derniers sont très amers... Au fait, c'est l'amande amère!)

Le miel se conserve presque indéfiniment. Je m'en servais en guise de sucre. Les noirs, à défaut de langues de chat, y trempent leurs doigts qu'ils sucent avec soin, et ils recommencent ce petit manège jusqu'à épuisement complet du liquide. J'ai remarqué, à propos des abeilles et des papillons d'Afrique, que ces insectes, faute de fleurs sans doute, se posent sur des choses fort malpropres ; les premières affectionnent surtout le vieux cuir bien sale, et il n'est pas rare de voir plusieurs de ces hyménoptères bourdonner autour d'une cartouchière ou d'une vieille bretelle de fusil. O vous qui croyiez que le miel sort du calice des fleurs, empruntant son parfum aux lys et aux roses, voilà encore une illusion envolée! Ce mets divin, ce régal exquis, peut être fourni indifféremment par de belles orchidées ou par de vieilles semelles de bottes!...

Mais reprenons notre marche à travers les bois, marche qui dura encore deux jours sans succès, c'est-à-dire environ une semaine en tout. Nous avions bien vu des empreintes datant déjà de quelques jours, mais comme il y avait encore des fruits qui n'étaient pas mûrs au moment du passage des éléphants et que ceux-ci avaient laissés, nous comptions les voir revenir. Notre attente ne fut pas trompée.

Un soir, nous nous étions si bien mis à couvert dans notre camp que la pluie ne pouvait nous incommoder. Il faut dire que les hommes avaient passé la journée à faire une toiture en pente, bien feutrée, qui nous mettait désormais à l'abri des torrents nocturnes ; précisément, pour la première fois depuis notre arrivée, il ne plut pas ce soir-là. Le ciel était couvert, un silence profond régnait dans la forêt, entrecoupé de temps en temps par un des nombreux bruits nocturnes dont j'ai parlé ; mais, en somme, la nuit était calme.

Notre camp était adossé à une termitière, sous un arbre gigantesque, à quelques mètres des bords d'une grande mare de plus de cent mètres de large, couverte d'herbes et bordée de haute végétation : un vrai abreuvoir à éléphants. Nous avions dissimulé notre présence au moyen de branches épineuses entassées tout autour de nous ; la toiture dont je viens de parler était supportée par une des basses branches d'un arbre et couverte d'un lit épais de grandes herbes solidement fixées. Un trou laissé dans la paroi servait de porte. On le fermait le soir au moyen d'une grosse branche d'épines que le dernier tirait derrière lui pour boucher l'orifice. Ces dispositions avaient pour but de nous garantir de l'approche des animaux, par surprise tout au moins, et de nous permettre de nous reposer tous, sans garder des hommes éveillés pour entretenir les feux, comme cela se faisait en terrain découvert.

L'espace qui constituait notre habitation pouvait avoir 6 mètres de long sur 3 de large. J'avais un coin à moi et les hommes s'entassaient de l'autre côté, ayant tout juste, vu leur grand nombre, la place nécessaire pour pouvoir s'étendre.

Or, nous étions tous profondément endormis et il pouvait être une heure du matin, lorsqu'un vieux chasseur de Tête qui faisait partie de la bande et avait le don de faire rire tout le monde par ses saillies, me toucha légèrement, et, après m'avoir éveillé, me dit : « C'est moi, Spulieta (1) : des éléphants ou des buffles s'approchent ; je ne dormais pas et je les ai entendus. »

Je rejetai ma couverture, mis mes souliers et restai assis sur ma natte, tendant l'oreille. L'obscurité était complète, j'essayai de regarder au dehors par la porte, mais la nuit était si noire, les ténèbres si épaisses que le ciel ne se distinguait pas de la terre. Je fis éveiller mes chasseurs afin de décider si ce que nous entendions était des buffles ou des éléphants. Tout le monde resta muet, à écouter.....

La rumeur semblait rapprochée, mais, comme je l'ai déjà dit, trois ou quatre éléphants de loin font autant de tapage que vingt-cinq buffles de près. C'est une nuance à distinguer, ce qui est très difficile pour l'oreille : le bruit des branches est le même, seulement la distance varie. Si les éléphants sont en marche au pas, il faut qu'ils soient très près (cent ou deux cents mètres) pour qu'on puisse les reconnaître sans crainte de se tromper. S'ils mangent, plus de doute possible, à cause du fracas qu'ils produisent en brisant de grosses branches ; il en est de même s'ils boivent dans des endroits où ils se croient en sûreté, car

---

(1) *Spulieta*, capsule.

ils font des concerts de trompe sur les bords de l'eau; dans ces deux cas, on les entend de fort loin.

La nuit dont il est question, nous entendions une marche lente sans signes distinctifs : de petites branches brisées, des coups qui pouvaient être produits aussi bien par des cornes de buffles que par le bris d'arbustes : d'abord à plus d'un mille, puis se rapprochant sensiblement, la troupe d'animaux devait bientôt nous renseigner sur sa nature.

Mais, d'une façon ou d'une autre, nous ne pouvions absolument rien faire. Le jour ne paraîtrait pas avant cinq heures et d'ici là les animaux seraient loin : chercher à tirer dans l'obscurité était une idée aussi peu pratique qu'insensée.

Les nocturnes voyageurs venaient droit à nous, c'est-à-dire face à la porte de notre camp. Le vent faisant le même trajet, ils ne pouvaient nous sentir. A gauche de la porte se trouvait la mare dont j'ai parlé, et, en admettant qu'ils vinssent boire, ils ne pouvaient pas soupçonner notre présence. C'est après qu'était le danger, selon la direction qu'ils prendraient. S'ils passaient derrière notre camp, ils nous éventaient; bifurquaient-ils, au contraire, soit à droite soit à gauche, à cause du double obstacle offert par la mare et le massif de végétation où nous étions cachés, nous passions inaperçus.

A une centaine de mètres, autant que j'en pus juger, tout le monde pousse une exclamation sourde : « Des éléphants! des éléphants! » En effet, on distingue le flappement de leurs grandes oreilles, un souffle puissant et intermittent. L'oreille collée à terre peut compter leurs pas; ils dévient légèrement à gauche; ils vont boire. Nous supposons qu'ils sont quatre; ils doivent même marcher à une vingtaine de mètres les uns des autres.

Quelle situation! Après des mois de fatigues et tant d'espoirs déçus, me trouver enfin à cinquante mètres d'une troupe d'éléphants, mais par une nuit noire, au milieu de ténèbres à couper au couteau!! Quel guignon, quelle déveine dans mes tentatives cynégétiques! Me voici réduit, ayant des armes et des munitions, dévoré d'une passion qui tenait de la rage et avivée encore par un premier succès, me voici, dis-je, réduit à contempler ou plutôt à entendre dans tous leurs détails, ce qui revient au même, les ébats d'une troupe d'éléphants à la distance d'un jet de pierre!! Vraiment la fortune était bien dure à mon égard.

Il ne m'eût fallu que quatre heures de retard de la part des éléphants, quatre heures seulement, et ma chasse eût été terminée ce jour-là. Quatre heures! et deux ou trois de ces géants des forêts seraient restés pour toujours dans le voisinage du camp! Quatre heures! et la poursuite qui s'ensuivit m'eût été épargnée, une poursuite qui dura dix-sept jours!...

Les éléphants rentrèrent dans la mare avec de gros poufs retentissants et des éclaboussures. Après avoir bu, ils firent sans doute leurs ablutions, à en juger par la quantité d'eau qui retombait en cascade (1). Un d'eux, dans un accès de joie, sans doute, fit résonner les échos de son retentissant organe qui peut être comparé à une forte et grosse trompette. Mais les autres ne l'imitèrent pas et il ne recommença plus. Ils restèrent près d'une demi-heure dans l'eau, parcourant la mare en tous sens, pendant que quarante hommes, réduits à l'impuissance, poussaient de sourdes exclamations de regret, de rage et de désespoir, dans une cachette toute voisine, trépignant sur place et déplorant ce malheureux concours de circonstances.

Que n'eussé-je donné pour un peu de soleil, pour un rayon de lune, même pour un jet de lumière, en ce moment-là!

Enfin la troupe de géants s'éloigna vers le sud-ouest, pas-

---

(1) Pour se rafraîchir, les éléphants remplissent d'eau leur trompe, qu'ils renversent ensuite, en levant la tête, pour s'arroser le dos et les flancs.

sant à droite du campement. A ce moment, je proposai de les suivre dans l'obscurité, d'essayer de nous tenir près d'eux. Nos petits paquets de provisions n'étant pas défaits, en quelques minutes nous pouvions être en route. Oui, mais où aller dans ces ténèbres? se buter aux arbres, se déchirer aux épines, trébucher contre les mille obstacles amoncelés sur le sol? Il fallait y renoncer. Deux hommes sortirent : Maonda qui, d'ordinaire, y voyait mieux que les autres la nuit et le vieux Spulieta; mais ils revinrent bientôt : impossible de marcher autrement qu'à tâtons. Je regrettai à ce moment de ne pas avoir emporté ma lanterne : elle était restée à Makanga. Peut-être, à l'aide de cette lumière, eussions-nous pu trouver la piste et la suivre; mais cette dernière chance ne pouvait même être tentée (1).

Le jour finit par poindre, impatiemment attendu, comme l'on pense; le ciel s'éclaircit et se distingua de la terre; les nuages commencèrent à filtrer un demi-jour opaque à travers leurs flocons gris chargés de pluie. Par une pluie fine, alors que la végétation se détachait encore en noir autour de nous, mais sur un fond moins sombre, la petite troupe que le lecteur a si souvent suivie dans ses aventures était déjà en marche. Nous allions encore en aveugles dans la direction que les éléphants avaient prise quelques heures auparavant, avec l'espoir de trouver la piste dès que le jour poindrait; en attendant, nous faisions du chemin; c'était autant de gagné.

Dès qu'on vit la terre, on se déploya en tirailleurs, marchant tous isolément et explorant le terrain à droite et à gauche sur un front de deux cents mètres. Rodzani siffla deux fois : il tenait la piste, à peine à cent pas de nous. On se reforma aussitôt, et en avant!

Comme pour nous escorter, le ciel ouvrit ses cataractes et

---

(1) Depuis, je n'ai jamais été sans lanterne. Mais il était trop tard!

la pluie commença, torrentielle, sans interruption, avec cette violence particulière aux régions tropicales. Ruisselants, la tête basse, nous allions, suivant toujours la piste, entourés de ce rideau liquide qui nous dérobait l'horizon, nos fusils inclinés vers la terre, transformés en véritables fontaines ambulantes qui coulaient par le bout du canon, des doigts et du menton. Le temps se calma vers le milieu de l'après-midi, mais les éléphants étaient toujours devant. Ils étaient quatre dont un vieux mâle et une femelle fort grande, à en juger par les empreintes. Ils mangeaient en marchant, mais on voyait qu'ils étaient e voyage à travers le pays, et non en promenade. Leur ligne de direction était presque droite, sans zigzags inutiles.

Le soir, nous n'en pouvions plus, car l'espoir de rattraper notre gibier nous avait tellement aiguillonnés que nous avions gardé toute la journée une allure très vive, presque le pas gymnastique. J'estimai la marche de cette mémorable journée à un minimum de 45 milles, soit à environ 81 kilomètres. Les éléphants se reposeraient certainement, ce qui nous donnerait le temps d'en faire autant. On ne put allumer du feu, on mâcha un peu de beltong et on s'étendit immédiatement pour quelques heures. Le lendemain, la course recommença; nous vîmes distinctement vers 11 heures l'endroit où les éléphants s'étaient reposés; ils avaient environ cinq heures d'avance sur nous.

La cause de la grande course de la veille avait sans doute été la pluie ; l'éléphant fait beaucoup de chemin par les temps couverts et frais, tandis que, les jours de soleil, aux heures les plus chaudes de la journée, il ralentit son allure et s'arrête le plus souvent à l'ombre pour se reposer. On est sûr de rencontrer de l'eau en le suivant, car son instinct merveilleux, son flair ou peut-être sa connaissance des lieux le trompent rarement. Le voyage d'un éléphant se compose généralement d'itinéraires reliant entre eux de nombreux abreuvoirs. Il se peut naturellement que les distances entre ces abreuvoirs soient fort grandes (j'en ai trouvé qui dépassaient 120 kilomètres), mais l'eau ne fait jamais défaut sur une piste fraîche d'éléphant.

Dès le deuxième jour, j'avais fait retourner des gens au camp afin qu'on nous envoyât des vivres coûte que coûte : « Que l'on marche jour et nuit, mais qu'on nous rattrape, » avais-je dit, promettant une forte gratification à celui ou à ceux qui nous rejoindraient. Quatre hommes étaient partis, et la poursuite durait depuis cinq jours, que ni vivres ni éléphants n'étaient signalés. Le troisième jour, nous avions passé plusieurs heures à chercher un paquet de cartouches (mon unique paquet, malheureusement) qui avait été perdu en route et qui fut retrouvé à plus de dix kilomètres en arrière.

Le vent avait tourné plusieurs fois et nous craignions d'avoir été sentis; mais rien ne vint confirmer nos appréhensions. Pour une foule de causes indépendantes de ma volonté, nous avions considérablement perdu sur la distance qui nous séparait du troupeau. Nous ne trouvions plus que le lendemain au soir les traces du gîte de la nuit, ce qui indiquait un retard de douze heures.

Les hommes, qui espéraient d'abord que nous rattraperions les éléphants, commençaient à perdre courage, et, comme la persévérance n'est pas la vertu dominante du noir, ils parlaient d'abandonner la partie. Les deux ou trois jours de vivres que nous avions pris nous avaient suffi pour le double du temps, peut-être parce que nous étions trop harassés le soir pour avoir faim. Notre repas consistait, quand on pouvait allumer du feu, en un peu de riz bouilli, un morceau de beltong grillé et un peu de sel.

Il faut que j'indique en passant comment nous obtenions du feu à la façon indigène : les hommes portaient toujours avec eux les baguettes à feu, faites d'un bois spécial, léger et dur, et bien droites, dont on protégeait le bout contre l'humidité, en l'enfonçant avec force dans un morceau de bambou ou de roseau. Pour l'utiliser, on prenait un petit morceau de bois bien sec, dans lequel on taillait sur le bord une échancrure avec une petite rigole ; on mettait le bout de la baguette avec un peu de sable sec dans l'échancrure, en plaçant dans la rigole un morceau d'amadou ou de vieille étoffe imbibée au préalable d'eau et de poudre, puis séchée, et le « briquet » était prêt à fonctionner.

Le morceau de bois et l'étoffe étant ainsi maintenus fixes par un homme, un autre imprimait à la baguette, en la roulant entre la paume des mains, un mouvement de rotation vif et surtout continu à droite et à gauche, jusqu'à ce qu'un peu de fumée sortant de la rigole annonçât que l'amadou avait pris feu. On mettait cet amadou sur un peu de paille, on soufflait dessus, et le feu était allumé.

Mais les vivres tardaient à arriver, et nous allions ne plus avoir besoin de mettre en pratique ce moyen de faire du feu, n'ayant plus rien à faire cuire. Heureusement le septième jour, à l'aube, au moment où nous nous apprêtions à partir, nous vîmes arriver cinq hommes ! Ils n'avaient eu à marcher que quatre jours pour nous rattraper, parce que, sans nous en douter, ou du moins sans y attacher d'importance, nous revenions sur nos pas depuis deux jours. Les éléphants décrivaient dans le pays un immense circuit, nous entraînant à leur suite. Les hommes qui nous cherchaient avaient eu l'idée de couper à travers le pays dans la direction où nous étions partis. Ils s'étaient égarés et avaient perdu une journée, puis étaient tombés, comme par hasard, sur la piste des éléphants et sur la nôtre (reconnaissable à ma chaussure), et, quoique la direction fût totalement différente, ils avaient compris que, au lieu de les égarer, le hasard leur avait en réalité fait gagner sur nous deux ou trois jours.

J'abrégerai le récit de cette longue suite de fatigues. Le onzième jour, alors que notre retard n'était plus que de huit heures, les hommes refusèrent de marcher ; ils déclarèrent en avoir assez.

Je parle, bien entendu, des volontaires qui nous avaient accompagnés, car mes chasseurs, quelque piteuse que fût leur mine, n'osaient rien dire ; on voyait néanmoins qu'ils étaient profondément découragés. Quant à moi, c'était plus que de la colère, c'était le dépit qui me faisait marcher. La pluie nous tenait encore compagnie plusieurs heures par jour, mais nous avions des éclaircies de soleil pour nous sécher. J'avais dit que ceux qui voudraient rester étaient libres, mais que, moi, je continuerais. Les hommes décidèrent de marcher encore deux jours et nous finîmes par ne plus laisser aux éléphants que quatre heures d'avance. Le quinzième jour, nouvelle révolte ; discussion à laquelle je coupe court : cinq hommes nous abandonnent, quatre restent avec nous. Le soir, nous nous apercevons que les éléphants étaient allés fort doucement et qu'ils avaient passé évidemment assez longtemps à l'ombre d'une forêt de grands arbres où ils avaient tout ravagé. J'avais la conviction que la partie était désormais gagnée, mais j'étais à bout de forces. Le seizième jour, au soir, nous entendîmes distinctement à deux reprises la trompette des éléphants à deux ou trois kilomètres ; ils prenaient leurs ébats au bord de l'eau.

Électrisés par ce bruit, oubliant leurs deux semaines de déboires, blanc et noirs, au lieu de se reposer, repartent de plus belle sur la piste. La nuit assez claire permet d'en distinguer vaguement la traînée à travers la végétation ; la pluie a cessé. Nous avançons ainsi près d'une heure, sans hâte, et nous faisons halte à une distance des éléphants qui ne doit pas dépasser cinq cents mètres. On n'allume point de feu de peur d'éveiller leurs soupçons, on mange un peu de beltong et on se prépare à prendre quelques heures de repos.

Je passe la fin de cette nuit debout : impossible de fermer l'œil ni de tenir en place ; j'attends l'aube avec impatience, et elle n'a pas encore paru que j'ai réveillé et préparé tout mon monde. De nouveau, nous sommes sur la piste, avançant pas à pas, prêtant l'oreille; le jour se lève enfin, nous montrant, à huit cents mètres à peine, la gigantesque échine de nos quatre éléphants qui traversent une plaine herbeuse.

Ils vont lentement, sans méfiance; nous nous dissimulons, attendant pour traverser la plaine qu'ils soient rentrés sous bois : aussitôt nous sommes sur leurs talons, et, à l'aide d'un détour, je me trouve à trente mètres à peine du vieux mâle qui est en tête. Il a de belles défenses, mais la vieille femelle derrière lui n'en a point : gare à nous! C'est là qu'est le danger. En troisième vient un jeune mâle. Mon parti est vite pris. J'épaule, je fais feu sur les deux mâles et mes deux balles portent à merveille. Le vieux reste immobile aussitôt hurlant tant qu'il peut : il a la jambe cassée. Le jeune tourne sur lui-même, chancelle et s'éloigne à pas lents. Je recharge... mes hommes s'élancent.... crient.... Aussitôt un coup de trompette retentissant se fait entendre : nous sommes chargés!!!!!!..... une masse gigantesque, une avalanche noire court à travers la forêt... les gros arbres plient.... les petits se brisent... avec des craquements, des éclats... des feuilles se froissent... le sol tremble... c'est une trombe qui arrive........ Que Dieu nous ait en sa sainte garde!... chacun pour soi en ce moment suprême... une fuite folle, échevelée... des fusils, désormais inutiles, jetés au hasard... des hommes qui jouent leur vie sur un faux pas. . . . .
. . . .

Enfin, ce bruit épouvantable cesse. Je m'arrête. Je regarde en arrière. L'éléphant s'en va au grand trot, déjà loin. Je respire, et, de mon cœur soulagé, s'échappe une action de grâce. De mes vêtements, il ne reste plus guère que des lambeaux; mon casque est perdu; je suis couvert de sang; j'ai les mains, les bras, les jambes, tailladés par les épines, mais je suis sauf : j'ai encore échappé à une mort certaine. Un homme se montre à quelques pas de moi, c'est Msiambiri, le visage tout gris (c'est la façon pour les noirs d'être pâles), le pagne déchiré, sans fusil, sans rien, semblant sortir d'un mauvais rêve. Un peu plus loin, c'est Rodzani ; puis Maonda... tous bouleversés, pour eux et pour moi, car si l'éléphant n'avait pas changé d'idée, c'est moi qu'il visait, paraît-il, dans sa fureur, et tous mes hommes me croyaient perdu. « Vous aviez trop poursuivi le mauvais esprit, disent-ils, il se vengeait. »

Je demande des nouvelles des éléphants blessés. Personne n'en a. Il faut aller voir ; pour cela, nous ramassons d'abord les fusils, les cartouchières, les haches qui ont été jetés pendant la fuite. Rien n'a été perdu. Puis nous nous avançons avec précaution jusqu'à l'endroit où j'ai tiré. Le vieux mâle est toujours là, immobile, brisant, arrachant, dévastant tout ce qui est à sa portée ; il est accroupi à la manière de ses congénères domestiques lorsqu'on veut monter sur leur dos ; les autres ont disparu. Nous suivons la piste de l'autre blessé que nous apercevons bientôt cent mètres plus loin. Nous nous approchons. La pauvre bête est à l'agonie rendant du sang par la trompe ; son énorme flanc se gonfle avec peine. Je lui tire une balle calibre 12 derrière l'oreille : elle s'affaisse raide morte. Quant à l'autre, je décide de la laisser vivre jusqu'à l'arrivée des hommes que j'ai envoyé chercher.

Voici ce qui avait dû se passer :

Au moment de mes deux coups de fusil, tandis que je sortais de ma fumée à la hâte et cherchais à voir ce qui se passait, les deux éléphants non atteints s'étaient mis à courir sans but marqué, ne sachant au juste de quel côté fuir. La vieille femelle nous avait tout à coup sentis, et les cris de mes hommes avaient achevé de mettre le comble à sa colère. Elle était venue sur nous, semblable à une locomotive lancée à toute vapeur, la trompe soulevée, les oreilles couchées à plat, ivre de fureur. D'un coup d'œil j'avais vu que, sauf un miracle, l'un de nous était perdu, car trente mètres seulement nous

POURSUIVI PAR UN ÉLÉPHANT.

séparaient, trente mètres d'une végétation épaisse où la bête passait comme une flèche et où nous pouvions à peine nous frayer passage. Une seule idée se fixa dans mon esprit, à laquelle je dus mon salut : sortir du vent de l'éléphant. Après quelques sauts en avant, j'avais soudain tourné à angle droit, courant comme jamais je n'ai couru, comme jamais je ne courrai; tout

La rivière Ponû au pays de Makanga.

ce qu'un être humain peut faire, je l'avais fait dans cette lutte de quelques secondes avec une bête furieuse dix fois plus rapide que moi. Ma peau avait beau se déchirer aux épines, je ne sentais rien, n'ayant qu'une seule appréhension, celle de faire un faux pas et de tomber. C'est ainsi que je parcourus plus de cent mètres en quelques secondes dans une végétation épaisse où jamais je n'aurais cru qu'un homme pût courir.

L'éléphant avait dû cesser de me sentir dès que j'avais tourné; la végétation l'empêchait sans doute de me voir; il avait cherché une autre victime et, n'ayant rien vu, car chacun de nous avait pris soin comme moi de sa propre existence, il était reparti au grand trot, s'éloignant avec un fracas de branches qui permit de le suivre de l'oreille pendant longtemps encore.

On a contesté qu'il existât des éléphants dépourvus de défenses; mais M. Selous en parle souvent dans ses ouvrages, et moi j'en ai vu plusieurs fois : il y a des éléphants qui ont deux défenses; d'autres n'en ont qu'une, d'autres encore n'en ont pas du tout : ces derniers sont toujours des femelles. Toujours épargnées par les chasseurs qui ne tirent que sur les *tuskers* (animaux à ivoire), elles arrivent à des tailles considérables et atteignent un âge avancé. Leur méchanceté est proverbiale : « Chasseur, qui aperçois dans un troupeau une ou plusieurs de ces femelles, prends garde à toi : c'est là qu'est le danger; si elles sont en nombre, éloigne-toi à la hâte, aussi vite que tu le peux. »

Le son de la voix humaine suffit pour faire entrer ces animaux en fureur; on en cite qui poursuivent l'homme sans que celui-ci ait attaqué aucun des éléphants à ivoire qu'elles accompagnent. Les plus grands éléphants que j'aie jamais vus étaient des femelles de ce genre; elles rendaient beaucoup de points à Juliette du Jardin d'acclimatation, une Africaine aussi celle-là.

Les mâles seuls portent des défenses qui ont du corps, c'est-à-dire de forme cylindro-conique, grossissant avec l'âge; chez les femelles ordinaires, ces dents sont longues et minces et de même grosseur partout.

Timide comme une gazelle, l'éléphant s'enfuit comme elle dès qu'il sent l'homme : doué d'un odorat merveilleux, il reconnaît à des distances extraordinaires l'odeur de son ennemi; mais, si le vent n'est pas favorable, sa vue lui est de peu d'utilité et son oreille de moins encore. Est-il blessé, il devient aussi terrible qu'il était timide avant d'être attaqué : assez souvent, sinon toujours, il s'élance sur le chasseur avec une rapidité incroyable, le poursuit, pour peu que ce dernier se soit laissé sentir, et, s'il s'empare de lui, il le foule aux pieds et l'écrase en commençant souvent par se donner le plaisir de le coller contre un arbre et de le labourer de ses défenses. Par une circonstance tellement exceptionnelle qu'elle tient du prodige, M. Selous a pu se sauver d'entre les jambes d'un éléphant qui voulait le piétiner ainsi.

Quand on pense à la force de l'éléphant, à sa masse puissante, quand on le voit arracher ou briser net, tout en marchant et comme pour se faire… la main, des arbres gros comme la cuisse; quand on songe qu'il n'est pour lui ni épines ni obstacles, qu'il s'élance en forêt comme en plaine, on calcule aisément combien peu de chances de salut reste à l'homme, être faible et délicat que le moindre buisson oblige à un détour, que le plus petit obstacle suffit à arrêter!

Aussi est-ce là la chasse la plus dangereuse qui soit au monde. Que sont les grizly, les lions, les tigres, qu'une balle arrête et anéantit, à côté de cette masse énorme qui vous court dessus, de cette avalanche animée d'une vitesse de cinquante kilomètres à l'heure, de ce cyclone dévastateur qui vous pulvérise s'il vous atteint?

Si l'éléphant commence sa charge d'assez loin pour vous donner le temps d'épauler et qu'une balle l'atteigne à ce moment, il rebrousse généralement chemin : c'est ce qui m'arriva un peu plus tard, le terrain étant découvert et la bête à plus de soixante mètres de moi. Mais quel est l'homme qui, à quinze mètres, au moment de la bousculade du coup tiré, aura le sang-froid de se retourner, de faire face à l'éléphant qui charge et de viser encore? Avant qu'il n'ait le fusil à l'épaule, l'animal sera sur lui! Et il existe bien des gens, des chasseurs, qui m'ont demandé, lorsque je leur ai raconté cette aventure, pourquoi je n'avais pas tiré de nouveau!

Ah! « La critique est aisée, et l'art est difficile! » Proverbe encore plus vrai en matière de chasse que pour toute autre chose. En lisant, en entendant et même en racontant, plus tard, de pareils moments de danger, on ne se rend pas compte de la quantité d'impressions qui traversent l'esprit surexcité de l'homme, lorsque malgré tout son sang-froid il sent que sa vie n'est plus entre ses mains, qu'elle dépend de quelque chose qu'il ignore, qui va probablement se produire, qui ne se produira peut-être pas. Il voit la mort venir, l'esprit clair, mais traversé par des sentiments multiples et divers : regrets de ceux qu'il va laisser sur la terre, repentir d'avoir tenté le sort, rage contre l'ennemi qui le poursuit, puis, venant toujours entrecouper ces idées, espérance vague que tout n'est pas fini, que peut-être il y a encore moyen de s'en tirer, etc…, que sais-je! une foule d'autres idées encore, de celles que la pensée peut évoquer en une seconde et effacer de même, pendant que la partie matérielle de l'être humain, pendant que la « bête » lutte désespérément pour la vie…

Il me reste fort peu à dire sur les mœurs de l'éléphant. Il est le vrai roi des animaux par la force, par l'intelligence, par la douceur; il est supérieur aussi aux autres par les organes, puisqu'il possède ce sens du toucher, si délicat, si merveilleux; enfin, il peut être utile à l'homme et l'aider de sa force et de son intelligence. Quel animal réunit plus de titres à la primauté?

Dans les pays où l'homme et surtout le chasseur ne pénètrent pas, l'éléphant vit à demeure; dans les autres, et ceux que j'ai parcourus sont du nombre, il ne fait que voyager à la hâte, en quête de nourriture, pressé de partir, car partout il y a danger pour lui.

En route, ces grandes bêtes marchent à la file indienne; mais, pour chercher de la nourriture, elles sont toutes sur un rang de front, décrivant des pistes parallèles (1). Le pied du

(1) Pendant la marche, l'éléphant tâte souvent de la trompe les endroits où il pose le pied.

mâle est ovale, celui de la femelle plus rond. L'un et l'autre sont munis sur le bord de cinq ongles, mais ces ongles ne font pas de marques sur le sol : ils se confondent dans la ligne extérieure du pied (1). La peau est épaisse d'environ trois à quatre centimètres, avec quelques poils rares et irréguliers sous la lèvre inférieure, l'échine, le ventre, les flancs, et une touffe au bout de la queue.

L'oreille, immense, couvre, lorsqu'elle est à plat, le cou et la plus grande partie de l'omoplate : son extrémité inférieure affleure la pointe de l'épaule; l'animal ne cesse de la faire mouvoir en avant et en arrière, ce qui paraît, lorsqu'il est de face, doubler la largeur de sa tête. Ses défenses, partant de la mâchoire supérieure, représentent, comme on sait, les incisives.

S'il se sent en danger, l'éléphant même accablé de fatigue ne se couche pas : il reste debout, appuyé à un arbre, il repose quelquefois sa tête en appuyant ses défenses de la même façon sur une branche transversale. Quand il est en pays tranquille, exempt d'inquiétude, il se couche à terre, mais, à ma connaissance, jamais sur un terrain horizontal; il s'adosse, il s'appuie à un remblai quelconque, à une éminence, étant, par le fait, moitié couché moitié debout. Continuellement il lève la trompe en l'air et analyse les émanations, surtout s'il est chef de troupe. Ceux qu'il mène sont moins méfiants.

Un chasseur adroit peut s'approcher à sept ou huit mètres d'un éléphant sous bois; en plaine, si le vent lui permet de venir de derrière ou de côté, il peut arriver à trente mètres de lui; de face, à soixante. Mais, une fois que la bête a senti le chasseur, elle part en courant; plusieurs heures de voyage sont alors nécessaires pour calmer sa frayeur. L'allure habituelle d'un troupeau d'éléphants en voyage est le pas ordinaire à

(1) On taille dans ces ongles des bracelets que les chasseurs d'éléphants appellent des *porte-bonheur;* les Françaises n'ont donc pas été seules à employer ce mot.

l'amble qui équivaut au pas accéléré d'un homme. Effrayés, ils vont à un trot qui équivaut au galop d'un cheval ; quant à la charge, je l'ai décrite plus haut.

Le meilleur endroit à atteindre pour tuer un éléphant est le cœur. Son emplacement est assez difficile à indiquer théoriquement ; néanmoins, je puis dire qu'il correspond au coin supérieur droit d'un carré dont les trois autres sommets seraient : le bout de l'oreille, le coude et un point sur la ligne extérieure de la poitrine pris à la même distance du coude que le bout de l'oreille. A une dizaine de centimètres au dessus, en droite ligne, se trouvent l'aorte ou veine principale et les poumons. Frappé au cœur ou à la veine qui le soutient, l'éléphant chancelle et s'affaisse sur place, ou bien fait encore quelques mètres si la blessure n'est pas exactement au centre de l'organe ; mais il est hors de combat : sa mort est l'affaire de quelques minutes, après une très courte agonie. Si, au contraire, ce sont les poumons qui sont atteints plus ou moins grièvement, le géant reste encore sur pied quelquefois une demi-heure avant de succomber ; il se réfugie dans des massifs où la nature lui permet de se dissimuler aussi bien, malgré sa taille, que le moindre écureuil. Ce n'est pas qu'il veuille y attendre l'homme, comme le buffle : il cherche à y mourir en paix. A bout de forces, souffrant le martyre, il charge presque toujours celui qui vient le déranger à ce moment. D'autres fois, ayant les poumons perforés, — ce qui se distingue au sang rejeté par la trompe et au bruit rauque de la respiration, lorsqu'on est près de lui, — il parcourt encore de longues distances et finit par tomber épuisé. Naturellement si l'on peut toucher l'éléphant derrière l'oreille ou entre l'œil et l'oreille, il s'affaissera raide mort ; mais ce coup se présente rarement, la balle peut faire ricochet au lieu d'atteindre la cervelle, tandis que l'animal offre presque toujours son flanc, ce qui rend aisé le coup au cœur.

La fracture d'une jambe le met hors de combat sans le tuer :

je crois avoir déjà fait remarquer que, plus les animaux sont gros, moins ils peuvent se passer d'un de leurs membres. Sur trois jambes la petite antilope fait des kilomètres, tandis que l'éland se traîne à grand'peine, et que le buffle ne va plus que par petits sauts. L'éléphant, lui, est complètement immobilisé. Lorsqu'il a la jambe cassée, vous pouvez aller déjeuner, vous reposer, faire une autre chasse, vous le retrouverez à votre retour, à peu près au même endroit. En revanche, sa colère, sa fureur sont sans égales, tout ce que sa trompe peut atteindre est arraché, brisé ; il pousse des cris et des coups de trompette, comme pour proclamer au loin son désespoir d'être réduit à l'impuissance ; il est charitable de ne pas prolonger ce supplice moral et physique. Bien entendu, ce n'est jamais à dessein que l'on casse une jambe à un éléphant ; c'est généralement par un coup maladroit qui a eu pour but le cœur et qui a dévié accidentellement. Quel que soit l'endroit où l'os est brisé, — coude, radius, cubitus, cheville ou doigts, — l'animal est immobilisé.

La quantité de nourriture nécessaire à un éléphant, en vingt-quatre heures, est considérable. On sait qu'il est exclusivement herbivore, mais il convient d'ajouter qu'il choisit ses aliments avec grand soin, qu'il tâte les fruits avant de les cueillir et qu'il laisse ceux qui sont verts ou piqués. Les feuilles tendres, les herbes fraîches, ainsi que l'écorce de certains arbres, entrent dans son alimentation. Il casse de petites branches et les épluche délicatement, tout en marchant. Ses fumées, à part leur grande taille, ressemblent à celles du cheval, du zèbre, de l'hippopotame et du sanglier (1), mais il ne digère pas les fruits qu'il avale sans les mâcher : on les retrouve intacts dans les fumées, et le chasseur, s'il connaît bien sa forêt, discerne si l'éléphant y a

---

(1) C'est un des caractères qui distinguent le genre d'animaux que les anciens naturalistes appelaient les pachydermes et qui aujourd'hui forment trois ordres particuliers : les *Proboscidiens* (éléphants), les *Porcins* (hippopotames, rhinocéros, sangliers) et les *Jumentés* ou *Solipèdes* (cheval, zèbre, âne).

fait ou non son repas de la veille, car les fruits indigènes ont leur région respective, bien marquée selon la nature du terrain, le voisinage ou l'absence des cours d'eau, etc.

L'éléphant nage fort bien et traverse les fleuves avec la plus grande facilité ; il aime beaucoup l'eau.

D'après les renseignements que m'ont donnés les indigènes, la femelle porte environ quatorze mois (seize lunes). A sa naissance, le jeune éléphant a la trompe presque rudimentaire, c'est-à-dire excessivement courte en proportion de celle de ses parents ; il tette sa mère avec le coin de sa bouche en déplaçant sa trompe et en penchant la tête de côté. Il n'a pas plus de trois pieds lorsqu'il vient au monde et se promène à l'aise sous le ventre de sa mère qui le met ainsi à l'ombre pendant qu'elle marche. Elle n'a que deux mamelles pectorales.

Telles sont en quelques mots les observations que j'ai faites pendant mon existence dans les bois. L'éléphant est de tous les animaux celui qui m'intéresse le plus : j'éprouve pour l'énorme bête un mélange d'admiration et de curiosité ; il m'impose par son intelligence, sa force, ses mœurs étranges : introuvable, invisible malgré sa taille, il apparaît tout à coup au chasseur dans le majestueux décor que lui a préparé la nature ; il n'est nulle part et partout, il court quatre-vingts milles en une nuit, surgit pour disparaître encore, et souvent sa trace est seule à raconter son histoire.

Quant à la chasse à l'éléphant, je la tiens pour la plus fatigante, la plus dangereuse qui existe. Il meurt chaque année, dans la région fréquentée par les chasseurs de Tête, un certain nombre d'entre eux, tués, blessés ou piétinés par des éléphants. Trois Européens, à ma connaissance, rien que dans le bassin du Zambèze, ont trouvé une fin tragique dans une lutte avec un éléphant furieux. Aussi est-ce le plus beau coup de fusil qu'un vrai chasseur puisse trouver sur cette terre, mais en revanche il joue sa vie sur un coup de gâchette...

Maintenant que le lecteur a fait plus complètement connaissance avec le géant des forêts, je le ramènerai à l'endroit où, après deux semaines de poursuite, la persévérance avait fini par triompher. Je résumerai d'après mes notes les fatigues de cette chasse mémorable pour moi. Voici les dates et les heures de marche, déduction faite des haltes, des repas et des nuits :

```
20 décembre 1892, marché  11 heures
21      —         —        9  —   et demie
22      —         —       11  —       —
23      —         —       10  —
24      —         —        9  —
25      —         —        8  —
26      —         —        9  —
27      —         —       12  —   et demie
28      —         —       10  —
29      —         —       11  —   et demie
30      —         —        7  —       —
31      —         —        9  —       —
1er janvier 1893  —        9  —       —
 2      —         —       10  —
 3      —         —       11  —
 4      —         —       14  —   et demie
 5      —         —        2  —
                         ―――
TOTAUX = 17 jours. . . . . . . . . . 166 heures
```

Sur la piste battue des éléphants, vu la facilité relative de la marche et notre allure pressée, j'estime notre parcours à trois milles à l'heure ou cinq kilomètres, ce qui porte la distance parcourue au chiffre respectable de 498 milles ou 830 kilomètres, sous le soleil brûlant ou la pluie battante, avec des fusils pesants, des paquets de vivres, des bouteilles à eau, des épines, des guêpes, des moments de désespoir et des lueurs d'espérance, sans compter ce moment terrible de la fin où notre frêle existence ne tint qu'à un caprice de la destinée!!!

Oui, la petite troupe avait bien gagné ses éléphants! Ils étaient là tous deux : l'un étendu sur le flanc, l'œil vitreux mais gardant une expression de douceur, la bouche ensanglantée, le flanc désormais immobile, la trompe couchée sur le gazon à demi enroulée, comme un boa endormi... L'autre, las de se plaindre, maintenant muet et calme en apparence, mais farouche et sombre, prêt encore à la lutte, à moitié accroupi, à moitié relevé, épuisé en efforts impuissants ; autour de lui, la terre rase, un cercle labouré, balayé.

La pauvre bête me faisait pitié ; mais, voulant que sa viande fût utile, je tenais à la laisser vivre jusqu'au lendemain afin de laisser à nos hommes le temps d'arriver. Vers le soir, pourtant, voyant ses souffrances, ému du sang qu'elle perdait, je lui donnai le coup de grâce, ou plutôt les coups, car il en fallut quatre pour l'achever.

Ses défenses pesaient ensemble plus de cinquante kilogrammes ; celles du jeune mâle, quatorze kilogrammes à peine.

Après cette chasse je retournai à Makanga retrouver Hanner. J'appris que, pendant mon absence, il avait failli se faire tuer aussi, mais par un léopard. Il avait eu la chance, en plein jour, d'en voir un qui, sans l'apercevoir, venait boire sur la rive opposée de la rivière Revougoué. Il avait tiré et l'animal blessé s'était traîné dans les rochers qui avoisinaient la rivière et où croissaient des buissons assez touffus. Hanner avait eu l'extrême imprudence de traverser aussitôt le cours d'eau et, avec deux hommes, de s'aventurer à la recherche de l'animal, au milieu des quartiers de roche et des petites broussailles. Tout à coup, au moment où ils passaient devant un fourré, la bête avait bondi, furieuse, et, avant que Hanner eût pu rien faire, elle avait jeté un des hommes à terre et l'avait mordu cruellement au bras, à la main et à la cuisse ; elle avait ensuite sauté sur son camarade que, d'un coup de griffe, elle avait mis hors de combat. Elle rebroussait chemin pour retourner dans son repaire, quand Hanner, qui n'avait pu jusqu'alors tirer sur elle de peur de blesser les hommes, choisit ce moment et l'acheva d'une balle dans la tête.

Le premier noir qu'elle avait attaqué avait succombé à ses

graves blessures; le second se guérissait lentement à l'aide de pansements d'eau phéniquée. La dent (peut-être bien la bave) et les griffes des félins sont excessivement venimeuses.

Pendant le mois de janvier, je continuai à visiter la région montagneuse qui s'étend au nord du pays de Makanga, et j'y chassai les antilopes. J'avais poursuivi pendant plusieurs jours (attendu qu'il n'y avait pas autre chose dans le pays) une troupe de nsoualas (*œpyceros melampus*) qui me fournirent de la viande excellente et tendre, ainsi que des peaux pour m'habiller, car ma garde-robe était réduite à fort peu de chose. Un après-midi, je me traînais dans l'herbe, épiant un troupeau de ces animaux qui étaient devenus fort méfiants; j'étais accroupi, me faisant aussi petit que possible, et je m'arrêtais un instant pour voir si la distance était bonne pour tirer, lorsque du coin de l'œil il me sembla voir à droite quelque branche se balancer. Comme il n'y avait que du gazon et de grands arbres, cette idée me fit tourner la tête. Jugez de mon étonnement, lorsque je vis que ce que j'avais pris pour une branche était tout simplement une *mamba* (ou *cobra di capello*), un des serpents les plus dangereux de l'Afrique, lequel, droit sur sa queue, le cou enflé de colère, me regardait avec des yeux étincelants en se balançant d'une façon inquiétante. Le reptile était à peine à un mètre de moi; j'avais peur de faire un mouvement qui le déterminât à m'attaquer. Aussi, presque immobile en apparence, sans bouger la tête ni le haut du corps, je reculai insensiblement, et la distance entre nous fut bientôt de trois mètres au lieu d'un. La bête plongea dans l'herbe et disparut; j'allai m'accroupir un peu plus loin et continuai ma chasse, sans que ce petit incident eût été soupçonné, ni par mes hommes, qui étaient à quelque distance, ni par mon gibier. J'ai toujours supposé que ce serpent avait des petits et que le hasard m'avait fait m'accroupir près de son nid : il m'avait prié de me retirer, et je n'avais eu garde de lui déplaire; elle avait l'air si persuasif, madame Serpent !

A cette époque m'arriva encore une autre aventure qui faillit se terminer fatalement pour moi.

Dans le but d'acheter des provisions, des chemises et des chaussures, je me rendais à Tête avec quelques hommes, n'emmenant que Tchigallo comme chasseur. Après les fatigues du mois précédent, Tambarika et Rodzani étaient allés se reposer une lune à Mikorongo; Msiambiri était malade et Maonda avait des raisons péremptoires (que je n'ai pas cherché à approfondir) pour ne pas se montrer à Tête : quelque vieux démêlé avec les Portugais, sans doute.

Les premiers jours du voyage se passèrent sans incident aucun : c'était la jungle dans toute sa monotonie. Je tuai une antilope noire et un buffle qui nous fournirent du beltong pendant le trajet, et, le quatrième jour du voyage, nous campions sur le bord d'un ruisseau à quarante-huit heures du Zambèze afin d'y déjeuner. Après mon repas, je me promenais en vue du camp, à l'ombre, fumant ma pipe, lorsque j'aperçus sur le sol, fraîche et datant d'un instant à peine, la plus belle empreinte de lion que j'aie jamais vue. L'animal ne pouvait être loin. Je sifflai doucement pour appeler Tchigallo et, lui montrant l'empreinte, sans mot dire, je lui fis comprendre ce que nous allions chercher. Il me proposa d'emmener un homme de plus, ce à quoi je consentis, et un des porteurs, un nommé Canivetti, nous suivit armé simplement de deux sagaies : Tchigallo portait mon 12, le fusil de Msiambiri. Or, il faut que je dise que Tchigallo ne m'avait jamais donné grande preuve d'intelligence ni de courage; il suivait la bande d'habitude, mais c'étaient les autres qui travaillaient : il portait son fusil et son paquet, ne passant au premier rang que s'il s'agissait de manger de la viande; en dehors de cela, il comptait peu ou pas. Je ne faisais guère cas de ses services.

Nous voilà donc sur la piste du lion pendant plus d'une heure et demie. J'étais déjà décidé à rebrousser chemin, lorsque tout à coup j'aperçus la bête dans l'ombre d'un arbuste, nous regardant de face, à environ trente mètres. Ne pouvant la tirer ainsi, je fis deux ou trois pas vers ma gauche, de façon à apercevoir son flanc, mais, au même instant, devançant mon intention, elle se mettait lentement en marche vers ma droite, me présentant son épaule à peu près distinctement, au milieu de la végétation.

En me retournant, j'aperçois un serpent.

Je mis lentement en joue et, suivant de mon guidon sa marche lente et souple au milieu des arbustes, je fis feu à un instant propice...

Je ne vis plus rien, mais un rugissement étouffé me dit que mon projectile était arrivé à son adresse. En ce moment, pourquoi moi, si prudent d'ordinaire, tellement habitué à recharger immédiatement mon arme que je le faisais sans m'en apercevoir, pourquoi me suis-je avancé imprudemment, mon fusil basculé, ouvert, cherchant à mettre une cartouche dans le canon vide? J'étais cependant bien calme : jamais je ne l'ai été davantage. Pourquoi ai-je commis pareille sottise? Jamais je n'ai pu me l'expliquer. Ce n'étaient pas les fumées du vin, je ne buvais que de l'eau depuis un an; ni une insolation, jamais je ne m'étais mieux porté!... On a dans la vie de ces moments inexplicables d'absence, de paralysie intellectuelle.

Je m'avançais donc le fusil ouvert dans la main gauche, la cartouche dans la main droite. Devant moi, un massif. Je le tourne, et me voici face à face avec le lion qui rampe à ma rencontre dans la position du chat aplati qui va sauter sur une souris : avant d'avoir fait un mouvement, je le vois se soulever, se détendre... Il est en l'air... Un rugissement me déchire l'oreille... Je ne sais comment, mais j'ai sauté de côté et il m'a manqué... La bête se ramasse de nouveau pendant que je recule, cherchant en même temps à fuir, à fermer mon fusil et à éviter le bond qu'elle va faire... De tous côtés des buissons épineux que je sens, que je devine sans me retourner!.. Le lion est effrayant à voir... il râle, sa gueule est pleine de sang... il s'élance de nouveau sur moi : un saut de trois mètres! De nouveau, je l'évite, cherchant toujours à fermer ce maudit fusil, mais la bête ne m'en laisse pas le temps : de sa gueule découlent des glaires et du sang : elle n'a plus la force de rugir.... Encore elle se ramasse : cette fois la voici sur moi... je la vois en l'air... elle retombe lourdement... ses pattes aussi sont rouges... Elle agonise... Dans sa fureur elle saute encore et m'éclabousse la figure de son sang, finissant même par me toucher légèrement, par déchirer ma chemise... Mais elle ne se relève plus. Je ferme enfin mon fusil! Mais c'est bien inutile : la bête se raidit dans une dernière contraction; le lion, cette fois, est mort. Je me laisse tomber à côté de lui n'en pouvant plus : mes idées sont confuses; il me semble que je viens de faire un rêve, que j'ai déjà

LA LIONNE BLESSÉE SAUTA SUR MOI A PLUSIEURS REPRISES.

vu cette scène autrefois. Tout cela en quelques secondes à peine.

Je regarde autour de moi : partout du sang, sur les herbes, sur les plantes, sur les arbustes ; le lion en est couvert. Le cœur avait été touché, le coup était mortel, mais, malgré cela, quels

J'aperçois une piste de lion.

sauts cette bête agonisante a pu faire ! Quelle puissance de vitalité ! Le cœur haché, les veines déjà vides, elle a fait cinq bonds, dont un de près de quatre mètres !

La première émotion passée, j'appelle pour qu'on me donne à boire ; je crie, je siffle : personne ne répond. Je me lève, je prends mon sifflet, mais je m'épuise en vain : mes hommes sont bien partis. Les poltrons ! ils ont eu peur et se sont cachés. Mais alors ils devraient finir par répondre. Eh bien, non : il n'y a personne aux environs. Je me perds en conjectures : serait-on allé chercher du secours? et où? et pourquoi?

Au bout d'un moment, ne voyant personne, je pense que le camp est loin et qu'il me faudra plus d'une heure pour y arriver. J'ai aussi à enlever la peau de ma victime : je me mets à la besogne et je dépouille ma lionne, car c'est une femelle. Je la mesure auparavant à l'aide de ma bretelle de fusil laquelle est marquée à cet effet : je trouve 2^m, 65 du nez au bout de la queue et $0^m,78$ au garrot, ce qui est une fort belle taille; son poids est considérable : je puis à peine soulever le cadavre par le milieu; il doit peser plus de 160 kilogrammes. Je laisse la tête adhérente à la peau et, attachant le tout en un paquet, je le passe au bout d'un bâton que je mets sur mon épaule à côté du fusil. Je reprends le chemin du camp et, lorsque j'arrive au ruisseau, le jour tire à sa fin. Je n'entends pas de voix, tout est bien calme : me suis-je trompé? Mais non : voilà bien là-bas l'arbre où j'ai déjeuné : il n'y a plus personne. En approchant, je vois les restes des feux; l'un d'eux n'est pas éteint; voici à terre quelques poignées de paille et du bois mort apporté pour la nuit. Tout à coup, je me souviens que, sur une colline à notre droite, nous avons vu trois ou quatre cases en arrivant. Je puis y être en une demi-heure et je me mets en marche. J'arrive et je trouve un petit hameau où les habitants font pour moi tout ce qui est en leur pouvoir; ils mettent une hutte à ma disposition. Je m'y couche, me demandant ce que peuvent bien être devenus mes hommes, et fort ennuyé. J'étais en haillons et j'allais arriver ainsi à Tête. On n'est certes pas difficile sur le costume dans ces pays; néanmoins, lorsque j'étais dans les villes, je quittais mon appareil guerrier : chassant pour mon plaisir personnel et non pour me montrer, j'aimais à pouvoir me présenter partout décemment recouvert d'un complet blanc. Or, où trouver une âme charitable qui me prêtât des effets jusqu'à ce que j'en eusse fait venir d'autres? J'avais peine à croire que mes hommes eussent voulu me voler : jamais pareille chose ne m'était arrivée, et d'ailleurs je n'avais avec moi que quelques mètres de calicot.

Le matin, je demandai aux gens du village de me donner un homme pour venir avec moi jusqu'à Tête, lui promettant qu'il recevrait là-bas pour eux un petit cadeau que je voulais leur faire.

Je dépouille ma lionne.

Un d'eux se proposa, mais, avant de me laisser partir, le plus ancien du hameau me demanda de leur tuer un sanglier. Tous les matins à pareille heure, une famille de ces animaux prenait ses ébats près d'un petit ruisseau à quelques minutes de marche. J'acceptai de bon cœur et, m'étant rendu à l'endroit indiqué, je vis en effet une bête adulte à quatre-vingts mètres ; sans chercher les autres, je l'abattis et rentrai au village, pressé de partir. Je fis rouler la peau de la lionne qui avait passé la nuit sur un boucan, en attendant que je pusse la faire sécher convenablement, et je me mis en route avec un homme qui la portait.

Je repassai par l'emplacement de notre camp, avec le projet de chercher si, par les empreintes, je pourrais savoir de quel côté mes hommes étaient allés ; je n'eus pas de peine à me convaincre qu'ils avaient continué leur route vers Tête. Pour le coup, je n'y comprenais absolument plus rien.

Je marchai toute la journée et, après avoir passé la nuit en route, dans un village du nom de Msendjé, je revis le Zambèze à Binga, à onze heures du matin. Je traversai le Revougoué pour me rendre à Matoundo, exactement en face de Tête, et quel ne fut pas mon étonnement, en y arrivant, de voir tous mes hommes se précipiter vers moi, avec des exclamations impossibles à rendre dans notre langue, des cris, des danses ! Ils m'entourent et, après m'avoir parlé tous à la fois, ils se retournent vers Tchigallo et Canivetti, les abreuvant d'insultes et allant jusqu'à leur donner des coups. Le village s'assemble autour de nous ; je rétablis l'ordre, et, pour achever de comprendre, — car je me doute maintenant de ce qui est arrivé, — j'interroge chacun à son tour. Tout le monde s'assied à terre autour de nous et les plus anciens répondent.

« Nous étions tranquillement au camp, nous avions entendu votre coup de fusil, disent les porteurs (1), et nous avions déjà mis l'eau pour l'*incima* sur le feu, lorsque Tchigallo et Canivetti sont arrivés en courant, nous racontant que vous étiez mort tué par le lion, qu'ils vous avaient vu mort et dévoré, qu'il fallait tout de suite aller remettre ce qui vous appartenait au Grand Blanc (gouverneur) de Tête, afin qu'on ne dise pas que

---

(1) J'ai déjà dit que, dans le calme des forêts, on entend un coup de fusil à de grandes distances.

nous vous avions tué pour vous voler. Nous avons voulu aller voir si c'était vrai, mais nous y avons renoncé tant Tchigallo et Canivetti se lamentaient, tant ils disaient que l'endroit où vous étiez était loin, et en dehors de notre chemin. Nous sommes donc sur-le-champ partis pour Tête; En y arrivant, nous avons

Je trouve mon camp déserté.

dit au Grand Blanc ce qui vous était arrivé; nous lui avons remis tous vos bagages et il nous a dit que deux d'entre nous (Miranda et T'unt'ama) resteraient pour servir de guides, car il allait y envoyer de suite des soldats pour voir. Quant à nous, nous sommes partis hier pour retourner chez nous, mais nous avions honte d'y revenir sans le mzoungo (blanc) ».

J'interroge ensuite les deux hommes qui étaient avec moi lors de l'aventure. Tchigallo répond :

« Dès que le Mauvais Esprit (le lion) vous a sauté dessus, nous avons fui, croyant que vous fuyiez comme nous ; puis, nous avons entendu le lion rugir et puis rugir encore et, comme vous n'avez pas tiré, nous avons cru que vous étiez mort ; car, si vous aviez vécu, vous auriez tiré. Canivetti avait peur de s'approcher. Moi aussi. Je ne savais pas me servir du fusil de Msiambiri. Alors nous avons perdu la tête ; nous avons eu peur qu'on dise que c'est nous qui vous avions tué, nous avons pris la fuite, puis nous avons pensé aux charges (colis) et nous sommes allés appeler les porteurs. »

— « Ainsi, leur dis-je, vous avez eu peur et, au lieu de vous approcher quand vous n'avez plus entendu le lion, au lieu de laisser les porteurs venir voir par eux-mêmes, vous avez menti, vous m'avez laissé deux jours et deux nuits sans lit, sans tente, sans nourriture ; je vais vous punir. Tenez bien celui-là, dis-je aux porteurs qui se jetèrent sur Canivetti, je me charge de l'autre. » Je mis Tchigallo contre un arbre, la face tournée vers le tronc et bouclai mon ceinturon autour des deux ; prenant ensuite de la main d'un des porteurs ma baguette de cuir d'hippopotame qu'il avait en guise de canne, j'administrai moi-même à mon chasseur une correction si sévère qu'il en perdit connaissance : son dos n'était qu'une plaie. Son camarade eut le même sort. Je pansai ensuite les deux hommes moi-même.

Personne n'avait murmuré : on savait la punition méritée ; quelques-uns même, la trouvant insuffisante, continuaient à insulter les deux coupables. Je confiai ceux-ci à la garde du chef de Matoundo jusqu'à mon retour, et je traversai le Zambèze avec les autres. En débarquant à Tête, le premier Portugais qui m'aperçut, le brave M. Anacletti Nunez, faillit tomber à la renverse : mon costume sommaire, quelque peu négligé, ma façon de débarquer sans qu'on sût d'où je venais, le bruit de ma mort, lui firent supposer que j'étais un revenant. Chez le gouverneur où je me rendis immédiatement, ce fut la même chose. La rumeur publique paraît aux gens plus digne de foi que l'évidence. On mettait plus de peine à admettre que je n'étais pas mort, qu'on n'en avait eu à me croire tué par un lion. Aux yeux du monde, j'avais beaucoup moins de mérite à m'être tiré de cette aventure qu'à y laisser ma vie.

Le gouverneur de Tête, qui était alors le lieutenant Mesquito de Solla, m'accueillit, comme toujours, d'une façon charmante. Il me fit rendre mes bagages et me proposa de faire punir les hommes qui étaient cause de tout ; mais je lui répondis que c'était fait. Il avait envoyé à ma recherche une expédition composée du juge Gomez, avec quelques soldats, et il fit expédier des courriers pour l'inviter à revenir en lui annonçant que j'étais à Tête.

Déjà malheureusement, un de mes compatriotes, qui se trouvait à Tête, M. Gaston Angelvy, ingénieur au corps des Mines, avait écrit en Europe que j'étais mort (1). J'en fus désolé à cause de ma famille et de mes amis à qui je craignais que cette nouvelle n'allât porter un coup douloureux.

Après avoir terminé mes achats et passé quelques jours agréables en compagnie de M. Angelvy, que des études sur le bassin houiller retenaient encore quelques mois à Tête, je repris le chemin de la jungle.

M. Angelvy m'avait fait cadeau d'un appareil ingénieux dont l'invention est due à M. G. Trouvé, ingénieur électricien à Paris, et qui est destiné à rendre de grands services dans les chasses de nuit : c'est un projecteur électrique qui ne s'éclaire qu'à volonté et qui s'ajuste sous les canons de telle façon que son centre lumineux soit exactement convergent avec la ligne de tir à une distance de trente à cinquante mètres. Ce projecteur est re-

(1) En effet, la *Gironde* et le *Temps* annonçaient dans leurs numéros du 5 avril 1893 que j'avais dû être mangé par un lion vers le 15 janvier. Par bonheur, j'avais écrit en Europe, à la date du 21 janvier, une lettre qui était déjà parvenue à destination, de sorte que l'information put être immédiatement rectifiée.

lié à une petite pile portative en même temps que très puissante qu'on met à volonté au repos ou en action et qui est parfaitement suffisante pour l'usage auquel elle est destinée. On produit, au moment voulu, au moyen d'un commutateur, le jet de lumière qui éclaire soudain l'objet sur lequel on dirige le canon : on peut ajuster aussi sur son arme une petite mire électrique lumineuse.

Mon compatriote n'avait malheureusement plus que fort peu des produits chimiques destinés à alimenter la pile, aussi n'ai-je pu m'en servir qu'une fois, mais cette expérience suffit pour me démontrer qu'à l'avenir, pour mes nouvelles tentatives cynégétiques et surtout pour les affûts de nuit, la pile et les guidons lumineux Trouvé doivent faire partie de mon équipement.

La première et seule fois que j'aie pu essayer cet appareil, j'ai tué un léopard aussi net qu'en plein jour. Combien depuis j'ai regretté de n'y avoir pas recouru plus tôt, à cette invention si précieuse pour moi! Elle n'est pas connue, mais elle mérite de l'être, ne fût-ce que des chasseurs qui passent, en France, les nuits à attendre les canards sauvages.

Après l'aventure dont je viens de raconter les détails, le reste de l'année 1893 se passa sans ramener de circonstances aussi périlleuses, aussi désespérées que celles qui en avaient marqué le début. Je continuai à mener de front les explorations et la chasse; mais, pour ne pas fatiguer le lecteur, je ne lui en raconterai que les journées où la recette fut exceptionnelle.

Au mois d'avril, après un voyage infructueux à la recherche d'éléphants, nous revenions dans le nord-est de Makanga, du côté de la source de la rivière Revougoué. La petite troupe n'avait pas changé : c'étaient toujours mes fidèles compagnons, y compris Tchigallo qui, une fois remis de sa correction, avait repris sans rancune (et seulement parce qu'il savait le châtiment mérité) le fusil et le sabre d'abattis. Nous avions de plus quatre porteurs.

Un matin, après une nuit rendue fort désagréable par la pré-

sence de nombreux mousti-
ques, nous nous étions remis
en marche. Le temps était très
couvert et, quoique les pluies
fussent moins violentes vu la
saison avancée, une averse
était venue subitement nous
forcer à déguerpir et à chercher refuge sous un bouquet

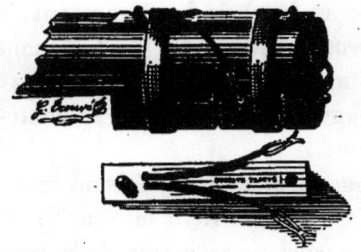

Mire électrique lumineuse de M. G. Trouvé.

de grands arbres où nous avions allumé notre feu, attendant
patiemment, tout en mangeant du beltong, que le temps nous
permît de continuer notre route, puisqu'il n'y avait pas de gibier qui valût la peine qu'on se mouillât. Nous étions sur un
plateau très élevé qui côtoyait à pic un ancien lit de rivière,
fort large et couvert de haute végétation, mais situé à plus de
dix mètres au dessous de notre niveau.

Tout à coup monte de cette vallée un fracas de branches qui
nous met sur pied. Tambarika s'élance en avant pour voir, et,

Projecteur électrique de M. G. Trouvé.

arrivé au bord de l'escarpement, se retire subitement, levant les bras, gesticulant, se démenant comme un possédé. Nous nous approchons, et nous voyons trois éléphants en train de fourrager dans la jungle à soixante-dix ou quatre-vingts mètres de nous.

Nous reculons tous, faisant avec crainte la même question : « Le vent ! d'où vient le vent ? » Comme, avec la pluie, nous ne pouvons nous servir de notre système ordinaire qui consiste à faire voler avec le pied un peu de poussière pour voir le côté où le vent la poussera, je bats le briquet, et la fumée légère qui sort de la mèche nous a bientôt rassurés (1).

Nous descendons rapidement dans la vallée, non sans avoir cherché un endroit un peu moins dangereux que celui où nous nous trouvions, et nous nous approchons des éléphants qui n'ont pas l'air de soupçonner notre présence.

Arrivé à quarante mètres d'eux, je ne les vois plus du tout; les herbes à l'endroit où nous sommes sont si hautes, la végétation si serrée, que nous disparaissons dessous comme des louis dans le gazon. Nous entendons fort bien les énormes bêtes qui continuent à briser des branches, mais il est impossible de les apercevoir. Msiambiri qui est grimpé sur un arbre les voit, mais à distance; elles ont marché depuis que nous ne les voyions plus. Je prends le parti de tirer, croyant éviter ainsi une poursuite comme celle de décembre. Ce fut une grosse sottise. Ces éléphants étaient sans soupçon; ils ignoraient notre présence et, avec un peu de patience, j'aurais pu les avoir tous les trois. Il y avait un jeune mâle et deux femelles, tous d'une taille ordinaire et portant des défenses peu

---

(1) Les chasseurs indigènes prennent une poignée de poussière qu'ils sèment lentement lorsqu'ils tournent un éléphant; ils ne quittent pas leur main des yeux et jugent ainsi du moment où ils ne peuvent plus avancer sans être sentis. A défaut de poussière, la cendre, les feuilles sèches pulvérisées, la fumée (légère) remplissent le même office.

développées. Au lieu d'attendre, et par crainte de les laisser m'échapper, je tirai sur l'un d'eux à cinquante mètres avec mon calibre 8 qui, à cette distance, n'avait aucune précision. La balle fut perdue, les éléphants déguerpirent, et nous restâmes cinq jours à les poursuivre. Le sixième jour, un d'eux m'offrit un coup assuré à trente mètres : la balle lui perfora les poumons, mais, comme une leçon me suffisait, j'augmentai sans tarder la distance qui me séparait de la bête. Bien m'en prit, car la trompette se fit entendre, et, au moment où l'éléphant partait à fond de train sur Maonda qui était resté dans son vent, je lui tirai un deuxième coup qui le fit arrêter net puis rebrousser chemin quelques mètres. Il resta ensuite immobile, la tête basse; comme il était à soixante mètres de moi, et que l'express seul est sûr à cette distance, je pris un projectile plein en plomb durci que je substituai à la hâte à la balle expansive; pendant que l'éléphant immobile était au même endroit, je tirai à la naissance du cou, entre ce dernier et la racine de l'oreille, et l'éléphant s'abattit, déjà épuisé et blessé grièvement aux poumons et à la trachée artère. Cet éléphant, le dernier que j'aie tué, était une femelle.

Deux mois après, je parcourais le pays des Magandjas situé tout-à-fait à l'ouest de Makanga, et qui, d'après les dernières conventions internationales, est moitié dans la sphère d'influence du Portugal, moitié dans celle de l'Angleterre.

Mon camp était en pleine brousse, dans un endroit où passe la route tout récemment construite de Katounga à Tête. J'avais l'habitude de partir tous les matins dans la même direction, à cause du vent, et d'aller tuer une antilope pour le repas de mes hommes et le mien. A un kilomètre sous le vent et à notre droite, se trouvait une mare où les grands animaux venaient souvent. Un matin, au moment où nous passions en cet endroit, un bruit lointain vint nous faire prêter l'oreille; ce même bruit, nous l'avions entendu un soir. — *Pembéré!*

(rhinocéros), dit Tambarika ; aussitôt nous prîmes le vent pour en sortir à angle droit et nous allâmes nous cacher derrière des arbres, ce qui dura moins de temps que je n'en mets à l'écrire.

Le bruit se rapprochait rapidement : c'était un souffle puissant et saccadé, ressemblant, en beaucoup plus sonore, à celui d'un cheval qui corne ; c'était aussi le fracas de branches brisées que le lecteur connaît déjà : son intensité croissante prouvait la rapidité avec laquelle la bête arrivait. Devant l'endroit où nous nous tenions cachés était un gros arbre renversé dont le tronc n'avait pas moins de cinquante centimètres de diamètre et élevé d'environ un mètre au dessus du sol.

Non pas un, mais deux rhinocéros, le premier surtout énorme, arrivèrent avec la vitesse de chevaux lancés au galop, sautèrent le tronc d'arbre et, passant devant nous au même train, disparurent bientôt comme ils étaient venus. J'étais tellement près du lieu de leur passage que je n'avais pu viser : au moment où mon canon suivait le premier, il s'était trouvé brusquement arrêté par l'arbre derrière lequel j'étais caché et, lorsque j'avais fait le tour, je n'avais pu voir que l'énorme postérieur du dernier pachyderme disparaissant dans l'éloignement. J'eus des regrets cuisants d'avoir perdu cette occasion, mais jamais je n'aurais cru que le rhinocéros qui a l'air si lourd et si apathique pût galoper à cette allure. J'oubliai bientôt cet incident ; je tuai une petite antilope et je rentrai au camp. L'après-midi (le vent ayant tourné), j'allai d'un autre côté sans penser aux rhinocéros. Mais le lendemain matin, au même endroit et à la même heure, comme nous repassions, ils nous chargèrent encore. Cette fois, je me mis trop loin ; ils passèrent à quarante mètres à travers les arbres. Je suivis leur piste en sens inverse pour voir d'où ils venaient et elle me conduisit à la mare dont j'ai signalé la présence. Le soir, j'allai m'y embusquer sur un arbre, mais les rhinocéros ne revinrent que la nuit : la lune était insuffisante, les nuages en mouvement ; j'entendis les pachydermes se vautrer dans la boue liquide, mais je ne vis rien, et, le matin, ils avaient disparu. Le soir, je revins encore sur mon arbre. Je n'y étais pas depuis un quart d'heure qu'une invasion de fourmis noires faillit me faire casser la tête. C'était à en devenir fou. Ces insectes sont terribles; ils enfoncent leurs crocs dans votre chair et serrent tellement que, quand on veut les arracher, leur tête reste adhérente à votre peau. Ils pénètrent sous vos vêtements, vous mordent cruellement en mille endroits à la fois, et je défie l'homme le plus maître de lui-même de ne pas faire à ce moment-là des contorsions et des grimaces à rendre des points aux meilleurs clowns.

Avant d'avoir eu le temps de sentir une piqûre et de comprendre quelle en était la cause, j'en étais couvert. Je sautai ou plutôt je me jetai à bas de mon arbre au risque de me rompre le cou. Rodzani plongea dans la mare pour se soulager : la crainte des crocodiles, s'il y en avait eu, ne l'eût pas empêché de le faire. Quant à moi, tout en dansant un pas d'un nouveau genre et grinçant les dents de rage et de douleur, j'oubliai les rhinocéros et la création entière, je me déshabillai aussi vite que je pus, et me mis ensuite à tirer, à arracher, à frotter pendant une demi-heure, sans songer qu'il faisait tout à fait nuit, que mon fusil était sur l'arbre et mes vêtements un peu partout. Si un fauve affamé avait passé par là il n'eût eu aucune peine à trouver son dîner.

Inutile de dire que ce soir-là il me sembla plus raisonnable d'aller frictionner mes nombreuses plaies avec une lotion phéniquée (1). J'étais tout endolori, mes jambes surtout et la partie de mon individu sur laquelle je m'assieds avaient beaucoup souffert. Souvent, dans la brousse, on marchait par mégarde sur une fourmilière en marche, mais on en sortait à la hâte et on se dé-

(1) Ces fourmis sont carnivores et peuvent être fort venimeuses, surtout lorsque, avant de vous attaquer, elles ont mangé quelque substance animale en décomposition.

barrassait des quelques fourmis qui avaient réussi à grimper sur nous ; mais avoir affaire à une colonne entière vous attaquant à la faveur des ténèbres, c'est terrible (1).

Le lendemain matin, je me postai à l'endroit habituel, et cette fois j'avais pris mon calibre 12 à pointe d'acier (car il est presque impossible de tirer sur un but mouvant et rapide avec un fusil de la taille et du poids de mon 8). Les rhinocéros arrivèrent ; seulement j'attendis pour me cacher de voir la direction qu'ils prenaient, ce qui leur permit aussi de nous sentir plus longtemps et de ne pas dévier de leur chemin comme les autres jours.

Chaque matin, notre vent, qui a le don de mettre ces animaux en colère, leur faisait exécuter cette charge dans la direction où ils nous sentaient ; dès que nous en sortions à angle droit, soit à droite soit à gauche, ils passaient entraînés par l'impulsion, mais ils n'avaient plus de but du moment où leur nez ne les guidait plus.

Étant plus près cette fois, je visai d'abord presque de face, puis de profil, et, au moment où le premier était en face de moi, je fis feu soigneusement sur lui et trop vite sur son camarade. Le premier était atteint au cou, avait l'épine dorsale brisée et était tombé pour ne plus se relever ; le second était complètement manqué, à en juger par la désinvolture avec laquelle il disparut, sans même jeter un dernier regard à son compagnon de steeple-chase. Celui-ci reçut encore une balle avant de mourir. Il était énorme : il mesurait $1^m,75$ du garrot à la terre, et, quoique sa corne eût un peu moins de longueur que celle de celui tué à Oundi, ses dimensions étaient supérieures.

C'est en cette année 1893 que j'ai abattu les plus beaux

---

(1) La même aventure m'arriva un jour sur la côte de Guinée (près de la plage de Godomé), à l'affût au léopard : seulement les fourmis étaient rouges, tout aussi mauvaises, et exhalant une odeur fétide. Sans y penser, je m'assis pour me débarrasser des fourmis, à côté du chevreau que nous avions attaché à un piquet, comme appât. Si le léopard avait sauté en ce moment... !

spécimens de ma collection et que, en particulier, j'ai tué le plus gros des hippopotames que j'aie jamais vu : ses défenses sont

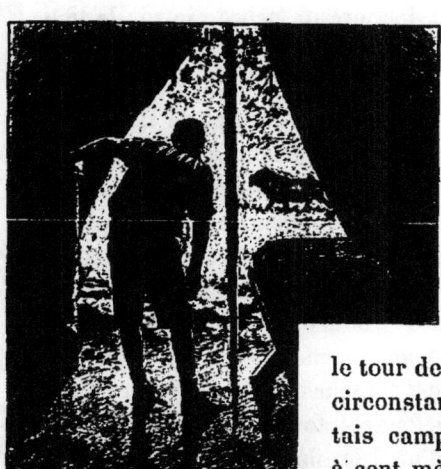

Je vis un lion énorme.

à peu près uniques comme taille et celles que j'ai mesurées dans les Muséums, soit de Paris, soit de Londres, n'ont rien d'approchant. (Voir page 225). Son poids devait dépasser 1800 kilogrammes, sa longueur était de $3^m,91$.

Enfin, en août, ce fut le tour de mon dernier lion dans des circonstances assez curieuses. J'étais campé sous de grands arbres, à cent mètres d'une mare, la seule qui se trouvât dans la région. Il était midi, j'avais tué une ou deux antilopes dans ma matinée, et les hommes, après avoir mis la viande à sécher, se reposaient. J'avais dressé ma tente et m'apprêtais à prendre une heure de repos, la chaleur était insupportable, lorsque, entr'ouvrant ma tente, je vis un lion énorme qui passait, allant boire à cent mètres à peine de mon camp dont il ne soupçonnait pas l'existence. Sauter sur mon express, prendre deux cartouches dans ma poche et, tout en pantoufles, emboîter le pas derrière lui, fut l'affaire d'une seconde. Je ne dérangeai personne, mais Tambarika me voyant sortir avec précipitation se souleva et s'aperçut que je suivais du regard un lion : le fauve descendait lentement le talus menant à la mare et disparaissait dans le trou.

Je me précipitai en étouffant le bruit de mes pas, sachant que quelques minutes me suffiraient pour arriver, mais qu'il n'y avait pas de temps à perdre. Derrière moi, je vis du coin de l'œil plusieurs de mes hommes qui arrivaient aussi. J'atteignis le bord, et, me penchant derrière un arbre, je vis le lion remonter le talus. Je calculai que, en arrivant en haut, il verrait les hommes qui étaient en arrière, qu'il s'arrêterait une seconde à les regarder et qu'il me donnerait ainsi le temps de tirer.

J'attendis immobile, mais le cœur battant au souvenir de cette lutte où j'avais été si imprudent. Le lion arriva sur le haut du talus comme je l'espérais, vit mes hommes qui s'accroupirent soudain, s'arrêta... et, au moment où il allait se remettre en route, reçut mon coup de feu au milieu des omoplates. Il tomba sans autre bruit qu'une plainte étouffée, avec un soubresaut, un étirement, et ce fut tout. Quant à mes hommes, je vis, en me retournant, que l'affaire de Tête leur était sur le cœur et que cette fois ils voulaient me défendre; tout mon monde était là avec fusils, sagaies, sabres d'abattis, flèches et autres engins de destruction; il n'était pas jusqu'au cuisinier Vatel qui ne fût venu avec son grand couteau à beltong. Cette fois, le lion eût eu affaire à forte partie. Mais si la leçon n'avait pas été perdue pour mes gens, elle l'était encore moins pour moi, et je m'assurai que le lion était bien mort avant de m'avancer vers lui. Il avait une taille presque aussi considérable que celui que j'avais tué l'année précédente...

Sur ces entrefaites, le mois de septembre arriva et je me rendis à l'est du lac Nyassa dans le but de rentrer en France en allant directement par terre à Zanzibar. La mauvaise volonté des indigènes, l'état de santé d'Hanner et des Arabes, une foule d'autres circonstances indépendantes de ma volonté me forcèrent à renoncer à ce projet et à rebrousser chemin par le Chiré et le Zambèze.

Je me rendis donc à Tchiromo sur le Chiré. J'y chassai encore un peu. En face et au nord de cette localité se trouve une grande plaine, l'*Elephant marsh* où Livingstone avait compté

Tambarika.　　Maonda.　　Rodzani.　　Msiambiri.
　　　　Tchigallo.
MES CHASSEURS FIDÈLES.

vingt ans auparavant des troupeaux de huit cents éléphants. Inutile de dire qu'aucun éléphant n'a posé le pied dans cette région depuis plus de dix ans. Mais il s'y trouve des troupeaux de buffles tellement faciles à approcher que la chasse en devient puérile. J'allai un matin faire une petite promenade avec Hanner et, au petit trot, de huit heures et demie à dix heures, j'abattis cinq buffles sans même prendre le temps de fumer une pipe! J'en avais assez : ce n'était pas amusant du tout! Que nous étions donc loin des régions où une journée de fatigue est quelquefois nécessaire pour tuer un de ces animaux! Une fois cependant je fus chargé à outrance par une femelle blessée et Hanner assista en spectateur à cette petite scène. A l'heure qu'il est, il ne doit plus rester beaucoup de ces infortunés ruminants s'ils n'ont pas eu le bon sens d'abandonner la région. Cette chasse au buffle fut notre dernière promenade dans la jungle de l'Afrique Centrale.

En octobre, je descendais le Chiré, puis le Zambèze, et je m'embarquais pour la France. J'arrivai à Paris vers la fin de décembre 1893, après avoir passé près de trois années pleines de fatigues, mais de bonheur, au milieu de pays encore vierges, entouré de cette nature africaine, de cette faune intéressante que j'ai essayé de dépeindre rapidement en racontant mes aventures au lecteur.

TABLEAU DE MES CHASSES DE 1891 A 1893.

I. — AU FUSIL : A. *Antilopes et gros animaux* : **319** pièces.

DÉSIGNATION DES ANIMAUX.	1891	1892	1893	TOTAL
Éléphants.	»	2	3	5
Rhinocéros.	1	1	»	2
Hippopotames.	8	6	5	19
Buffles.	5	24	12	41
Elands.	»	14	8	22
Antilopes noires.	1	6	2	9
Kobs.	8	31	10	49
Bubales.	7	13	13	33
Impalas.	»	5	2	7
Reedbucks.	1	9	4	14
Phacochères.	4	16	5	25
Duikers.	1	2	1	4
Oréotragues.	1	6	»	7
Antilopes roan.	6	»	»	6
Guibs.	2	6	4	12
Zèbres.	3	9	5	17
Koudous.	3	5	5	13
Bluebucks.	»	»	2	2
Lions.	»	2	2	4
Léopards.	2	4	5	11
Hyènes.	1	3	2	6
Chat tigre.	»	1	»	1
Loups.	»	2	1	3
Caïmans.	2	3	2	7
	56	170	93	319

B. *Menu gibier :* **271** pièces.

11 Babouins et singes divers, 143 pintades, 2 lièvres, 1 perdrix, 5 pélicans, 1 marabout, 1 secrétaire, 1 koran, 41 oies sauvages, 12 oies noires à aile armée, 47 canards, 5 aigles pêcheurs, 1 grosse outarde.

II. — PRIS AU LACET, AU PIÈGE, EMPOISONNÉ : 102 pièces.

18 civettes, 62 pintades, 2 léopards, 1 hyène, 2 chats tigres, 17 rats de canne (espèce d'agouti).

III. — PRIS VIVANTS : 12 pièces.

2 phacochères, 5 antilopes, 1 civette, 2 singes, 2 oies.

TOTAL GÉNÉRAL : 704 PIÈCES.

APPENDICE

I. — L'art de reconnaître sûrement une piste. — Les espèces. — Traces diverses : sur le sol, sur la végétation basse, sur les hautes herbes, sur les arbres. — **Animaux blessés.** — Renseignements fournis par le sang. — **Traces** de nourriture. — Déchaussures de lion et de loup. — Les fumées; leurs apparences; leurs différences. — Laissées de félins.

II. — Les parties vitales. — Conformation des félins, des ruminants et des pachydermes. — Où il faut frapper selon l'endroit où on est placé. — Conseils aux chasseurs sur les différents projectiles à employer.

I.

Il ne faut pas croire, après avoir lu tout ce qui précède, qu'il n'y ait pour tuer des animaux qu'à se rendre dans les forêts de l'Afrique et à avoir beaucoup de cartouches : comme je l'ai déjà dit, au contraire, celui qui se promène dans la jungle pourra y rester des années et des années (beaucoup de gens sont dans ce cas) sans y voir autre chose que des arbres, de la terre et du feuillage. Les animaux déploient autant de ruse pour échapper au chasseur que celui-ci doit inventer de stratagèmes pour les tuer. Il faut une existence continuelle dans les bois; on doit y passer chaque minute de sa journée, pour que tous les détails concernant les animaux et les végétaux vous deviennent familiers. En général, toutes les bêtes de ces régions sont très difficiles à chasser : il n'est pas une pièce de gibier, petite ou grande, qui ne m'ait coûté des heures de fatigue, et si, dans ces récits, pour épargner au lecteur des détails ennuyeux, je ne lui ai parlé que des résultats obtenus, qu'il n'aille pas s'imaginer qu'ils l'ont été sans peine.

La chance ne consiste, pour le chasseur, qu'à se trouver dans la même région que le gibier qu'il désire rencontrer. Si elle lui est favorable, tout le reste dépend de lui. C'est à son expérience, à sa sagacité, à sa patience qu'il devra la victoire : sans ces qualités, le meilleur tireur reviendra bredouille et exténué.

Il serait trop long de décrire en détail tout ce qui constitue cette expérience du chasseur; mais comme la première connaissance à posséder est celle des pistes (1), j'en dirai rapidement quelques mots.

L'art de reconnaître sûrement une piste au premier coup d'œil est indispensable pour la poursuite du gibier dans des pays comme ceux dont il s'agit, où on est privé du chien, ce puissant auxiliaire que l'homme possède partout ailleurs et qui éviterait par son odorat et son instinct tant de travail et de fatigues. Malheureusement, il ne vit pas dans ces régions, non que le climat lui soit défavorable, mais parce qu'il y rencontre la tsétsé, l'ennemi commun de tous les animaux domestiques. Il y a bien des chiens indigènes qui ressemblent beaucoup à ceux que les Kabyles et les Bédouins possèdent pour garder leurs gourbis, mais ils ne sont bons qu'à attraper les gros rongeurs ou parfois les petites antilopes, quand ils les voient : ils chassent à vue. Pourtant, M. Selous, dans les dernières chasses qu'il a faites dans l'Afrique du Sud, parle de quelques chiens indigènes auxquels il tenait beaucoup et qu'il avait dressés à tous les genres de poursuite. Je n'ai jamais pu en faire autant.

Il faut donc, en général, se priver de chiens, et une grande pratique est nécessaire pour se passer de leurs services.

L'animal écrit ce qu'il est sur le sol et sur les objets qui l'environnent : il y écrit son sexe, sa taille, son allure, ce qu'il fait, le chemin qu'il suit, le moment où il passe. Il faut pouvoir lire sans hésitation tous ces renseignements quels que soient la nature du sol, sa résistance et le genre de végétation.

On reconnaît quel est l'animal par l'empreinte de son pied ou de sa patte. Les différents genres sont faciles à distinguer les uns des autres :

(1) Les antilopes ont tellement de ressemblance avec le cerf que je ne puis mieux faire que d'employer, dans les explications qui vont suivre, les termes adoptés en vénerie pour les signes extérieurs auxquels on reconnaît ce qui a trait au passage d'une bête en un certain endroit. Le lecteur qui s'occupe de vénerie me comprendra mieux, et celui qui y est étranger se familiarisera avec le vocabulaire de la grande chasse. A moins d'inventer de nouveaux termes, je n'en ai d'ailleurs pas d'autres à ma disposition.

les Félins, les Ruminants, les Pachydermes, les Quadrumanes, les Canidées, les Porcins, les Rongeurs, etc. Mais dans chacune de ces familles il faut savoir faire des distinctions, reconnaître si on a affaire au sanglier ordinaire ou au phacochère, à tel ou tel genre d'antilopes parmi celles qui ont la même taille, etc. Si on examine plus en détail les empreintes des membres d'une même famille et d'une même espèce, qui semblent identiques à première vue, on reconnaît qu'il n'y en a pas deux qui soient semblables. Ceci est très important, car, si on n'est pas expert, on s'expose à prendre le change et à suivre tous les animaux au lieu de celui dont on avait vu la piste au début.

On ne lit pas seulement les traces sur le sol, mais encore sur la végétation qui le couvre et sur celle qui s'élève au dessus. Sur le sol, couvert ou non de végétation, on voit les marques des pieds; sur la végétation élevée, celles du corps. L'animal sème aussi sur son chemin des indices révélateurs tels qu'excréments (fumées), feuilles en partie mangées, branches brisées, etc.

Commençons par nous rendre exactement compte de la forme du pied chez les antilopes, qui forment la famille la plus importante parmi les habitants des forêts.

Vu en dessous, leur sabot se compose de quatre parties distinctes : la pointe fourchue ou *pince*, la partie postérieure de forme plus carrée ou *talon*, et les *côtés* qui, reliant la pince au talon, forment la ligne extérieure. Ces trois parties sont au même niveau. Au milieu des trois est la *sole* ou centre, qui est plus enfoncée quand le pied est en bon état. La sole n'est pas plate : elle a une arête au milieu plus enfoncée. Cette conformation fait alors bien ressortir les côtés, et on les dit *tranchants*. Si, au contraire, l'animal est très vieux ou qu'il habite les régions montagneuses, le terrain rocailleux ébrèche les côtés, les lime et les fait disparaître; on les dit alors *usés*, parce qu'ils se confondent avec la sole.

Immédiatement au dessus et en arrière du pied se trouvent deux os saillants que l'on nomme les *ergots*. Ils sont assez élevés au-dessus de terre chez les jeunes animaux qui sont presque toujours *long jointés*. Mais, avec l'âge et la fatigue, la cheville s'affaisse, les ergots finissent par toucher terre et par conséquent laissent des marques : on dit alors que l'animal a la jambe *ravalée*. Néanmoins, il est des jeunes animaux qui sont court jointés et marquent des ergots comme les vieux.

La marque du pied sur la terre offre donc : deux rainures en pointe plus ou moins écartées pour les pinces, une bosse avec une arête longitudinale pour la sole et deux marques rondes ou carrées selon l'espèce pour le talon. Un peu plus loin, derrière, se trouvent deux trous plus ou moins marqués provenant des ergots. Les quatre pieds sont à peu près de même taille (1).

Chez les Félins, la *patte* se compose des doigts et du talon ou paume. Ils sont séparés par une rainure profonde qui s'appelle la *fossette*. Les pattes postérieures sont plus petites que celles de devant.

Chez les Canidées, au bout des doigts et selon l'âge de l'animal, on aperçoit plus ou moins profondes les marques des ongles.

On nomme *empreinte* l'impression de ces différentes formes sur le sol.

Chez les sangliers, la pince est seule bien visible sur le sol; elle varie de grosseur, de longueur, de pointe, selon l'âge de la bête. Le talon se voit moins bien, sauf sur un terrain meuble; les ergots également. On appelle *traces* les marques du sanglier, et même quelquefois ses pieds, mais je leur laisserai le nom d'« empreintes » pour éviter la confusion.

Les empreintes se voient naturellement plus ou moins bien selon la nature du sol. S'il y a de la végétation, des herbes piétinées, on leur donne le nom de *foulées*. Sur un terrain dur, rocailleux ou non, les empreintes sont presque nulles; on les appelle alors des *égratignures*. Il est très difficile et très long de suivre une antilope sur un lit de cailloux. Dans la terre molle, au contraire, elles sont *piquées* et faciles à suivre : on dit alors qu'il fait « *beau revoir* ». Dans le premier cas, il fait « *mauvais revoir* ».

La première chose à chercher dans une empreinte, après qu'on l'a reconnue, est sa date : les herbes froissées sont plus ou moins fanées, suivant que l'animal est passé depuis plus ou moins longtemps, la coupe du sol (si petite qu'elle soit) est de même fraîche ou sèche; contient-elle de la poussière, on recherchera quand il y a eu du vent : on fait avec son pied une empreinte à côté pour juger de la différence de fraîcheur. Les fumées et autres indices que nous étudierons à part viennent encore aider (2).

Je suppose que la date soit satisfaisante, qu'il y ait à peine un instant que l'animal a passé : il faut savoir quelle était son allure pour juger de la distance qu'il a pu parcourir depuis. Au pas, la pince est fermée, le

---

(1) La sole est généralement rayée, veinée de marques qu'on appelle *arantèles*, mais on ne peut les voir sur le sol qu'exceptionnellement.

(2) S'il a plu depuis le passage de la bête, la pluie dénaturant beaucoup les empreintes, il faut redoubler d'attention; on dit alors que les voies sont *surpluées*.

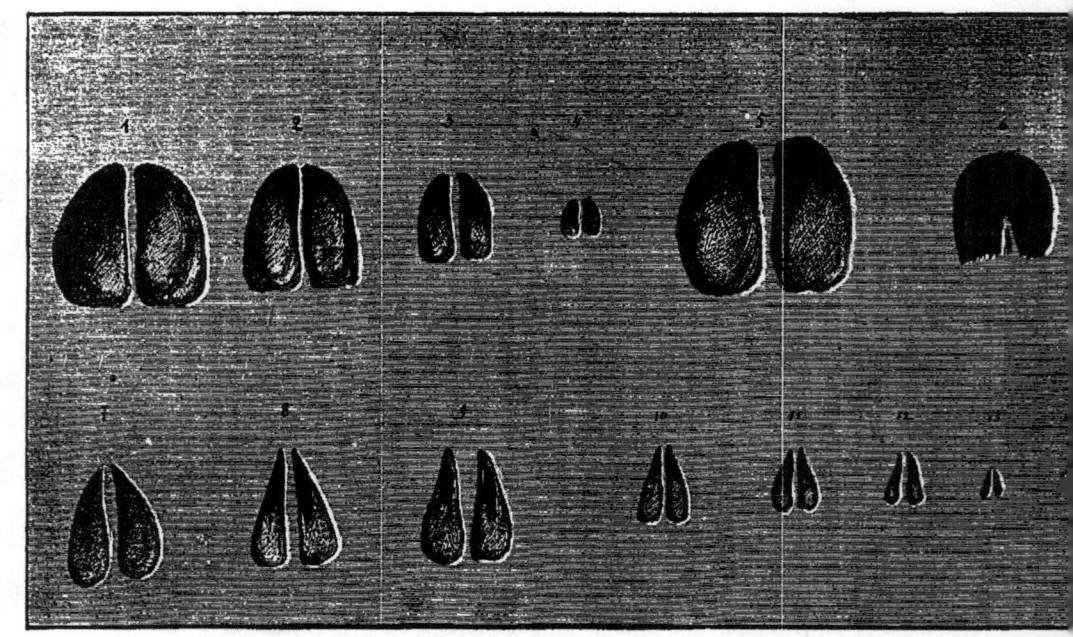

Fac-similé des empreintes de différents animaux.
Empreintes rondes.
1, Éland mâle (1/5 de grandeur naturelle); 2, Éland femelle (1/5); 3, Koudou (1/5); 4, Oréotrague (1/5); 5, Buffle (1/5); 6, Zèbre (1/5).
Empreintes pointues.
7, Bubale Lichtenstein (1/5); 8, Kob (1/5); 9, Antilope noire (1/5); 10, Nacuala (1/5); 11, Guib (1/5); 12, Duiker (1/5); 13, Bluebuck mâle (1/4); 14, Bluebuck femelle (1/4).

pied bien à plat (1), le bipède est diagonal, le pied de derrière est exactement sur le talon de celui de devant, lorsque l'animal *marche bien*, c'est-à-dire de la façon particulière à son espèce (2).

Au trot, les quatre marques sont espacées l'une de l'autre sur deux lignes parallèles, l'empreinte est plus profonde, le pied plus penché en avant, la pince un peu plus écartée, surtout derrière. Au galop, ou dans la fuite, les battues sont plus éloignées, le talon invisible, les pinces très ouvertes (selon les espèces), surtout si l'animal est effrayé. Elles marquent profondément sur le sol, la terre est projetée en arrière, et les membres postérieurs glissent souvent en chassant trop vivement.

Le plus difficile est la connaissance du sexe. Le mâle adulte se distingue d'abord par la taille; il *marche* généralement bien, tandis que les femelles et les faons ont souvent de l'irrégularité dans l'allure. Chez certaines espèces, la forme du pied diffère totalement selon les sexes : chez l'éland, par exemple, le pied du mâle adulte se rapproche de celui du buffle (femelle), mais on l'en distingue aisément, surtout si on examine la piste à *contre-ongle* ou *contre-pied* c'est-à-dire en allant en sens inverse du chemin parcouru par l'animal. Le pied de la vieille femelle ressemble assez à celui du mâle, lorsqu'elle atteint la taille de ce dernier, mais on le distingue assez aisément par le talon; en outre, elle tarde généralement dans son allure. Le tableau de la page précédente donne une idée des différentes empreintes d'animaux.

En général, les antilopes marchent plutôt sur la pince que sur le talon; les petites espèces ne posent presque pas le talon à terre, sauf à l'arrêt. (L'arrêt se reconnaît à ce que les empreintes sont à plat et plus profondes.) Les endroits piétinés sont généralement ceux où l'animal a mangé. Sur un sol terreux, sans cailloux, où l'herbe est clairsemée ou par bouquets, il faut examiner non seulement le sol nu, mais les touffes d'herbe où le pied a pu poser.

Les Félins ont de grosses pattes molles qui s'aplatissent encore davantage en posant sur la terre et n'y laissent des empreintes que si elle est ramollie. Les gros Pachydermes sont lourds, mais ont les pieds de largeur proportionnée et très plats en dessous; ils n'enfoncent guère dans le sol que s'il est gras. Les antilopes, au contraire, ont les extré-

(1) Il faut néanmoins se souvenir que la conformation du pied de l'antilope veut que la pince soit un peu plus basse et par conséquent plus enfoncée que le talon.

(2) Certains individus de la même famille *tardent*, c'est-à-dire impriment les pieds postérieurs en arrière de ceux de devant. On les reconnaît alors facilement.

mités petites en proportion de leur corps, et leur poids porte sur une surface relativement étroite, dure et anguleuse : c'est pourquoi leurs empreintes sont bien marquées et visibles, alors que celles des gros animaux qui précèdent échappent à l'observation.

Examinons maintenant les indices qui viennent compléter les informations fournies par une empreinte. Ils sont de plusieurs sortes, mais je les diviserai en trois catégories : les traces sur les végétaux, les traces sur la terre (autres que les empreintes) et les fumées.

Les traces sur les végétaux sont d'abord les empreintes faites en terrain complètement couvert de végétation et qui se déforment considérablement parce que ces végétaux, après avoir cédé sous le pied, se relèvent plus ou moins complètement; ici, l'animal ne marche plus que sur l'herbe, des petites plantes, des lianes, des feuilles, de petites branches, etc. Si ces végétaux sont tendres et que l'animal soit lourd, ils restent aplatis et pour ainsi dire incrustés dans son empreinte; mais, en général, après avoir été froissés un instant, ils se relèvent quoique meurtris. Ces meurtrissures sont un précieux indice de temps; par elles, on peut connaître le passage d'un animal à un quart d'heure près, en en faisant de nouvelles, comme je l'ai dit, auxquelles on compare leur degré de fraîcheur; l'herbe fanée peut avoir une journée, mais lorsqu'elle est jaunie, elle a toujours au moins vingt-quatre heures, « une rosée et un soleil », comme disent les indigènes. Ce qui précède ne concerne que des foulées dans de la végétation très basse. Dans les grandes herbes, au contraire, il est rarement nécessaire d'y avoir recours, car l'animal couche ces herbes sur son passage et quelques unes d'entre elles restent dans cette position : c'est ce que l'on appelle des *abattues*. Elles donnent clairement la direction et indiquent une piste du jour, car la fraîcheur de la nuit les relève (1).

Les bêtes à grandes cornes, comme le koudou, le buffle, laissent aussi des traces dans les branches à la hauteur de leur tête : ce sont des rameaux couchés dans le sens de la marche de l'animal ou bien brisés et pendants; ils indiquent la taille de l'animal et, par le degré de fraîcheur de la brisure, le temps qui s'est écoulé depuis son passage; on les nomme des *portées*.

Les félins, lions, léopards, chats-tigres, etc., aiguisent leurs griffes sur le tronc des arbres, ce qui laisse des marques, des *essais*.

(1) A moins qu'elles ne soient couchées par de lourds animaux comme l'éléphant, le rhinocéros, l'hippopotame, ou bien par des troupeaux, ce qui les brise et les tue.

Les animaux qui perdent du sang en maculent les feuilles à hauteur de leur blessure et, selon la façon dont les taches sont faites et leur hauteur, on juge de la taille de l'animal et de l'endroit où il est atteint. Des gouttes de sang projetées comme par un arrosoir indiquent qu'il est rendu par les naseaux et que la bête est touchée aux poumons. Un gros jet de sang, de grandes taches sur toute la hauteur de la bête, indiquent que la grosse veine du bras est ouverte et que le sang coule tout le long du membre. Si la jambe est cassée, elle traîne à terre laissant un sillage ou elle fait des dégâts à droite ou à gauche. Une mare de sang indique un arrêt; des gouttes espacées, une marche au pas, ou au trot selon leurs intervalles (1). Les chutes de la bête, ses efforts pour se relever, la trace du membre brisé, se lisent clairement sur la végétation. Une goutte de sang tous les trois ou quatre mètres est quelquefois le seul indice que possède le chasseur : par exemple, sur les rochers ou bien les hautes herbes. Les animaux atteints aux intestins, au haut du foie ou de la rate, vomissent et laissent des traces de nourriture. Un gros jet de sang, une course au galop, des demi-chutes, indiquent une blessure au cœur; l'animal gît sûrement dans le voisinage (2).

Autour d'un endroit piétiné, ou même sur une piste au pas, on trouve des débris de feuilles et de végétaux, indiquant que l'animal mangeait : ce sont des morceaux de feuilles, quelquefois mouillés de salive et échappés aux lèvres de la bête, ou bien le reste de ce qu'il a coupé avec les dents. L'éléphant laisse des traces jusque dans les hautes branches des arbres. Le sanglier fouille le sol de son groin ou de ses boutoirs, la terre est rayée, labourée; on appelle ces marques des *boutis* ou *vermillis*. On peut donner le même nom à celles que fait le rhinocéros avec sa corne. Ces animaux aimant à se vautrer dans la fange laissent leur *souille* (empreinte du corps) sur la boue au bord des mares où ils prennent leurs ébats; quand ils en sortent, ils maculent de vase les feuilles qui les touchent et font ce qu'on appelle des *houzures* : ces deux sortes d'indices renseignent sur leur taille et sur le moment de leur passage.

Le lion, lorsqu'il a fait ses *laissées*, les enterre comme le chat, en les couvrant de terre avec la patte de devant; le loup, avec les pattes de der-

---

(1) Il faut remarquer que quelquefois le sang cesse tout à coup; la blessure peut s'être fermée naturellement par suite d'un caillot de sang, etc.

(2) La couleur et l'état du sang indiquent exactement le temps écoulé. Voici à peu près comment on peut faire les différences : un quart d'heure, rose; une demi-heure, plus foncé; trois quarts d'heure, coagulé; une heure, sec et foncé; le lendemain, noir.

rière et violemment. L'hyène et le léopard les laissent sans s'en occuper davantage ; c'est pourquoi on trouve toujours les laissées de ces derniers animaux et jamais celles des autres. Les marques faites sur la terre par le lion et le loup s'appellent des *déchaussures* et se distinguent fort bien l'une de l'autre : elles indiquent la taille et le temps.

J'arrive aux indices qui complètent tous ceux qui précèdent.

Les fumées sont d'une grande utilité pour confirmer les autres données sur la date, l'heure, l'espèce, l'allure et même la région habitée ou parcourue.

Les antilopes laissent des fumées généralement formées de petites olives vert-foncé séparées et bien faites. Le chasseur peut reconnaître n'importe quelle espèce par ces indices, car il n'y a pas deux genres dont les fumées se ressemblent.

Les fumées diffèrent suivant la saison. Ainsi, lorsque l'animal se nourrit de végétaux ni trop secs ni trop aqueux et que l'eau ne lui manque pas, il les fait déliées et bien formées ; un peu plus molles, elles se déforment légèrement, s'aplatissent et sont alors *martelées*. Chez les animaux très gras et bien portants, elles sont reliées par une matière onctueuse, jaune et glaireuse, elles sont alors en *chapelets*. Pendant les trois ou quatre mois de la saison des pluies, les antilopes étant pour ainsi dire au vert, leurs fumées sont complètement liquides ; elles se nomment en ce cas des *bouzards*, à cause de leur ressemblance avec celles du bétail ; un peu plus consistantes, elles ne sont que *molles* ou *en plateau* (1). Pendant la saison sèche, au contraire, où il n'y a pas un brin d'herbe vert, les fumées sont jaunes ou *dorées*.

Les laissées des félins sont noirâtres et mélangés de poils provenant du pelage des animaux qu'ils dévorent ; elles blanchissent en vieillissant, comme un chocolat bien connu ! Celles de l'hyène sont d'abord jaune clair ; après quelques jours, elles deviennent d'un blanc éclatant, à cause des os dont ces animaux font leur unique nourriture. Les crottins du zèbre, du phacochère, de l'hippopotame, du rhinocéros et de l'éléphant ne diffèrent que par la taille ; les trois grands pachydermes ont néanmoins les *marrons* moins bien formés.

Chez tous les animaux, le degré de consistance et d'onctuosité des fumées, ainsi que leur couleur, indiquent à coup sûr le moment où elles

---

(1) Ce dernier signe est caractéristique dans les fumées du bubale ; il ne les a jamais autrement quelle que soit la saison.

ont été déposées. En tas, elles indiquent l'arrêt; semées, la marche au pas ou au trot. (Aucun animal ne les sème au galop, sauf peut-être le singe, mais alors c'est la frayeur qui les lui... inspire!)

Comme on vient de le voir, nous avons sur une piste d'animal de nombreux indices :

1° empreinte sur le sol,
2° empreinte sur les végétaux,
3° marques sur les végétaux bas,
4° marques sur les végétaux élevés,
5° traces ou marques sur la terre (non produites par les pieds),
6° traces de sang,
7° fumées.

Tout cela semble demander un long examen, mais le chasseur arrive à tout voir d'un seul coup d'œil. Sans ralentir son allure, peut-être avec une légère hésitation de temps à autre, il suit un animal pas à pas, apprenant de lui son histoire, voyant où il s'est reposé, ce qu'il a mangé, s'il est ou non sans soupçon du danger, où il va et le moment auquel on va le rencontrer.

Voilà l'art de la chasse dans les pays sauvages; tirer juste n'est que le complément indispensable de cette suite d'efforts où la sagacité, l'intelligence et la réflexion font encore plus que le coup d'œil et la fermeté de main.

II.

Une fois que, à l'aide des moyens que je viens de résumer, on est arrivé à s'approcher d'un animal, il est très important de savoir comment on va l'attaquer. Dans les pays comme l'Afrique Centrale, où on peut être appelé à en rencontrer de nombreuses espèces (au moins pour quelques années encore), il est indispensable de connaître la façon de les mettre hors de combat sans perdre de temps.

Ce n'est pas au hasard, mais bien à un calcul raisonné, que doit être dû le coup qui abat une bête ou la met tout au moins dans l'impossibilité soit de fuir, soit de mettre en péril le chasseur ou ceux qui l'accompagnent. Mieux que personne je sais que l'on n'a pas toujours ce que l'on vent; mais, supposé que les circonstances soient favorables, il faut savoir ce que l'on va faire et pourquoi on le fait.

Examinons d'abord les projectiles dont nous disposons (1) :

Voici d'abord la balle express, dont l'effet destructeur est considérable. Relativement légère et poussée par une charge de poudre proportionnellement très élevée, elle est animée d'une vitesse inouïe, d'où son nom. De plus elle est évidée intérieurement sur les deux tiers de sa longueur et sur un tiers de son diamètre, laissant une cavité que remplit exactement un tube en cuivre creux et fermé, dont l'extrémité vient affleurer la surface supérieure de son cône. Que se produit-il lorsqu'elle frappe ou même touche légèrement un corps résistant? Est-ce l'air enfermé dans le tube qui est comprimé par l'écrasement et la fait éclater?

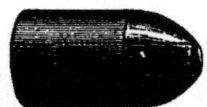

Est-ce simplement l'évidement qui fait épanouir et émietter le projectile? On n'en sait rien. Toujours est-il que l'on n'en retrouve que de petits morceaux, que les tissus sont hachés dans un rayon de huit à dix centimètres et, que, si la balle a rencontré des os, ils sont littéralement en compote. Dans les parties molles, comme les intestins, les poumons, si elle a touché auparavant un corps dur, comme une omoplate, une côte, la balle express fait d'énormes dégâts; tout est tuméfié, coupé, haché. Si elle sort du corps, c'est par un trou de la grosseur d'un chapeau (je parle du calibre 577, le plus gros qui ait été fait et qui équivaut à peu près à notre calibre 20). Si, au contraire, cette balle entre dans les chairs fermes, profondes et résistantes, et qu'elle rencontre de gros os, elle devient insuffisante vu son peu de poids et, par conséquent, son manque relatif de force vive, quelle que soit sa vitesse dans l'air. Elle s'arrête alors sans beaucoup d'effet. C'est pourquoi, chez les gros animaux, elle ne cause que des blessures insignifiantes. Aussi, en ce cas, augmente-t-elle à la fois le danger et la fatigue pour le chasseur.

Pour remédier à cet inconvénient, on fait des balles express pleines, c'est-à-dire sans évidement ni tube de cuivre, et on accroît aussi leur

(1) J'admets, bien entendu, que le chasseur est fait à ses armes et qu'il tire juste.

résistance en ajoutant un peu d'étain au plomb tendre qui les compose (un quart d'étain, trois quarts de plomb). On obtient ainsi un projectile tout aussi rapide (la charge de poudre restant toujours proportionnellement très forte malgré la légère augmentation de poids du projectile), plus dur, plus lourd, qui brise tout devant lui, même les plus gros os. Il a moins d'effet explosif; mais, chez les gros animaux, cela a moins d'importance que chez les petits.

Après la balle express, nous n'avons plus que des projectiles qui nécessitent des armes de très gros calibre, tels que le 12 et le 8. Ils sont faits pour donner à l'animal qui les reçoit un choc si formidable qu'il suffit quelquefois pour les renverser. D'après les expériences que j'ai faites, j'ai acquis la conviction que ces armes étaient de peu d'utilité et que l'express muni des deux espèces de balles dont j'ai parlé, et manié par un chasseur adroit, était suffisant pour n'importe quelle chasse (1). Je n'insisterai donc pas davantage sur ces gros projectiles qui sont une souffrance pour le tireur, un poids inutile à porter et un embarras.

Je ne m'occuperai donc que de la balle express expansive (à tube) et de la balle pleine. La première est excellente pour toutes les chasses aux félins (de jour) et pour les antilopes jusqu'à l'éland inclus; la seconde, pour le buffle et les grands animaux. Il y a une condition à remplir toutefois : c'est de la mettre au bon endroit.

Voici, pour servir à ma démonstration, le dessin d'un squelette de buffle; mais comme j'ai déjà dit qu'il suffit de casser une jambe aux gros animaux pour les arrêter, nous considèrerons cette conformation simplement comme étant celle des ruminants en particulier et des quadrupèdes en général; j'y ajoute le cœur, les poumons et le foie. Nous possédons maintenant toutes les parties vitales dont la détérioration peut arrêter l'animal quel qu'il soit.

Le cœur d'abord, naturellement. Son emplacement est à peu près toujours au même endroit chez tous les quadrupèdes; sa hauteur diffère pourtant plus ou moins au dessus du point A ou limite inférieure de la poitrine.

C'est toujours là qu'il faut viser, quelles que soient les circonstances. A sa partie supérieure et antérieure, le cœur est enveloppé partiellement par les poumons, l'animal étant vu comme dans mon exemple. Or voici

(1) Dans les nouvelles chasses que je compte faire prochainement, je ne prendrai que deux express-rifles et je laisserai en France les armes énormes dont j'ai parlé dans ce livre.

la ligne AB qui indique le centre du cœur au point O. Si on touche un peu plus haut et sur la même ligne on manque le cœur, mais on atteint les poumons, autre partie vitale essentielle, mais qui, une fois perforée, peut laisser quelquefois une heure de vie encore à l'animal. Plus haut, de F à G, c'est la colonne vertébrale que l'on touche; coup fatal à n'importe quelle bête et qui la jette instantanément à terre, la laissant désormais impuissante à se relever.

Si, au lieu d'aller trop haut, notre balle dévie latéralement, nous suivons à peu près la ligne CD et nous avons la chance de toucher, à droite,

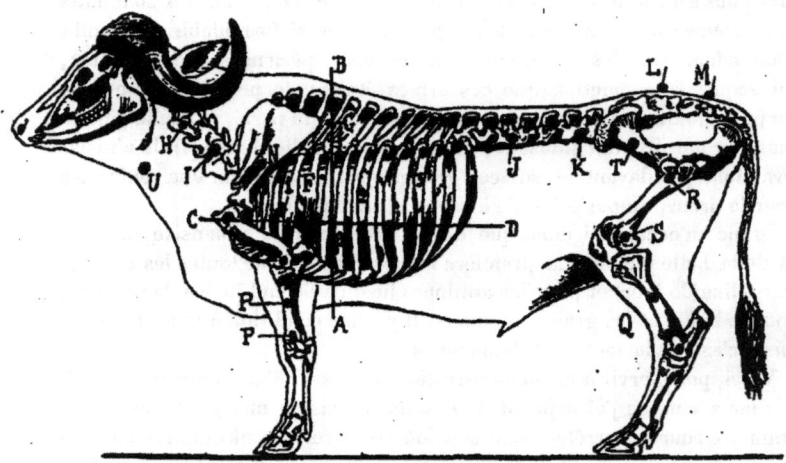

Squelette de buffle.

les poumons, à gauche, l'aorte (plus sensible encore que le cœur), les poumons ou la pointe de l'épaule.

On voit qu'en visant au cœur on a, dans cette région de nombreuses chances; mais il arrive souvent que l'animal soit en partie caché par de la végétation et que l'on ne voie pas le milieu du corps. Dans ce dernier cas, si l'animal est vu de profil, les coups dangereux pour l'animal sont en H, I, J et K, toujours sur l'épine dorsale, ce qui le renverse définitivement. S'il est vu de derrière et s'il ne montre que la croupe, les points L et M le font asseoir pour toujours. De face, il y a le cou et le poitrail, quand on les voit; mais on n'en est jamais sûr.

Chez les gros animaux, je le répète, les atteintes en P et Q sont suffisantes. Ceux dont la taille est inférieure à celle de l'éland fuient tout aussi vite sur trois jambes que sur quatre.

Chez les félins, N est fatal; en cet endroit, une balle express (à tube) immobilise le plus gros lion : il tombe comme une masse. Les omoplates (et, par conséquent, les membres antérieurs) sont brisées ainsi que l'épine dorsale. Chez les gros animaux, il faut une balle pleine, car leurs os sont très gros et la masse des chairs est considérable.

K est aussi très bon chez les félins, mais il est excessivement difficile d'atteindre ce point : un pouce d'écart et on manque. Ce sont de ces coups comme P, Q, R, S, T, U, que l'on ne fait que par maladresse.

Le dernier, par exemple, U, égorge la bête et, s'il coupe la carotide, c'est comme s'il atteignait les poumons.

Je dois dire cependant que, lorsqu'on ne peut voir le cœur, le cou est une partie excellente chez toutes les antilopes jusqu'à la femelle de l'éland incluse (1). Celle-ci tombe raide morte, comme foudroyée, par une balle au milieu (mais bien au milieu) du cou.

Il est évident que l'on peut atteindre un animal dans cent autres parties du corps, mais c'est de la poudre perdue. Je n'ai signalé que celles qui rendent immédiatement, ou tout au moins à bref délai, le chasseur maître de l'animal.

Ces quelques notes donnent une idée des connaissances que doit acquérir un vrai chasseur; je souhaite qu'elles soient utiles au lecteur et je prends congé de lui pour m'en retourner à mes forêts, à mes broussailles et à mes vieux fusils (2).

(1) Le mâle a les chairs du cou trop volumineuses ainsi que le buffle.
(2) Depuis que ces lignes ont été écrites, M. Foà est, comme on sait, retourné dans l'Afrique Centrale à la tête d'une nouvelle expédition. (*Note de l'éditeur.*)

Mesures à poudre, balles et bracelets indigènes des chasseurs d'éléphants.

TABLE DES GRAVURES

	Pages.
M. Édouard Foà	Frontispice.
Tête d'éléphant africain	5
Une vue de pâturages au Transvaal	9
Tête de springbuck	13
Un campement au Transvaal	21
Tête de bushbuck	23
Tête d'éland du Cap	27
La fusée sillonna l'espace d'une traînée de feu	29
La mouche tsé-tsé	31
Une case au Zoulouland	37
Le kob	39
Tête de gemsbock	41
Un des bœufs était étendu sur le sol	45
Chargé par un buffle furieux	53
Une vue du Zambèze	55
Sur le Zambèze, près de Senhora Maria	57
Les hippopotames	61
Tête de waterbuck	69
Chasse aux caïmans	75
Les gorges de Kébrabassa	85
Chasse au koudou	89
Tête de koudou	89
Chasse au léopard à l'affût de nuit	93
Une cascade dans les montagnes de Tchiouta	97
Une première trace d'éléphant	103
Couteaux de chasse et outre en peau de bouc	105
Tête de bubale	108
Tête de bubale	109
Le phacochère	113
Passage d'un gué à dos d'homme	117
Une belle journée de chasse	127
Un joli coup de canardière	131
Calebasse à boire, haches du pays, lances, baguettes à faire du feu	133
Tête d'antilope roan	139
Termitière et cryptogames	141
Mon premier rhinocéros	149
Je découvre un cadavre encore chaud	151
Tête de reedbuck	153
Tête de klipspringer	153

	Pages.
Gaëtan et Fanchonnette	163
Le loup africain	167
Je me trouvai face à face avec une meute de loups	169
Bande de loups en chasse	171
Tête de bluebuck	175
Cornes de buffle appartenant à ma collection	179
Défenses de rhinocéros de ma collection	181
J'aperçois pour la première fois une troupe d'éléphants	185
Antilope noire	191
Mon premier lion	205
Lion et lionne	213
Mes fusils favoris	216
Chasse à l'hippopotame	225
Défenses d'hippopotame	225
Une mare d'eau dans la forêt vierge	237
Hyène tachetée	245
Gibier à l'abreuvoir	249
Troupeau de buffles de Cafrerie	253
Abreuvoir à éléphants dans la forêt vierge	263
Zèbre	269
Filets de pêche indigènes	273
Végétation tropicale	277
Poursuivi par un éléphant	280
La rivière Ponfi au pays de Makanga	289
En me retournant j'aperçois un serpent	301
La lionne blessée sauta sur moi à plusieurs reprises	302
J'aperçois une piste de lion	303
Je dépouille ma lionne	305
Je trouve mon camp déserté	307
Mire électrique lumineuse de M. G. Trouvé	311
Projecteur électrique de M. G. Trouvé	311
Je vis un lion énorme	317
Mes chasseurs fidèles	319
Fac-simile des empreintes de différents animaux	325
La balle express	331
Squelette de buffle	333
Mesures à poudre et bracelets indigènes	334

TABLE DES MATIÈRES

CHAPITRE PREMIER.

INTRODUCTION.. 1

Préparatifs de départ. — Armement et équipement. — Voyage de Lisbonne au Cap de Bonne-Espérance. — Visites au Cap et au Transvaal. — Chasseurs Boers. — Excursion du côté du *Crocodile River*. — Première chasse dans l'Afrique Australe. — Outarde et gazelles. — Premières étapes.... 5

CHAPITRE II.

La brousse africaine. — Notre personnel. — Campement sur le bord de la rivière des Crocodiles. — La vie au camp. — Chasse à l'éland et au guib. — Premières traces de buffles et de lion. — La mouche tsé-tsé et ses ravages. — Harde de zèbres.. 18

CHAPITRE III.

Quelques mots sur les peuples de l'Afrique Australe. — Gagou. — Chasse à l'orix, au duiker et au porc-épic. — Pêche sur la Sabi. — Sanglier et hippopotames. — Pertes de bœufs. — Camp environné par les lions. — Bœuf tué par un lion. — Chasse au buffle. — Chargé par l'animal furieux. — Arrivée au Poungoué et à Quilimane........................ 35

CHAPITRE IV.

Sur le Zambèze. — L'hippopotame, ses mœurs, sa description. — La façon de le chasser. — Dans les gorges du Luputa. — Chasse au kob. — Troupe de singes. — La prairie aux serpents. — Mon costume de chasse habituel. — Apparition d'un koudou poursuivi par un lion. — Les luttes nocturnes des fauves et de leur proie. — Caïman et crocodile : leurs mœurs. — Une chasse au caïman. — Arrivée à Tête............................ 54

CHAPITRE V.

Msiambiri. — Quelques détails sur mon équipement. — Les gorges de Kébrabassa. — Fin de la navigation du Zambèze. — Campement sur le sable aux cataractes de Kébrabassa. — Concert de lions dans les gorges. — Nuit sans sommeil. — Koudou tué dans les collines après une poursuite fatigante. — Chasse de nuit au léopard. — Moustiques nombreux. — Mort d'un léopard. — Nous pénétrons dans l'Afrique Centrale. — Loin de la civilisation. — Tchiouta ; les gorges et leur beauté. — Départ de Tchiouta. — La première trace de l'éléphant..................... 78

CHAPITRE VI.

Le pays de Makanga et son roi. — Poursuite d'un bubale. — Sa mort. — Harde de zèbres. — Une famille de phacochères. — Une belle journée de chasse. — Le feu et ses bienfaits en Afrique. — Une première rencontre avec des lions. — Le beltong et la viande boucanée : leur préparation. — Les piquets de séchage. — Disposition et arrangement du camp. — Les brochettes indigènes. — Hyènes affamées. — Mort de l'une d'elles. — Un joli coup de canardière. — Une pêche de nuit.................. 106

CHAPITRE VII.

Voyage d'Oundi. — Arrivée au mont Mbazi. — Combat contre les indigènes. — Les Mafsitis. — Pluies diluviennes. — Les rivières changées en torrents. — Prisonniers dans le pays. — Après l'abondance, pénurie absolue. — Famine. — Iguanes, rats, porcs-épics, lézards, termites, chenilles et miel. — Le petit oiseau « Guide à miel ». — Les abeilles sauvages et leurs habitations. — Triste fin d'année. — Mon premier rhinocéros. — Découverte d'un cadavre dans les broussailles. — Deux reedbucks d'un seul coup. — La famine reprend. — Passage de rivières sur un morceau d'écorce. — Souffrances et retour à Tchiouta....... 134

CHAPITRE VIII.

Temps meilleurs. — Retour à Makanga. — Excursion au Nord, chez les Azimbas. — Campement de chasse. — Affût au lion. — Singes et phacochères vivants. — Gaétan et Fanchonnette. — Mon record. — Les oiseaux insectivores. — Le koudou et les loups africains ou cynhyènes. — Mœurs des antilopes. — Chat-tigre sur un arbre. — A l'affût. — Loutres. — Les bruits nocturnes. — Chasse aux buffles. — Buffle blessé. — Léopards tués à l'affût.. 155

CHAPITRE IX.

Retour au pays des Atchécoundas. — Voyage chez Mouana-Maroungo. — A la recherche des éléphants. — Campement dans les marécages. — Nous apercevons un troupeau d'éléphants sans pouvoir les poursuivre. — Une nuit au milieu des moustiques. — Chasse aux impalas. — Vitalité des petites antilopes. — Animaux survivant à leurs blessures. — Capture d'un kob vivant. — Soins à prendre pour apprivoiser les antilopes. — Antilopes noires. — La Sitoutounga. — Les fourrés épineux. — Retraites à rhinocéros. — Rodzani, Maonda, Tambarika et Tchigallo. — Une page de mon carnet de chasse. — Le guib et ses mœurs. — Chasse à courre aux flambeaux. — Camp chargé par un rhinocéros. — Poursuite et mort de mon premier lion. — Quelques mots sur les mœurs du lion.. 182

CHAPITRE X.

Voyage au nord-est de la Maravie. — Rapports de l'Européen et du noir. — Sur les bords du Kapotché. — Essaims de tsétsés. — Chasse à l'hippopotame. — Nageur au milieu des caïmans. — Sept mille cinq cents kilogrammes de viande. — Un mutin. — Fuite de deux cents porteurs. — A la recherche de porteurs. — Campement en forêt. — L'oréotrague. — Chasse au caïman. — Autre chasse à l'hippopotame. — Chasse à l'hyène et au buffle. — Le vautour et ses mœurs. — Arrivée de nouveaux porteurs. — Chasse au buffle. — Accident grave à l'un des hommes de l'expédition et sa mort... 217

CHAPITRE XI.

Dans les pays sauvages. — A la poursuite de l'éléphant. — Les oracles d'une araignée. — Rencontre d'éléphants : la chasse et la mort. — L'éléphant a le cœur tendre. — Dépeçage. — Concert de hyènes. — Chasse au buffle. — Rencontre subite et mort d'un lion..................... 256

CHAPITRE XII.

Chasse à l'éléphant. — Les chasseurs de Tête. — Gâteaux de miel. — Dix-sept jours de poursuite. — Une charge désespérée. — Les femelles sans défenses. — Quelques mots sur les mœurs de l'éléphant. — Distance parcourue en 17 jours. — Chasse aux nsoualas. — Un serpent mal disposé. — Poursuite d'un lion. — Lion blessé. — Lutte avec la bête. — Fuite de tous mes porteurs. — Arrivée au Zambèze. — Punition de Tchigallo et de Canivetti. — Un revenant qui débarque à Tête. — Rencontre d'un compatriote. — Le projecteur électrique de G. Trouvé. — Dernière chasse à l'éléphant. — Encore une charge. — Une charge quotidienne de deux rhinocéros. — Une attaque de fourmis noires. —

Mort d'un rhinocéros. — Un hippopotame énorme. — Mon dernier lion.
— Une dernière chasse au buffle. — Retour en France................ 274

APPENDICE.

I. — L'art de reconnaitre sûrement une piste. — Les espèces. — Traces diverses sur le sol, sur la végétation basse, sur les hautes herbes, sur les arbres. — Animaux blessés. — Renseignements fournis par le sang. — Traces de nourriture. — Déchaussures de lion et de loup. — Les fumées; leurs apparences; leurs différences. — Laissées de félins....... 321

II. Les parties vitales. — Conformation des félins, des ruminants et des pachydermes. — Où il faut frapper selon l'endroit où on est placé. — Conseils aux chasseurs sur les différents projectiles à employer...... 330

TABLE DES GRAVURES.. 335

www.ingramcontent.com/pod-product-compliance
Lightning Source LLC
Chambersburg PA
CBHW070845170426
43202CB00012B/1947